KB238315

영산의
성령운동 이해

영산의 성령운동 이해

Youngsan's Understanding
of the Holy Spirit Movement | 김 동 규 지음
By Dong Kyu Kim

ICSI 한국학술정보(주)
Korean Studies Information Co., Ltd.

서 문

이 책의 핵심은 단일교회로서 세계 최대 양적 교회성장을 이룬 여의도순복음교회의 담임목사였던(2008년 5월까지) 조용기 목사(이하 영산이라 칭함)가 지난 50여 년 동안 펼쳤던 성령운동에 대한 내용이다. 이 글을 쓰게 된 동기는 오스트레일리아에 있는 퀸슬랜드대학교(The School of History, Philosophy, Religion, and Classics, The University of Queensland, Qld 4072, Australia) 대학원에서 논문을 쓰던 중 한국 교회의 성령운동에 대해 깊은 관심을 가지게 되었던 것이 계기가 되었다. 몇 년 동안 관심을 가지고 계속 자료를 모으고 정리하던 중 자연스럽게 영산의 성령운동 쪽으로 집중하게 되었다. 그 이유는 영산의 성령운동을 이해하는 것이 곧 한국 교회의 성령운동을 이해하는 것이라고 생각되었을 뿐만 아니라, 세계 오순절 교단의 성령운동을 이해하는 데도 큰 도움이 되리라 믿었기 때문이었다.

미국 하버드대 교수였던, 하비 콕스(Harvey Cox)(2001, p.219)도 다음과 같이 한국 오순절 교회에 대해 언급한 바 있다.

만일 우리가 한국에서 일어나는 성령운동 현상을 이해할 수 있다면, 그것은 중국이나 나머지 아시아 국가들뿐만 아니라 아마도 전 세계의 성령운동에 있어서, 또한 성령운동의 전망에 대한 여러 가지 중요한 열쇠를 제공해 줄 것이다.

이처럼 한국 교회의 성령운동을 주도하고 있는 영산의 성령운동 이해는 한국뿐 아니라 아시아, 더 나아가 세계의 오순절 운동을 이해하는 데도 중요한 힌트를 제공해 줄 것으로 믿는다. 그러나 필자가 무엇보다도 이 책을 집필하게 된 더 큰 동기는 세계의 많은 학자들이 한국의 성령운동에 대해 큰 오해를 하고 있다는 판단 때문이었다. 즉 세계의 많은 학자들은 한국교회가 짧은 기간에 빠른 양적 성장을 한 배경에는 샤머니즘적 성령운동의 결과 때문이라는 비평에 더 큰 초점을 맞추고 있다는 것이다. 즉 이들 비평적인 학자들은 한국교회의 성령운동에서 영산의 성령운동을 예로 들면서, 영산의 신학과 신앙이 샤머니즘적 영향 때문에 크게 성장했다고 잘못 이해하고 있다는 것이다. 이런 비평가들을 분석해 본 결과, 이들은 한국의 오순절 운동 및 영산의 성령운동을 종교 사학적 관점에서 접근을 시도했다는 사실을 발견할 수 있었다. 그 결과 이들 비평가들의 공통점은 한국교회의 오순절 운동가들과 영산의 기도, 신유, 그리고 축복 등이 샤머니즘의 영향이라는 결과를 내리게 되었음을 알 수 있었다. 필자는 이들 비평가들이 종교사학적인 관점에서 해석하기보다는 신학적 관점에서 해석할 때만이 한국 오순절 교회는 물론 영산의 성령운동을 올바로 이해할 수 있음을 강조하는 것이다. 이런 잘못된 견해에 대해 종교 사학적인 관점에서 분석하기보다는 신학적 관점에서 영산의 신학과 신앙을 분석하여 한국의 성령운동을 바로 알리고자 하는 데 이 책의 목적이 있다.

세계에서 가장 훌륭한 신학자 중의 한 사람으로 알려진 몰트만 (Moltmann, 2005, p.148)은 영산의 신학에 대해 이렇게 언급한 바 있다.

나는 [몰트만] 조용기 목사를 기독교 신학자로 진지하게 생각하고 있으며, 그의 순복음 신학에 대해 논할 것이다. 그리고 많은 서방 신학자들이 그랬던 것처

럼 그의 메시지와 교회와 한국 국민들에 대한 그 영향력을 단지 외부로부터 종
교사학적으로 관찰하지 않을 것이며, 하비 콕스처럼 "크리스천 샤머니즘"에 대
해 말하지 않을 것이다.

즉 몰트만은 영산의 저술을 근거로 종교사학적인 관점에서 영산의
신학을 평가한 것이 아니라 신학적인 관점에서 평가하고 있음을 알
수 있다.

이 책은 영산의 이런 성령운동에 있어서 그의 신학과 믿음과 실천
신학의 실제가 어디서 영향을 받았는지를 바로 이해하고자 하는 데
있다. 1장은 서론으로서 전체 책의 목적, 한정, 한계, 한국교회 성령
운동의 배경, 여의도순복음교회의 성령운동의 배경, 문헌조사, 방법
론, 책의 구조, 핵심자료, 분석방법 그리고 질문을 언급했다. 2장에서
는 영산의 성령운동이 어디에 근거를 두고 있는지를 영산의 중요한
성령운동의 시기를 3단계로 나누어 역사 신학적 관점에서 언급했다.
즉 영산의 성령운동의 근원이 샤머니즘에서 왔는지, 서양 부흥사나
선교사 혹은 서양 신학자와 목사들에게 뿌리를 두고 있는지, 아니면
성서에 뿌리를 두고 있는지를 영산의 많은 책을 1차 자료로 참고하
여 역사적 사실을 근거로 하여 분석했다. 3장에서는 영산의 신학적
배경과 그의 성령운동의 핵심 신학이 어디서 영향을 받고, 어디에
뿌리를 두고 있는지를 조직 신학적 관점에서 분석했다. 이것 역시
영산의 수많은 책을 1차 분석 자료로 삼았다. 4장에서는 영산의 믿
음과 실제는 어디서 영향을 받았고, 또 어디에 뿌리를 두고 있는지
를 실천 신학적 관점에서 언급했다. 특히 영산의 기도, 물질축복 그
리고 신유 등이 실천 신학적 관점에서 그 뿌리는 어디에 두고 있는
지를 집중 분석했다. 마지막으로 5장은 결론을 다룬 장이다. 영산의
성령운동의 영향과 그 뿌리에 대한 전체 결론은 성서에 뿌리를 두고

있다는 사실을 역사 신학적 관점(2장)과 조직 신학적 관점(3장) 그리고 실천 신학적 관점(4장)에서 결론을 내렸다. 물론 그의 성령운동이 한국 전통문화의 영향과 이전 기독교인들의 영향, 그리고 서양 선교사나 부흥사 또는 서양 목사들의 영향도 당연히 받았지만, 무엇보다 영산의 성령운동은 절대적으로 성서에 기초를 두고 있음을 그의 많은 저술을 통해 확인할 수 있었다.

다음은 이 책이 나오기까지 도와준 많은 분들께 감사를 드리고 싶다. 필자는 어떤 저술이 그렇게 여러 해에 걸쳐 준비되었을 때, 그 저자가 진 빚은 너무나 많고 커서, 하나하나 공개하여 감사의 말씀을 드리기가 어렵다는 사실을 새삼 깨닫게 되었다. 일일이 사의를 표할 수가 없을 뿐만 아니라, 또 그렇게 할 능력도 없기 때문이다. 먼저 필자가 소속되어 있는 대한예수교장로회(합동정통), 평안노회 강중희(세광교회: 인천) 목사님, 김병두(벧엘교회: 서울) 목사님, 그리고 평안노회 임원 및 모든 목사님들께도 지면을 통해 감사를 드린다. 또 어려울 때 도와주신 한영복 목사님(중앙교회)과 필자의 동료들과 선후배님들께 늘 감사를 드린다. 특별히 감사드리고 싶은 것은 중앙교회 강병태 장로님이시다. 부족한 필자를 위해 기도해 주시고 아껴 주시고 격려해 주시며, 보이지 않는 곳에서 그리스도의 사랑을 행동으로 보여 주셨다. 그러면서도 드러나지 않게 그리스도의 사랑을 보여 주신 강병태 장로님(중앙교회)의 헌신은 필자가 호주에 온 지 12년이 지났지만 아직도 마음속 깊이 간직하고 있다.

필자가 신학의 토대를 닦는 데 도움을 준 여러 교수님들께도 감사를 드린다. 조직신학을 가르쳐 주신 김선회 교수님, 히브리어와 뛰어난 구약 해석학을 가르쳐 주신 엄현섭 교수님, 그리고 매 학기 모교를 방문해서 한 학기씩 가르쳐 주셨던 미국 컨콜디아신학대학교 지원용 교수님, 교회사를 체계적으로 가르쳐 주신 김해철 교수님과 그 외 많은 교수님들께 감사를 드린다.

또 오스트레일리아에서 10여 년 동안 공부할 때 신세 진 교수님들도 너무 많다. 일일이 다 사의를 표할 수는 없지만, 몇몇 분은 꼭 지면을 통해 감사를 드리고 싶다. 호주신학대학(Australian College of Theology)에서 공부할 때 헬라어와 여러 신약과목을 가르쳐 주신 요한 페레이라(Dr Johan Ferreira) 교수님, 퀸슬랜드대학교(The University of Queensland)에서 종교학 석사과정(MA)에서 공부할 때 헬라어와 초대교회 기독교인 등 여러 과목을 가르쳐 주신 릭 스트렐란(Dr Rick Strelan) 교수님, 히브리어와 성서 해석학 등 여러 과목을 가르쳐 주신 여러 교수님들께 감사를 드린다. 또 동 대학원 하이어 디그리 프로그램(Research Higher Degree Program, MPhil)에서 연구 논문을 쓸 때도, 부족한 필자에게 지도교수를 해 주셨던 릭 스트렐란(Dr Rick Strelan) 교수님과 부지도교수였던 리처드 허치(Dr Richard Hutch) 교수님께 특별히 감사를 드린다. 그리고 대학원 학생들에게 많은 도움을 주셨던 록산느 마르코테(Dr Roxanne Marcotte) 교수님께도 감사를 드린다. 이렇게 많은 분들의 가르침이 있었기에 부족하나마 필자가 이런 졸고를 출판하게 되었다고 믿는다.

뿐만 아니라, 지금까지 호주 생활에서 여러 면으로 도움을 주신 잊지 못할 분들도 계신다. 아는 사람 한 명 없이 처음 오스트레일리아에 왔을 때, 이웃에 살면서 이것저것 도와주었던 의사 부부, 한스와 린(Dr Hans Krause and Mrs Lynne), 그리고 그의 모친 자슬린(Jacelyn) 할머니에게 감사를 드린다. 또 호주 교회에서 만난 변호사, 니얼 코번(Niall Coburn)은 그 바쁜 분이 필자의 집까지 먼 거리를 직접 운전해서 매주 한 번씩 무려 6개월이 넘도록 무료로 영어를 가르쳐 주는 등 많은 도움을 주었다. 아직도 이들 의사 부부와 할머니, 그리고 변호사 친구의 헌신적인 그리스도의 사랑을 생각하면 12년이

지났지만 아직도 가슴이 뭉클해진다. 이들은 참 그리스도인의 사랑이 무엇인지를 행동으로 내게 보여 주신 분들이다.

또 빼놓을 수 없는 분이 있다. 필자가 영적 부모같이 생각하는 에드와 앤(Ed Pitt and Ann)이다. 이분들은 12년째 한결같이 필자와 아내를 자식처럼 생각해 주시고, 아이들을 손자처럼 사랑해 주시는 분들이다. 지금도 매년 크리스마스 때가 되면 우리 가족을 꼭 초청해서 수영도 같이 하고(남반구는 12월이 여름), 음식도 나눠 먹고, 또 우리 식구 선물을 일일이 만들어 실내 크리스마스트리 장식 밑에 수북이 쌓아 놓았다가 우리 가족이 방문하면 마치 산타할아버지처럼 우리 식구 모두에게 선물을 주시곤 한다. 아이들 생일 때면 그 연세 많은 분들께서 어떻게 기억하셨는지 매년 잊지 않고 카드와 선물 그리고 때론 용돈도 봉투에 넣어서 우편으로 우리 아이들에게 보내 주시는 천사 같은 분들이다. 또 앤(Ann) 할머니는 지금도 아내와 정기적으로 만나서 그리스도의 사랑을 나누고 있다. 그 넓고 넓은 사랑을 다 갚을 수 없어 이 지면을 통해서나마 감사를 표한다.

호주 브리즈번 현지 목회자님들께도 감사를 드린다. 어려울 때 여러 면으로 도와주신 장영선 목사님(브리즈번 한인교회)께 특별히 감사를 드린다. 또 자주 찾아뵙지는 못해도 이곳 브리즈번 한인교회를 위해 힘쓰시는 김만영 목사님(브리즈번 한인장로교회), 홍요셉 목사님(브리즈번 순복음교회), 서정권 목사님(브리즈번 한인연합교회, 한인회 회장), 박권용 목사님(브리즈번 로고스 선교교회), 이예승 목사님과 양복희 목사님(글로리아 선교교회), 천용석 목사님(브리즈번 쿠퍼루 침례교회) 그리고 다른 많은 교회 목사님들의 격려와 기도에 감사드린다. 또 부족한 우리 가정을 사랑해 주시고 기도와 격려를 해 주신 정진교 집사님과 이명희 집사님께도 무한한 감사를 드린다.

한국에 계신 모든 가족들께도 감사를 드리며, 특히 아내와 자녀들에게 감사의 뜻을 표한다. 아내의 헌신이 없었더라면 아무것도 할수 없었을 것이며, 인내하며 참아준 아내에게 진심으로 감사의 마음을 전한다. 그리고 사랑하는 아들 진욱(Jinwook), 집에 가면 집이 떠나갈 듯 아빠를 부르며 제일 먼저 달려오는 사랑스런 둘째 딸 해나(Hannah), 그리고 귀염둥이 막내딸 앨리스(Alice)의 재롱이 있었기에 이 긴 여정을 마칠 수 있었다고 본다.

끝으로 이 책의 출판을 허락해 주신 한국학술정보(주)의 채종준 대표이사님과 처음부터 끝까지 출판기획을 담당해 주신 김은선 출판기획담당자님, 그리고 교정과 편집으로 책을 만드는 데 수고하신 직원 여러분 모두에게 감사를 드린다.

2009년
오스트레일리아, 퀸슬랜드대학교 호숫가에서
목사 김동규

차 례

제1장 서 론

1.1. 목적

이 책의 집필 목적은 세 가지이다. 첫째 목적은 조용기 목사(이하 영산이라 칭함) 개인의 경험에 있어서 성령운동이 어떻게 발전되었는지를 역사적 관점에서 이해하는 것이다. 또 영산이 성령에 대한 개념을 지난 50여 년간의 목회 활동 중에서 어떻게 이해해 오고 있었는지를 분석 평가하는 것이다. 다시 말하면, 영산의 성령 이해가 샤먼의 영향인지, 서양선교사나 서양 신학 교리의 영향인지, 성서를 기초로 한 것인지를 조사하는 것이다.

두 번째 목적은 영산의 신학사상에 있어서 영산이 성령을 어떻게 설명하고 있는지를 조직 신학적 관점에서 이해하는 것이다. 왜냐하면 이런 이해가 영산의 성령운동에 영향을 끼친 것이 샤머니즘인지, 아니면 성서인지, 서양 부흥사들인지를 아는 데 중요한 단서가 되기 때문이다. 영산의 성령 이해가 어디서 영향을 받았는지를 분석하는 이유는 1980년대 이후 줄곧 영산의 신학과 목회가 샤머니즘의 영향을 받았다는 논쟁이 계속되어 오고 있기 때문이다.

세 번째 목적은 영산의 목회 현상에 나타나는 믿음과 실제를 이해하는 데 있다. 그것은 그의 지난 50년 목회 활동 중에 교회성장에 중요한 역할을 했던 것 중 그의 설교와 기도운동, 구역조직, 선교 사역, 그리고 매스미디어와 사회복지사업 등을 통해 실천 신학적 관점에서 이해하는 것이다. 여기서 여의도순복음교회의 성령운동의 특징도 함께 다루려 한다.

1.2. 영산의 성령운동 이해의 중요성

하비 콕스(2001, p.219)는 다음과 같이 강조했다.

> 만일 우리가 한국에서 일어나는 성령운동 현상을 이해할 수 있다면, 그것은 중국이나 나머지 아시아 국가들뿐만 아니라 아마도 전 세계의 성령운동에 있어서, 또한 성령운동의 전망에 대한 여러 가지 중요한 힌트를 제공해 줄 것이다.

영산의 성령운동 이해는 이처럼 아시아는 물론 세계 성령운동을 이해하는 데 중요한 단서를 제공해 주고 있다고 볼 수 있다. 특히 영산의 수많은 한국어 저서는 많은 한국인들에게 영향을 주었고, 또 그의 영문 저서는 전 세계의 많은 독자들에게 영산의 신학과 목회 그리고 교회성장의 비결과 구역조직을 통해 대형 교회의 교회행정과 조직 관리를 보여 주고 있다는 점에서도 중요한 의미를 갖는다고 볼 수 있다. 실제로 한국은 물론 전 세계의 많은 교회가 그의 교회성장과 구역조직을 모방한 결과 대형 교회로 성장한 예는 이미 잘 알고 있는 사실이기도 하다. 좀 더 영산의 성령운동을 이해하는 것이 중요한 또 다른 이유는 영산의 성령운동은 불과 50여 년 동안 단일 교회로서 가장 큰 양적 교회 성장을 보여 주었기 때문이다. 더욱 놀라운 것은 한국의 종교문화가 무교, 불교, 유교 문화가 사회 전반에 숲을 이루고 있는 상태에서 세계에서 가장 큰 단일교회로 성장했다는 점에서 영산의 성령운동의 중요성이 있다.

1.3. 한계와 한정

이 책은 영산의 신학사상, 그의 목회 철학 그리고 지난 50여 년의 실제 목회활동에 있어서 그의 성령 이해에 초점을 두려 한다. 즉 한국 교회에서의 영산의 성령 이해에 초점을 두고 있는 것이지 다른 서양인들이 이해하는 성령 이해에 초점을 두지는 않았다. 이렇게 제한하는 이유는 성령 이해는 매우 광범위하기 때문이다. 예를 들면, 구약과 신약에 나타난 성령 이해, 각 예언자들에게서 나타나는 성령 이해, 초대 교회부터 교부들이 강조한 성령의 이해, 종교 개혁자들이 주장했던 성령 이해, 그리고 서양과 아프리카, 유럽, 오세아니아, 그리고 아시아 등 각 나라에서 달리 나타나는 성령 이해 등 매우 광범위하고 또 매우 다양하게 성령을 이해하고 있다. 이 책에서는 한국의 교회와 교회 역사 속에 나타난 성령운동 중에서도 특히 현재 목회 활동 중인 영산의 성령 이해로 한정한다.

그리고 영산의 성령 이해는 그의 많은 저술과 순복음 가족신문, 인터넷 TV 그리고 신앙계(2008년 이후 "플러스인생"으로 명칭이 바뀜) 등을 제1차 자료로 사용했다. 그것은 영산의 성령운동을 이해하는 데 가장 중요한 단서가 되기 때문이다.

1.4. 한국교회의 성령운동의 배경

한국 교회의 성령운동의 배경을 먼저 간단하게 서술하고자 한다. 보통 한국교회의 성령운동은 네 가지 시기로 크게 나누어 볼 수 있다. 첫 번째 시기는 1903～1919년, 두 번째 시기는 1920～1945년, 세 번째 시기는 1945～1960년, 그리고 네 번째 시기는 1961년에서 2008

년까지 나누어 볼 수 있다.

첫 번째, 1903~1919년 사이에 일어났던 한국 성령운동의 배경을 살펴보면, 이 시기는 한국에서 처음 성령운동이 시작된 시기임을 알 수 있다. 김덕황(1988) 교수에 의하면, 1903년 12월 장로교, 감리교, 침례교 선교사들이 원산(현재 북한 남동쪽에 위치)에서 부흥회와 마찬가지인 성서의 복음을 설교했고, 거기에 참석했던 그들은 성령을 체험했다고 전하고 있다(p.371). 1906년에는 평양에 있는 장대현 교회에서 부흥회가 개최되었는데, 이때 초청 부흥사는 하디(R. A. Hardie) 부흥사였다. 이 장대현 교회 부흥회 동안, 하디 목사는 뭔가 이상한 느낌과 기분을 체험했고, 영에 의해 감동됨을 체험할 수 있었다. 그 체험 후 하디 부흥사는 자신의 죄를 동료 선교사들과 회중들에게 고백했다. 하디 설교자의 이런 고백은 그 부흥회에 참석했던 많은 사람들의 마음에 와 닿았다. 그러자 많은 회중들도 하디 목사와 같이 교대로 돌아가며 고백을 했고, 또 회중들은 그들의 죄를 사람들 앞에 나와 공개적으로 회개하기 시작했다(Y. H. Lee, 1993, p.156).

1903~1906년 사이 원산과 평양에서 일어났던 부흥회 이후, 선교사들과 한국 기독교 지도자들은 전국적으로 빠른 전도를 위해 "백만 명 전도운동"본부를 설립했다. 이 운동은 매일 다양한 저녁 기도와 함께 시작했다. 그 후 한국의 거의 모든 한국 개신교 목사들은 교파를 초월하여 부흥회를 개최하였는데, 그 부흥회를 통해 개종자들의 수가 극적으로 늘어났다(D. W. Kim, 1988, p.372).

그 많은 부흥회들 중 절정에 달했던 시기는 상로교 복사였던 길선주 목사(1869~1935)에 의해 인도되었던 1907년도였다. 길선주 목사는 평안남도에서 1869년 3월 15일에 태어났다. 그의 메시지는 당시 한국 교회의 "대 각성 운동"을 가져올 정도로 강한 설교자였다. 그는 매일 성령 충만한 삶을 살기를 원했고, 매일 새벽 기도를 하곤 했다(S. K. Chung, 1996, pp.254-255). 그가 평양에서 처음 새벽 기도의 뜨거운 열정은 부흥회를 위한 직접적인 동기가 되었다(E. Cho, 1998, p.290). 길선주 목사의 대각성 운동 이후에도 장로교인이었던 김익두 목사와 감리교인이었던 이용도 목사도 성령운동이라는 주제 하에 설교를 했다. 그들의 성령운동은 당시 불안했던 사회에 살고 있던 가난한 자들에게 소망을 주었다. 이런 영적 부흥은 당시 성령운동의 이해와 성경공부 그리고 기도운동을 가져왔을 뿐만 아니라, 한국 개신교인들과 선교사들 사이에서 가까운 우정과 종교적 실제 그리고 교회 회중 속에서 계속적으로 양적 성장을 가져오는 열정을 가져왔다(E. Cho, 1998, pp.295-296).

이런 성령운동은 1919년 3·1운동으로까지 이어졌다. 그것은 일본이 한국을 강제 침략한 이후 기독교를 혹독하게 핍박을 했지만 오히려 개신교는 삼일운동 이후 더 빠르게 성장할 수가 있었다. 독립을 위한 기독교 지도자들의 노력을 끊임없이 이어졌다. 33인의 "독립선언서"의 서명자들 중 무려 16명이 개신교 지도자들이었다(Grayson, 1985, p.116, D. W. Kim, 1988, p.378)는 것을 보아도 우리는 잘 알 수 있다.

두 번째 시기(1920~1945년)에 일어났던 성령운동의 배경은 어떤지 간단하게 알아보고자 한다. 일본의 한국 기독교 핍박은 1919년부터 1945년 해방될 때 36년간 계속되었다. 이 시기는 일본 정부는 한국 사람은 물론 기독교인과 기독교 지도자들에게 신도(神道, Shinto)나 천왕 숭배를 강요했다. 당시 많은 기독교 지도자들은 신도나 일본 천왕에게 절을 하는 것은 우상숭배라고 믿었기에 거절했다. 그로 인해 많은 기독교인들과 교계 지도자들은 일본인들에 의해 중국, 시베리아 등으로 쫓겨나거나 감옥에 가거나 또는 감옥에서 고문으로 죽거나 처형당하기도 했다(Ro, 1983).

세 번째 시기(1945~1960년)의 성령운동의 배경은 해방 후부터

1960년대까지로 볼 수 있다. 이 시기는 이념의 논쟁과 한국 전쟁으로 인해 역시 성령운동의 암흑기라 할 수 있다. 당시 한국 교회는 1945년의 해방도 잠시 6·25전쟁을 통해 공산주의와 민주주의로 나뉘는 이념 논쟁에 휘말리는 어려운 성령운동의 시기에 직면하게 되었다. 그럼에도 불구하고 이 시기에도 한국 교회는 꾸준히 성장하고 있었다. 이것은 아마도 한국 교회가 전후로 인해 가난한 자들과, 약자 그리고 병든 자들을 위해 교회가 나서서 구제하고, 치료해 주고, 또 교회에서 한글을 가르치는 등 적극적인 민중운동을 시작했기 때문일 수 있다.

네 번째 시기는 1961년부터 현재까지의 성령운동의 배경을 볼 수 있다. 특히 이 시기는 오순절 계통의 교회, 장로교, 감리교 그리고 성결교회를 주축으로 한국에서 성령운동이 다시 부활했던 시기이기도 하다. 그중에서도 오순절 계통의 교회인 여의도순복음교회의 성령운동은 단연 돋보이는 시기라 할 수 있다. 그래서 다음은 여의도순복음교회의 성령운동의 배경에 대해 간략하게 언급하고자 한다.

1.5. 여의도순복음교회의 성령운동 배경

여의도순복음교회는 1958년 5월 18일 영산과 최자실 목사에 의해 시작되었다. 여기서 주목할 것은 영산이 목회자가 되기까지의 그 배경이 중요하다. 영산의 자란 배경을 이해하는 것은 그의 성령 이해에 큰 도움이 되기 때문이다.

영산이 17세 때 그는 폐병으로 3~4개월밖에 살지 못한다는 의사의 진단(Cho, 1979b, p.2)을 받게 된다. 그러나 영산은 영산의 어느 기독교인의 끊임없는 전도로 예수를 영접하게 되었고, 그 후 폐병도 고침 받는 성령의 체험을 하게 되었다. 당시 영산은 많은 선교사나 부흥사들의 통역을 맡기도 하고, 선교사들과 함께 성경공부도 하며 기독교의 진리를 조금씩 깨닫게 된다. 마침내 순복음신학교(현 한세대)에 입학을 하게 되었고, 1958년 초 졸업 후 5월 18일에 최자실 목사님과 함께 개척 교회를 시작하게 된다. 여의도순복음교회는 1958년 처음 개척 당시 교인 다섯 명으로 시작하여 지금은 80만 명이 넘는 교인을 가지게 되었다(Cox, 2001, p.219).

영산의 성령운동의 특징들은 그의 신학적 사고와 목회 활동에 잘 나타나 있다. 물론 영산의 핵심 신학은 오중복음과 삼박자 축복 그리고 순복음의 7대 신앙의 기초에 잘 나타나 있음은 이미 널리 알려진 사실이다.

여의도순복음교회의 성령운동은 설교, 예배, 구역조직, 다양한 기도운동, 복지사업, 교육사업, 신학 및 목회 연구소, 세계선교, 신문, 라디오, 방송, 신문, 잡지, 언론, 그리고 출판을 통한 다양한 방법을 통해 이루어지고 있다.

1.6. 문헌연구

이 책에서 문헌연구에 대해 집중할 것은 영산의 신학과 목회활동 중 특히 신유와 축복에 관한 신학 및 신앙교리의 영향을 어디서 받았는가에 있다. 그 이유는 지금까지 국내외 많은 학자들이 영산의 신유와 축복교리가 한국 샤머니즘의 영향이라고 주장하는가 하면 보수주의 학자들은 영산의 이런 사상적 영향은 미국 오순절 계통의 교리와 서양 선교사나 부흥사들의 영향이라고 주장한다. 이런 논쟁은 최근까지 계속되어 왔기에 앞으로 한국 교회, 특히 오순절 계통의 교회가 고려해야 할 과제로 남아 있다. 그럼 이전 학자들은 영산의 신학과 목회 활동에서 나타난 그의 신학사상은 무엇과 비슷한지를 그동안 여러 학자들의 주장을 알아보고자 한다.

자유주의 신학자나 종교학자들(D. J. Adams, 1991, Cox, 1996, 2001, Hollenweger, 1997, Kyōko, 1992, Reynalds, 2000, Son, 1983, Suh, 1981, B.‑W. Yoo, 1987, B. W. Yoo, 1986)은 영산의 신유, 기도, 그리고 물질적 축복관에 대한 신학이나 교리가 한국 전통 샤머니즘과 유사하다고 주장한다. 이들의 주장은 3장과 4장에서 좀 더 자세히 언급하려 한다. 그러나 이들 학자들의 주장은 비평적 사고에 도움을 주고 있지만 정확하게 샤머니즘의 어떤 종류의 신유, 기도 물질적 축복과 관련이 있는지 언급하지 않고 있다. 즉 막연하게 영산의 신유와 기도 그리고 축복에 관한 설교나 신학적 교리가 샤머니즘적이라고 주장하곤 한다. 샤머니즘의 병 고침은 매우 다양하고, 또 지역에 따라서도 굿을 통해 병 고침의 방법과 의식절차가 매우 다양하다. 그런 면에서 이들 학자들은 영산의 신유나 기도, 축복에 대한 비교를 좀 더 구체적으로 하지 않았다는 아쉬움을 가지고 있다. 그리고 이들 학자들은 다양한 한국 문화적 영향을 강조하기보다는 단지 한국의 샤먼문화를 집중적으로 강조하는 경향이 있다. 영산은 다른 많은 한국의 문화적 영향, 예를 들면, 한국 역사, 정치, 경제, 철학, 종교, 예술, 언어, 그리고 과학 등 다양한 한국 문화의 영향을 받은 것은 당연하다. 샤먼 문화는 그 많은 영향 중 일부에 불과한데, 이들 학자들은 극히 일부의 영향을 확대하여 영산의 성령운동을 전체화하려는 경향이 있다.

이들의 비평과는 달리, 주로 보수주의 학자들(I. J. Kim, 2003, J. B. Lee, 1993, Menzies, 2004, Park, 2003)은 영산의 신학이나 믿음과 실제 목회 활동 중에 나타나는 여러 신학 교리, 특히, 신유, 기도, 축복교리가 서양 오순절 교리나, 서양 부흥사들 또는 서양 신학사상과 비슷하다고 주장한다. 영산을 옹호하는 이들 학자들은 보편적으로 좀 더 명확한 증거자료를 바탕으로 강조하고 있다. 예를 들면, 영산의 오중복음신학은 서양 오순절 교리나 성결교의 4중 복음의 영향을 받았다거나, 또는 영산의 삼중축복 신학은 오럴 로버츠(Oral Roberts)의 영향을 받았다는 등의 자료를 제시하고 있다. 이것 역시 3장과 4장에서 좀 더 자세히 언급하려 한다.

이 책은 이들 학자들의 주장과 함께 문화적 영향에 대해서도 조금 생각해 보려 한다. 한국 교회가 지난 100여 년의 성령운동이 이루어지는 동안 문화적 영향, 특히 샤머니즘의 영향을 부끄러워했다. 그것은 아마도 한국의 대부분 교단이 이런 문화적 영향을 수용하는 것에 대해 이단으로 정죄하려고 했기 때문일 수도 있겠다. 실재 영산 및 영의도순복음교회는 1983에 한국의 통합 측 장로교단으로부터 1994년까지 이단 시비(I. J. Kim, 2003, p.125)가 있었던 사건을 봐서도 잘 알 수 있다. 그러나 하버드 대학교 교수였던, 하비 콕스(Harvey Cox)는 전통문화의 영향을 적극 권장하고 있다.

그는 그의 책에서 아프리카 독립교회를 예로 들면서 한국 토속적 종교 요소에 부정적인 한국 지도자들에게 간접적 충고를 하고 있다.

아프리카 독립교회 사람들은 예배 도중에 춤과 박수와 간증을 동반한다. 설교자들도 말씀 전파를 위해 설교보다는 이야기에 더 비중을 둔다. 또 그들의 예배는 환상, 치유, 황홀 그리고 평신도들의 높은 참여를 반영한다. 뿐만 아니라, 아프리카 독립교회들 다른 곳에서의 오순절 교회처럼 종교 혼합주의란 비난을 종종 들을 정도로 아프리카 특유의 토속적 종교의 예배의식들을 크리스천 예배의 기도와 찬양을 흡수하고 있다. 그러나 반대로 한국 교회는 이런 토속 종교적 요소를 받아들인 것 같다는 주장에 대해 강하게 부인하고 있는 한국교회 성령운동 교회 지도자들과는 달리, 비록 아프리카 독립교회 기독교인들은 초기 아프리카에 온 백인 선교사들이 아프리카 예배의식에 대해 "미신(우상숭배)의 잔여"라며 버리기를 강력하게 권했음에도 불구하고, 아프리카 독립교회 크리스천들은 백인 선교사들이 아프리카에 오기 전 조상 대대로 내려오던 그들 고유의 영적 풍습을 버리지 않고 계속 지키고 있다는 사실에 대해 자랑스러워하고 있다. 아프리카 독립교회 크리스천들은 유럽인 선교사들이 아프리카에 도착하기 전부터 하나님은 이미 아프리카에 계셨다고 믿고 있으며, 또 그들은 예배 방식이 백인 선교사들이 그들에게 가르친 방식보다 더 낫다고 믿는다. 결과는 철저하게 기독교의 "아프리카화된" 변형 기독교가 되었다(Cox, 2001, p.247).

이와는 반대로 현재 한국의 보수그룹에 속한 거의 모든 교회는 여전히 문화적 영향, 특히 샤먼 문화 등의 영향을 받아들이기를 거부하고 있는 상태이다. 하지만 리처드 니버(Richard Niebuhr)(1951, p.39)는 진술하기를 "모든 기독교인들은 예수 그리스도의 권위 아래서 살 뿐만 아니라, 동시에 이 문화의 권위 아래서 살며, 또 모든 기독교인 위에 이 문화는 자기권위를 주장한다"고 진술한다.

다른 말로 하면, 모든 인간은 문화를 떠나서 살수 없다는 뜻이다. 그런 면에서 영산을 비판하는 학자들도 바로 이런 측면에서 영산의 샤머니즘 영향을 강조하려 시도했다고 볼 수 있겠다. 하지만 이런 주장의 출발점은 신학적 측면에서 영산의 성령 이해를 시도한 것이 아니라, 종교 사학적, 문화적, 그리고 종교적 측면에서 영산의 신학 및 그의 믿음과 실제를 논했다.

이 책은 영산의 신학과 목회 현장에서 나타나는 여러 신앙과 실제의 현상이 한국 전통교회와 목사들의 영향도 받았고, 서양 교리와 신학, 그리고 서양 선교사나 목사들의 영향도 받았을 것이다. 그러나 이 책에서 강조하고자 하는 것은, 영산의 성령 이해는 무엇보다 성서에 뿌리를 두고 있다는 사실을 많은 자료를 통해 발견할 수 있었다.

1.7. 방법론

1.7.1. 연구 방법론

이 책은 주로 문학적 연구에 집중하려 한다. 1장은 서론으로서 책의 목적과 한계 및 범위, 한국교회 성령운동의 배경과 영산 및 여의도순복음교회의 배경에 대해 언급하고, 2장에서는 영산과 그 교회의 성령운동 이해를 역사신학적 관점에서 다룰 것이다. 즉 영산의 출생 및 어린 시절을 통해 그가 어떤 종교적 분위기 속에 어떤 문화적 영향을 받았는지에 대해서 그의 책에서 나타나는 성령운동을 제1자료로 삼아 서술하려 한다. 뿐만 아니라 그가 성령운동을 언제 어떻게 어떤 방법을 통해 교회를 성장시켰는지에 대해 3단계로 나누어 역사신학적 관점에서 알아보고자 한다. 그 첫 번째 시기는 1958∼1961, 두 번째 시기는 1962∼1973년 8월까지, 그리고 세 번째 시기는, 1973년 9월부터 2008년까지로 나누어 분석하려 한다.

3장은 영산의 핵심 신학의 영향을 조직신학적 관점에서 조사하려한다. 즉 영산의 신학적 영향을 알기 위해서는 그의 신학적 배경과 주요 신학의 사상이 무엇이며, 성령의 명칭과 상징들에 대해 알아보았다. 그리고 요약과 평가를 함께 언급했다.

4장에서는 영산의 목회 활동 중 그의 믿음과 실제에 대한 실천신학적 관점에서 영산의 다양한 기도운동과 설교, 구역조직 그리고 예배와 다른 교육이나 매스 미디어를 통한 영산의 성령운동의 실제에 초점을 두려고 한다.

마지막 5장은 결론 부분으로서 역사 신학적, 조직신학적, 그리고 실천신학적 관점으로 각각 나누어 요약 및 결론을 내리려 한다.

1.8. 주요자료

제1자료는 물론 영산의 다양한 영문 저서나 한국어 저서를 바탕으로 했다. 이 외에도 여의도순복음교회 홈페이지나, 신앙계(2008년부터 "플러스인생"으로 바뀜, www.shinangge.com)나 신문, 인터넷 TV-(www.FGTV.com) 그리고 영산의 홈페이지(http://davidcho.fgtv.com/) 등을 참조했고, 제2자료로는 저널이나 관련 참고문헌을 이용했다.

1.9. 질문

이 책이 다루고자 하는 핵심 질문은 특별히 네 가지에 초점을 두고 전개해 나갔다.

첫 번째 질문: 영산이 지난 50년 동안 여의도순복음교회에서 목회활동 중 성령운동을 어떻게 발전시켰는가?
두 번째 질문: 영산의 핵심 신학은 어디서 왔는가? 즉 그의 신학의 영향과 출처는 어디인가?
여기서 찾고자 하는 것은 영산의 핵심 신학 중에서도 특히 신유, 기도 그리고 축복 신학의 뿌리가 어디인지를 찾는 것이다.
세 번째 질문: 영산의 성령운동의 특징들은 무엇인가?
이 질문에서 찾고자 하는 것은 영산은 다양한 채널을 통해 성령운동을 하고 있는데 그중에서도 영산만이 가지고 있는 독특한 특징이 무엇인지, 한국의 다른 목사와 차이점이 무엇이며, 서양 교회의 성령운동과 다른 점이 무엇인지 등을 찾는 것이다.
네 번째 질문: 영산의 믿음과 실제는 어디서 왔는가?

이 질문에서 찾고자 하는 것은 그의 실천 신학분야에 속하는 신유설교, 축복 기도 등 다양한 그의 믿음과 실제의 근원은 어디인지를 실천신학적 관점에서 찾는 것이다.

제2장 영산과 여의도순복음교회의 성령운동

2.1. 개요

　2장에서는 영산과 여의도순복음교회의 성령운동을 세 가지로 나누어 서술하려 한다. 하나는 영산의 삶과 목회를 역사적 관점에서 서술하고, 두 번째는, 영산이 성령운동을 어떻게, 무엇을 발전시켰는지를 3가지 기간으로 나누어 역사적 서술을 간략하게 하려 한다. 즉 처음 개척 시기였던 1958~1961년, 발전기였던, 1962~1973년 8월, 그리고 성장기였던, 1973년 9월부터~현재까지로 나누어 역사적 사실을 참고하려 한다. 마지막 세 번째는 영산의 성령운동의 출처가 어디인지를 분석하고 평가하는 것이다.

2.2. 출생 및 어린 시절

　영산의 출생 및 어린 시절을 이해하는 것은 곧 영산의 신학사상의 근원을 이해하는 데 도움을 얻을 수 있을 것이다. 가령 어떤 신학자가 어느 나라에서 어느 문화적 배경 속에서 어떤 스승 밑에서 공부를 했는지를 알면 그들의 신학사상을 이해하는 데 도움이 되는 것과 마찬가지일 것이다. 그런 면에서 영산이 기독교로 개종하기 전 어떤 가정 배경 속에서 어떤 종교문화적 배경 속에서 어린 시절을 보냈는지는 그의 성령 이해를 하는 데 적지 않은 도움을 받을 수 있을 것이다.

　영산은 1936년 2월 14일 경남 울주군 삼남면에서 5남 4녀 중 맏

아들로 태어났다. 영산의 가정 배경은 한학, 유교, 불교철학에 해박한 지식을 가지고 있던 부친의 영향으로 많은 지식을 습득할 수 있었다(Y. H. Lee, 2004, p.3, Profile: Rev. David Yonggi Cho, 2007). 즉 그의 어린 시절은 한국 전통종교의 문화 속에 자랐다고 볼 수 있다. 이후 17세 때 폐병으로부터 고생하던 중 기독교로 개종하게 된다. 그러나 비록 영산은 기독교로 개종은 했지만, 지난 17년 동안 살아 왔던 전통 문화적 습관과 풍습 그리고 여러 문화적 요소를 깡그리 버리고 기독교로 개종한 것은 아니다. 이것은 영산뿐만 아니라 모든 한국 기독교인들도 마찬가지일 것이다. 그것은 이전 문화를 완전히 버리고 기독교를 받아들인다는 것은 불가능하기 때문이다. 그런 면에서 영산의 십대 후반까지 한학, 유교 그리고 불교문화에 익숙한 옷을 입은 상태에서 기독교로 개종한 상태라 할 수 있겠다. 이것은 영산뿐만 아니라 모든 한국 기독교인들도 마찬가지이며, 이런 자연스런 문화적 영향은 당연한 것이며, 때론 어쩔 수 없는 경우이기도 하다.

2.3. 영산의 성령운동: 개척시기(1958~1961)

이 기간에 영산의 성령운동의 특징은 희망적인 설교, 물질 축복, 열정적인 기도, 그리고 신유목회라 할 수 있다. 그리고 그의 기도의 스타일은 주로 철야기도와 금식기도가 주를 이루었다. 이런 그의 성령운동은 주로 한국 전통 기독교와 목사들의 영향을 받았고, 신유목회 방법은 샤머니즘의 영향이라기보다는 한국 전통 기독교의 영향과 서양 선교사들의 영향을 받았다 할 수 있겠다.

영산의 첫 목회에 있어서 성령운동은 가정예배에서 시작해서 천막 교회로 이어졌다. 그는 1958년 3월에 서울에서 순복음신학교(현 한세대학교)를 졸업하고, 그해 5월 18일 서울 불광동에 있는 훗날 장모가 된 최자실 목사의 집에서 그녀의 세 자녀들과 함께 개척을 했다. 영산의 나이 22살 때였다. 처음 1년은 최자실 목사님 가정에서 가정예배를 드렸다. 교인이 점점 많아졌고, 이로 인해 가정에서 예배를 드리기에 장소가 부족했다. 1년 후 그는 텐트를 사서 천막을 만들고 서울 대조동에서 예배를 드리기 시작했다. 천막 교회가 시작된 것이었다. 당시 한국의 상황은 한국 전쟁(1950~1953)이 끝난 지 얼마 되지 않아서 많은 사람들이 가난과 역경 질병 그리고 좌절 속에서 살아가고 있던 시기였다. 그의 설교는 자연스럽게 희망의 설교, 물질축복, 신유에 관한 설교가 될 수밖에 없었던 상황이었다. 그러나 무엇보다 그의 교회 개척의 주된 특징은 신유와 끊임없는 기도였다. 많은 사람들이 다양한 병으로부터 치료를 받았고, 영산의 설교는 가난과 병에 찌들려 있던 가난한 주민들에게 스며들었고, 많은 사람들이 교회에 찾아오기 시작했다. 이 기간에 교회는 600명으로 성장할 수 있었다(Cho, 1981, p.1). 그의 힘 있는 기도는 끊임없이 계속되었고, 그는 새벽기도와 금식기도, 그리고 철야 기도를 수없이 반복했던 시기이기도 했다.

2.3.1. 최자실 목사와 영산의 성령운동

영산의 성령운동에 있어서 빼놓을 수 없는 것은 그가 개척 초기 단계에서 나중에 영산의 장모가 된 최자실 목사의 영향을 아주 많이 받았다는 사실은 이미 널리 알려진 사실이다. 최자실 목사는 사업에 실패와 건강까지 악화되어 갑자기 모든 불행을 당하게 된다. 그분은 어느 날 부흥회에 참석했다가 깨달음을 얻고 마흔이 넘은 나이에 순복음신학교에 입학해 당시 학생이던 조용기 학생을 만나게 된다. 후에 최자실 목사는 영산에게 믿음의 어머니 역할을 했으며, 정신적, 영적으로 영산을 도왔음을 영산의 책에서 발견할 수 있다. 영산은 어느 날 최자실 목사를 찾아가 "영적인 어머니가 되어 달라"(2004b, p.26)고 부탁한 적이 있었다고 진술한다. 최자실 목사의 영산에 대한 영적, 정신적 기도와 격려가 없었더라면, 아마도 오늘날 여의도순복음교회는 지금처럼 성장하지 못했을 것이다. 그 이유는 처음 영산이 개척할 당시 6개월 동안 단 한 명도 인도하지 못했던 적이 있었다. 그럴 때마다 최자실 목사는 영산을 위해 늘 기도하고 격려를 해 주었다. "좌절하고 목회를 포기하려 할 때마다 최자실 목사는 늘 용기와 격려를 아끼지 않았다"고 영산은 그의 책에서 (1981, p.162, 2004b, pp.195-196) 고백하고 있다.

영산이 1958년 처음 목회를 시작했을 때, 그는 목표설정에 대해 아무것도 알지 못했다고 고백한다. 그래서 그는 모든 종류의 술법을 동원해서 새 신자전도를 위해 사용했다. 그러나 그들은 영산의 전도에도 불구하고 교회에 오는 사람은 없었다. 영산은 무려 6개월 동안 단 한 명의 영혼도 예수께로 인도할 수 없었다. 그러는 동안 그는 매우 좌절하게 되었다. 그래서 그는 무려 여덟 번이나 목회를 그만두려고 결심한 적도 있었다. 그것은 후에 그의 장모가 된 최자실 목사의 격려가 있었기에 그 어려운 상황을 헤쳐 나갈 수 있었다고 훗날 진술한다. 이것은 어디까지나 영산이 계속 목회를 할 수 있었던 것은 최자실 목사의 격려와 참고 인내하며 끝까지 기운 내게 해 주셨기 때문이라고 고백한다.

여기서, 영산은 기존의 한국 전통 기독교인 중의 한 명인 최자실 목사의 영향을 받았음을 알 수 있다. 그가 폐병에서 고통당할 때 기

독교인으로 전도한 것, 그리고 영산이 그의 누님의 친구를 통해 개
종하게 된 것 등이 영산이 기존 한국 기독교인들의 영향을 많이 받
았음을 증명하는 대목이다. 즉 영산을 전도한 사람도 기존 한국 크
리스천 중의 한 사람이었고, 개척할 당시 그에게 정신적, 영적으로
격려를 통해 목회를 계속할 수 있었던 것도 역시 한국 기독교인 중
의 한 명인 최자실 목사였다. 다시 말하면, 영산의 목회에 있어서 개
종과 목회 초기의 결정적일 때 영향을 받은 사람은 바로 이전 크리
스천들의 영향이었음을 역사적 자료를 통해 알 수 있었다.

2.3.2. 영산과 서양 선교사

영산은 이전 기독교인들의 영향뿐 아니라 서양 선교사나 부흥사
혹은 서양목사들의 영향도 많이 받았음을 알 수 있다. 그것은 그가
선교사들의 설교 통역과 성경 공부를 통해서도 잘 알 수 있는 대목
이다. 또 영산은 목회할 때 어려움이 닥치면 가끔씩 선교사 존 허스
톤(John Hurston)을 생각하곤 했음을 그의 책에서 발견할 수 있다.
존 허스톤 선교사는 영산이 서울의 한 가난한 지역에서 목회할 때
부터 함께 사역했던 선교사였으며, 또 그 선교사는 영산과 함께 서
대문교회를 건축하는 기간 동안 함께 열정적으로 기도 사역했던 선
교사이기도 하다. 뿐만 아니라 그 선교사는 영산이 교단으로부터 어
려움을 겪었을 때 적극적으로 옹호해 주고 도와주었던 선교사이기
도 하다. 한번은 영산이 목회 초기 때 영산이 병자를 위해서 큰 소
리로 기도하고, 예배 때에 방언으로 기도한다고 해서 교단으로부터
영산의 교역자 증을 빼앗기는 등, 영산이 교단에서 쫓겨날 위기에
있었던 적이 있었다. 이때 허스톤의 도움으로 다시 목회를 할 수 있
었던 때도 있었다(1979a, pp.175-176, 1996, pp.211-212). 뿐만 아

니라 그 선교사는 영산이 영산의 신유 목회에 대해 걱정하고 있던 시기에 영산에게 큰 힘과 용기를 심어주곤 했다. 허스톤 목사는 이런 신유 목회에 고민하고 있던 영산에게, "전 세계에 퍼져 있는 것으로서, 신유목회는 잘못된 것이 없다"(M. S. Park, 2003a, p.115)며 영산을 격려해 주고 용기를 주기도 했다. 그래서 영산은 신유목회를 계속할 수 있었고, 그 결과 교회는 많이 부흥하여 영향력 있는 지도자로 나서게 되었다. 그는 후에 같은 교단에서 총회장에 선임되어 10년 동안 총회장 직을 연임하면서 교단을 성장시켰다(1979a, p.176, 1996, p.212).

그리고 영산 자신도 그의 신유 사역이 샤머니즘이라고 생각하기보다는 성서적 가르침이라고 주장한다. 이처럼 그는 신유목회가 성서적이라고 생각했을 뿐만 아니라 선교사들의 영향을 많이 받았다고 스스로 주장하고 있다. 그가 서양 선교사나 목사의 강한 영향을 받은 수많은 중요한 증거들을 그의 책에서 발견할 수 있다. 예를 들면, 영산은 열심으로 병 고침에 대해 오럴 로버츠의 책을 통해 크게 영향을 받아 왔다고 진술한다. 그는 오럴 로버츠의 책을 읽음으로써, 그 책들의 내용은 영산의 마음속에 꿈과 희망을 심어 주었다고 말한다. 또 오럴 로버츠의 책에 있어서 핵심 주제는 모든 문제들의 해결을 가져오는 열쇠가 있다고 기록하고 있다(Yonggi Cho, quoted in M. S. Park, 2003a, pp.115－116).

뿐만 아니라 영산은 개척 초기에, 영산의 꿈은 오럴 로버츠 목사 같은 사람이 되는 것이었다고 고백하기도 했다. 그래서 영산은 어느 날 자신도 로버츠 목사와 같이 되기를 상상하며 그 책을 읽곤 했다고 기록하고 있다. 또 영산은 마치 오럴 로버츠 목사가 텔레비전에서 설교하는 것처럼 자신도 그렇게 되기를 상상하며 자신의 꿈을 표현해 보곤 했다고 진술한다. 때로는, 주님, 나를 당신의 영으로 충만하

게 해 주시옵소서. 주님, 나를 오럴 로버츠 목사처럼 설교하게 해주
시고, 그 부흥사처럼 말하게 해 주시고, 신유의 사역을 저에게도 보
여 주시옵소서 하고 말로 나타내 보이기도 했다(Yonggi Cho, quoted
in M. S. Park, 2003a, p.116).

이처럼 영산은 존 허스톤이나 오럴 로버츠와 같은 부흥사들의 영향
을 직접 혹은 간접적으로 영향을 받기도 했다. 이들 선교사들 외에도
영산은 오순절계통의 미국 선교사, 랠프 버드(Ralph Byrd)(I. J. Kim,
2003, p.113, M. S. Park, 2003b, p.114)나 존스턴(Johnston) 선교사
(Cho, 2004b, p.20). 오순절 부흥사 사무엘 토드(Samuel J. Todd)(Cho,
2004b, p.56), 그리고 헤럴드 허만 부흥사(Harold C. Herman)(I. J. Kim,
2003, p.112) 등의 통역을 돕는 등 선교사들과 많은 접촉이 있었다. 다
시 말하면 이것은 그가 선교사나 서양 목사나 신학사상을 많이 받았
다는 한 예를 보여 주고 있는 시기이기도 하다.

2.4. 영산의 성령운동: 발전기(1962~1973년 8월)

2.4.1. 서대문교회

이 시기에 영산 및 여의도순복음교회의 성령운동의 가장 두드러진
특징은 무엇보다도 "구역조직"을 통해 전 세계에 전했다는 것이다.
또 이 시기는 여의도순복음교회의 제2의 성령운동의 발전기라 할 수
있다. 그것은 1961년 11월 1천5백 석의 성전이 서대문에서 새로운
건물이 완공되었고, 1962년 2월 18일부터 새로 지은 교회로 옮긴 후
교회는 크게 성장했기 때문이기도 하다. 이때 교회이름을 이전에 "순
복음 부흥회관"을 "순복음중앙교회"(1962년 5월 13일)로 변경했다.

이전한 지 3년 만인 1964년에는 성도수가 3천 명이 되었으며, 1968년에는 8,000명, 1973년 8월까지 18,000명이 되었다(Cho, 2004b, p.91, Hong, 2000, p.105).

그러나 아쉽게도 그의 교회는 성장하고 있었지만, 그의 건강은 점점 쇠약해져 갔다. 영산은 어느 날 종일 수백 명의 성도들에게 세례를 집례하다가 쓰러져 병원에 입원하게 되었다. 그는 병원에 입원한 지 일주일 만에 퇴원하여 주일 설교를 하다가 다시 쓰러졌다. 그는 사역의 한계를 느끼고 있던 중 성경, 특히 출애굽기(18:18 - 22)를 읽던 중 구역조직의 아이디어를 발견하게 된다. 이스라엘 백성들이 출애굽 하면서 모세가 지도력의 한계에 처했을 때, 천 부장, 백부장, 오십 부장 등을 세워 자신의 업무를 분담했던 사실을 깨닫고 영산도 구역모임을 통해 업무분담을 구상하게 되었다(Cho, 2004b, pp.76 - 77).

2.4.2. 구역조직

영산의 성령운동에 있어서 가장 독특한 특징 중의 하나가 바로 1965년에 조직한 "구역조직"이라 할 수 있다. 영산도 구역조직은 교회성장의 기초가 되었다(Cho, 1981, p.145)고 강조한다. 그의 구역조직은 한국 전통 교회 및 목사들과 서양 선교사의 성령운동과 많은 차이점이 있음을 발견하게 된다. 즉 이 구역조직은 그만의 독특한 성령운동의 한 방법이었다고 할 수 있다. 물론 지금 한국 대부분 한국 교회와 서양 교회도 "셀 그룹(Cell Group)"이라는 이름으로 모임을 갖고 있지만, 이런 "셀 모임"의 뿌리는 바로 영산의 "구역조직"이라 할 수 있다(2004b, p.147)고 영산은 진술한다. 당시 그의 셀 그룹을 통한 성령운동은 큰 센세이션을 일으켰었다.

당시 그는 서울 지역을 크게 20개 지역으로 분할한 후 성도들에게 각 가정에서 이웃의 성도들과 예배를 드리게 했다(Cho, 1981, p.29, 2004b, p.86). 특히 여성들을 구역장으로 임명하고, 교육하여 구역장을 세운 것은 한국 교회 전통과 완전히 다른 영산만의 아주 독특한 성령운동이라 할 수 있다. 그것은 당시 한국 사회는 유교의 영향을 받아 대부분 남자들이 사회적 지위를 가지고 있었던 시대에 여성 지도자를 세운다는 것은 상상도 하기 어려웠던 시기였기 때문일 수도 있다. 전통적으로 유교의 영향을 받은 한국 사회에서 여성의 역할이 위축되어 있었고, 억압된 상태였던 시기이기 때문에 여성이 교회 구역의 지도자가 된다는 것은 한국 사회에서 받아들이기 힘든 상황이기도 했다. 이런 유교적 영향은 80년대까지도 사회 곳곳에서 뿌리 내리고 있었다. 예를 들면, "아내는 반드시 남편을 따라야 한다"는 여필종부(女必從夫)라든지, 사회적 지위가 남자는 높고 귀하며 여자는 낮고 천하다는, 남존여비(男尊女卑) 사상도 예로 들 수 있다. 또 "7살만 되면 남녀 구별을 엄히 해야 한다"는 "남녀칠세부동석"이라는 사회적 관습도 있었던 시기다. 그래서 70년대까지만 해도 교회에 가면 교회에 한쪽 절반은 남자가 앉고 다른 절반의 맞은편은 여자가 앉는 등 철저하게 따로 앉을 정도였다. 이런 와중에 한국인 개신교 지도자들은 "여자는 교회에서 잠잠하라"(딤전 2:11)는 구절은 마치 한국 유교문화에 익숙해 있던 한국 기독교인들에게 강조하기에 안성맞춤이었는지도 모른다. 이런 사회적 풍습은 모두 유교적 영향이라 할 수 있겠다. 이런 엄격한 유교 문화 속에 영산은 교회 소그룹 지도자를 여성으로 쓰려는 구상은 너무도 파격적인 것이었으며, 이런 발상은 영산만이 가진 독특한 성령운동이었음이 틀림없다.

그러나 이런 남성 위주의 사회적 분위기가 팽배한 상황에서, 여성을 구역장으로 세우려 했을 때 많은 사람들이 반대를 했다. 영산의 기록에 보면, 모든 한국교회가 영산의 방법에 반대했고, 영산 자신도 여성을 지도자로 세우는 것에 대해 성공여부에 대해 의문을 가질 정도였다 (1981, p.25). 그러나 그는 여성을 지도자로 세우는 것이라고 믿고 계속 추진했다. 많은 시행착오를 통해 여성을 지도자로 한 셀 그룹에 성공하게 되었고, 이 구역을 조직한 지 9년 후인 1973년에는 6배가 증가한 18,000명이 되었다(Cho, 2004b, p.91, Hong, 2000, p.105).

그의 구역예배는 금방 전 세계로 퍼져 나갔고, 그는 1964년부터 1973년까지 매년 3번 이상 유럽과 미국, 동남아, 오세아니아 등 전 세계에 구역예배를 통한 성령운동의 실제를 초청받아 강연을 시작했다. 특히 1973년에는 6개월 이상 서독, 프랑스, 스위스, 노르웨이, 덴마크, 스웨덴, 영국, 이탈리아와 포르투갈 등 유럽에서 강연을 많이 했다. 그때 그의 몇몇 책은 독일, 스웨덴과 핀란드에서 베스트셀러가 되기도 했다(2004b, p.142). 즉 그는 셀 그룹 모델을 제시한 개척자라 할 수 있다. 그에 의하면,

> 외국에서는 셀(Cell)이라는 용어를 사용하고 우리나라에도 그렇게 역수출되어 소개됐지만 뿌리는 우리의 구역조직이었다. 그 원리들은 서울에서 그랬던 것처럼 시애틀 혹은 시드니, 혹은 런던과 도쿄, 스톡홀름과 상파울루에서 사용할 수 있는 보편적인 것이다(2004b, p.147).

결국, 영산은 구역조직을 체계화하여 그만의 성령운동을 하여 세계적 교회 성장의 모델을 제시하는 인물이 되었다. 교회성장과 구역예배모임은 영산만의 독특한 점이라 할 수 있겠다. 그는 이런 구역예배를 만들기로 한 영향은 한국 전통 교회와 서양 선교사들, 그리고 한국 전통 종교에서 영향을 받은 것이 아니라, 물론 성서적 뿌리를 두고 있지만, 그만의 독특하게 한국화시킨 성령운동이라 할 수 있다. 즉 그는 출 18:18절을 한국 사회에 맞게 적절하게 재해석을 효

과적으로 했던 것이다. 이 말은 높은 교육을 받고도 가정주부로서 가사에만 충실하던 많은 여성을 교회에서 지도자로 세웠다는 점, 남성 위주의 유교문화의 사고에 익숙했던 여성을 지도자로 세운 점, 대부분 가정주부로 있던 능력 있고 잠재력 많은 여성들에게 남성과 같이 지도력을 개발시켰다는 점, 그리고 교회 70%가 넘는 여성들에게 봉사할 기회를 제공했던 점과 전통적으로 열심과 열정 그리고 근면한 한국 여성들을 지도자로 세웠다는 점이다.

또 다른 많은 한국교회가 그의 구역조직을 따라 한 결과, 한국의 많은 교회가 성장하게 되었다는 점이다. 실제로 영산의 21개 지 성전 교회 대부분이 평균 10,000명을 넘어 서고 있다. 그리고 세계 10대 대형 교회 중 7개 이상은 한국에 있는데, 이들 모두 구역 예배를 따라하지 않는 교회는 하나도 없으며, 한국 천주교까지 구역예배 모델을 활용하고 있다. 또 전 세계의 많은 대형 교회들도 그의 구역예배 모델을 따르고 있다. 방법과 스타일이 조금 다를 뿐이지 그 뿌리는 영산의 구역예배에서 출발했다 할 수 있겠다. 이것으로 봐서도 영산의 성령운동에 있어서 구역예배의 시도는 한국뿐 아니라 전 세계에 많은 영향을 끼쳤음을 알 수 있다.

이 외에도 영산과 그 교회는 성령운동을 더욱 확장하기 위해 문서선교와 매스 미디어를 통한 사역도 했던 시기이기도 하다. 그는 1966년 12월 12일 "순복음 문서 전도회를 발족하여 문서 선교를 시작하였고"(Cho, 2005, "Foreword"), 월간지 신앙계(2008년부터 제목이 "플러스인생"으로 바뀜)를 1967년에 발간하였으며(Y. H. Lee, 2004, p.7), 1968년 9월 4일부터 극동방송을 통하여 매주 수요일과 토요일 방송된 "순복음의 시간"은 국내외 라디오와 텔레비전 선교의 획기적인 장을 열기도 했다(Cho, 2005, "Foreword").

2.4.3. 금식기도

영산의 성령운동에 있어서 가장 중요한 것 중의 또 다른 하나는 이 기간에 금식 기도원을 지었다는 사실이다. 그는 1973년 3월에 그의 장모와 함께 그 교회와 버스로 한 시간 떨어진 거리에 있는 오산리 금식 기도원을 지었다(Y. H. Lee, 1993, p.164). 이 기도원은 교파를 초월하여 수많은 사람들이 방문하여 많은 사람들에게 각종 질병과 문제점을 해결하며, 영적 성장을 위해 한국 교회에 크게 기여하고 있다.

"오산리 최자실 기념 금식 기도원"은 철야와 금식기도로 이미 세계에 널리 알려져 있으며 마음 놓고 기도할 수 있는 많은 "기도 굴"이 있고, 11개의 부속성전에 총 2만 명의 성도가 함께 동시에 예배를 드릴 수 있으며, 연 "1,512명의 강사진들이 365일 하루 4번 예배를 진행하고 있다" 강사진도 초교파 강사를 초청("Osanri Prayer House: About Prayer House", n.d.)하는 등 한국 전체 교회를 위해 매우 큰 공헌을 하고 있다(금식 기도에 대해서는 4장에서 좀 더 자세히 언급하려 한다).

2.5. 영산의 성령운동: 성장기(1973년 9월~2008년)

이 시기에 영산의 성령운동이 가장 많이 성장한 시기이며, 또 전 세계에 가장 많이 알려진 시기이기도 하다. 이 시기에 있어서, 그의 성령운동의 특징은, 1) 세 번째 새로운 교회 건축 완공, 2) 세계 오순절 컨퍼런스 개최, 3) 사회복지 사역(Ministry of Relief & Social Aid)과 월드미션을 통한 성령 사역의 시기라 할 수 있다.

2.5.1. 여의도순복음교회

1973년 9월 23일 일만 명을 수용하는 성전이 완공되어 헌당 예배를 드림으로 그의 성령운동은 제3의 성장 시기로 접어든다. 여의도에 지은 새 성정은 지금까지 같은 장소에서 계속 유지하고 있다. 그가 이 교회를 짓기 시작한 것은 1969년 4월이었다. "1984년에 교회 명칭을 순복음중앙교회에서 1984년에 현재의 '여의도순복음교회'로 명칭을 바꾸었다. 세 번째 성전으로 옮긴 후 교회는 급격히 성장하였으며, 1984년에는 40만 성도가 되었고, 1992년에는 70만 명을 돌파하였고, 2006년도는 80만 명을 넘어 섰다. 거리가 먼 지역에 지성전을 건립하기 시작, 지역사회 복음화의 효율적 방편으로 여러 교회를 독립시키게 되었다. 영산은 약 50여 년간의 목회 생활이 전적인 하나님의 은혜인 것을 감사드리며 현재 78~80만 명의 재적 성도를 한결같은 자세로 섬기고 있다.

2.5.2. 오순절 세계 대회

영산의 성령운동은 해마다 크게 성장하였으며, 이 시기에 영산의 성령운동의 큰 획을 그은 것 중의 하나는 1973년에 "순복음 세계대회 개최"라 할 수 있겠다. 이 대회는 한국의 큰 성령운동이 열렸던 시기였다. 이 오순절 세계 대회는 36개 나라에서 목사들이 참석한 매우 큰 행사였고, 이것은 한국 성령운동을 세계에 소개하는 데 매우 큰 역할을 담당했다(Y. H. Lee, 1993, p.162). 이것을 통해 영산의 성령운동은 더욱 크게 전 세계에 알려지게 되었고, 그의 성령운동이 더 발전하는 계기가 되었다. 그 이후로도 그와 그 교회는 국제 컨퍼런스를 많이 개회하여 왔다. 그는 성령운동을 복음화에도 박차를 가하고 있다. 그는 1976년 5월에는 민족 복음화와 세계 선교와 사회봉사를 위해 창설된 '순복음실업인선교연합회'를 조직하여, 나라별로 36개 선교회와 22개가 넘는 국내외 지 교회를 두고 총 3천여 명이 넘게 활동하고 있다. 1995년부터는 한국기독교총연합회 산하기구인 북한교회재건위원회의 요청으로 북한에 26개 교회를 재건할 계획을 세워 북한 선교에 동참하고 있으며, 1997년부터는 140여 종류의 기도처를 설립해서 성령운동을 전개해 나가고 있다. 뿐만 아니라, 그의 성령운동은 이 시기에 교육 사업에도 치중하고 있음을 알 수 있다. 1976년 미국 LA에 설립한 '베데스다신학대학'을 설립하였고, 1978년 1월에는 '순복음교육연구소'를, 1993년에는 '국제신학연구원'을 설립하여 성령운동에 학문적 기초를 세우는 데 큰 기여를 했다. 그 외 교회 내 성경대학과 성경대학원을 개설하여 다양한 교육 기관을 통한 성령운동에 동참하고 있다.

2.5.3. 사회복지

영산은 성령운동을 함에 있어서 구제 및 복지사역을 강조해 오고 있다. 그는 1982년에는 홀트아동복지회에 생활관과 교회를 세웠고, 1983년에는 휠체어 하우스를 건립하여 기증하였고 장애인 종합체육관 건립을 지원하는 사회 복지 사역을 강조하고 있다. 그 외 특수 복지 시설과 건물을 지어 기증하기도 하고, 난민 돕기 등 의류와 쌀, 성금 등 구호품을 지원하고 있다. 또 1984년부터 '심장병어린이 무료시술사업'을 시작해 형편이 어려운 세계 어린이들을 무료시술사업을 하고 있다. 이것은 한국 최대의 심장병 무료시술사업이며, 지난 25년간 4199명의 어린이를 시술했고, 해외 어린이도 250여 명 무료 시술을 해 주었다.

또 1987년 12월부터는 '장애인 연합선교회를 설립해서 장애인들의 자활을 돕고 있다. 그의 사회 복지 사업에서 두드러진 것은 1988년 7월 26일 준공된 '엘림 복지타운에 무의탁 노인들과 질환자를 위한 경로원과 요양원, 청소년직업전문학교, 어린이 선교원 등이 있다. 또 1999년에는 사단법인 선한 사람들(NGO)을 창립해 북한에 식량 및 씨앗과 비료 등을 통해 돕고, 제3세계의 효율적인 선교 활동을 지원하고 있다. 특히 2007년 말부터 시작한 "평양 조용기심장전문병원"을 짓기 시작했다. 총 공사비 200억 원 건립비용을 예상하고 있는 이 병원을 통해 많은 사람들은 "남북동포 간 사랑의 닻줄" 역할을 하기를 기대하는 이 계획은 2010년 6월 완공예정으로 현재 진행되고 있다.

이 외에도 영산 및 여의도순복음교회는 헤아릴 수 없을 정도의 많은 봉사 활동, 예를 들면, "의료봉사", "순복음 호스피스", "농어촌 미 자립교회 지원", "무의탁 노인을 위한 가나안 노인 복지원", "보육원", "사랑의 쌀, 김장 나누기", "결핵퇴치사업", "사랑의 헌혈운동" 등 무수히 많은 봉사 활동을 통해서 성령운동을 전개해 나가고 있다.

2.5.4. 세계선교 분석

영산 및 여의도순복음교회가 하고 있는 성령운동은 국내뿐만 아니라 해외선교에도 매우 열정을 보여 주고 있다. 여의도순복음교회에서 파송된 선교사들의 선교를 통한 성령운동은 다른 어떤 한국 교회의 세계선교보다 두각을 나타내고 있다. 1975년에 북미에 11명, 캐나다에 7명, 그리고 독일(서독)에 7명의 선교사를 파송한 이래 계속해서 성장해 오고 있다. 지금은 지난 32년 동안 전 세계 54개국에

634명의 선교사를 보냈고, 772교회를 개척했다. 해외 성도들도 무려 85,915명이나 된다.[1] 전체 해외 선교 평균을 계산해 보면, 선교사(또는 목사) 한 명당 성도들 135명을 담당하고 있는 셈이며, 한 교회 평균 출석률도 119명이 된다는 계산이 나온다. 54개국을 다 분석하는 데는 지면이 허락지 않기에 먼저 선교사 10명 이상 파송한 7개 나라를 예로 들어 분석을 시도해 보려 한다.

[도표 1: 10명 이상 파송한 나라]

단위: 명

나라	선교사 수	교회 수	성도 수
미국	340	236	12,050
일본	103	74	5,703
오스트레일리아	26	13	6,893
캐나다	24	21	2,300
중국	21	76	7,322
뉴질랜드	14	9	2,220
독일	13	9	1,491

도표 1에서 볼 수 있듯이, 미국에 340명의 선교사로 가장 많다. 이것은 지난 30여 년 동안 여의도순복음교회가 파송한 선교사 중 2007년까지 634명의 선교사 중 미국에 340명으로 가장 높은 비율(53.6%)을 차지하고 있다. 그 다음 많은 선교국은 일본에 103명(16.3%), 오스트레일리아에 26명(4.1%), 캐나다에 24명(3.8%), 중국에 21명(3.3%), 뉴질랜드에 14명(2.2%), 그리고 독일에 13명(2.1%)의 선교사를 파송했다.

---

1) Full Gospel Missions MAP. (2007, August 2007). Retrieved 10 August, 2007, from http://mission.fgtv.com/2007/world-map/world-map.htm

여기서 흥미 있는 것은 미국과 호주를 비교해 보는 것이다. 미국에는 340명의 선교사와 236개 교회와 함께 전체 12,050명의 성도가 있다. 즉 미국에서는 선교사 한 명이 평균 35.4명의 성도를 담당하고 있는 셈이며, 평균 교회 출석은 약 51명 정도 된다는 셈이다. 이것은 여의도순복음교회가 파송한 전체 선교사 한 명당 평균 135명에 비하면 3.8배나 낮은 수치이다. 그리고 교회 평균 출석률(51명)도, 여의도순복음교회가 파송한 평균 출석률이 119명인 데 비하면, 미국에서 평균 순복음교회의 출석률은 전체 평균보다 2.3배 낮은 수치를 보여 주고 있다. 가장 먼저 선교가 이루어진 나라 중의 하나인 미국에서의 성령운동은 전체적으로 매우 낮은 양적 성장을 가져오고 있으며, 지나치게 많은 선교사가 미국에 몰려 있다는 것을 발견할 수 있다.

반면에, 오스트레일리아에는 26명(4.1%)의 선교사를 파송했고, 13개 교회를 세웠으며, 전체 성도 수는 6,893명이다. 이는 선교사 한 명이 265명을 담당하고 있는 셈이며, 한 교회 출석률도 평균 530명이 된다는 셈이다. 이것은 호주에서 여의도 순복음교회에서 파송한 선교사 한 명이 265명의 성도들 담당하는 것이며, 미국에서 선교하는 선교사 한 명당 담당률 35.4명보다 거의 7.5배나 더 높은 수치이다. 또 교인 평균 출석률도 호주 순복음교회가 미국보다 전체 평균으로 볼 때 10.4배나 더 많음을 알 수 있다. 이것은 호주에 파송된 선교사가 미국보다 양적 면에서 훨씬 더 효과적인 선교를 하고 있다는 것을 보여 주고 있다.

두 번째 많은 선교사를 파송한 나라는 일본이다. 즉 103(16.3%)명의 선교사를 일본에 보냈고, 74(10.3%)개 교회를 개척했으며, 5,703(6.6%)명의 교인을 두고 있다. 이것은 일본의 종교적 배경을 감안하면 매우 놀라운 성장이다. 2007년 일본의 종교통계를 보면 신도(Shinto)와 불교가 84%, 기독교 0.7%, 그리고 다른 종교가 15.3%라는 점을 고려하면, 이런 척박한 기독교 불모지에서 평균 교회 출석이 77.1명이라는 사실은 놀라운 성장이라 할 수 있겠다. 나머지 캐나다와 독일에서의 선교는 전체 선교사 한 명이 담당하는 119명보다 적은 평균치를 보여 주고 있다. 그러나 중국에는 21명의 선교사가 파송되어, 한 명의 선교사가 평균 349명의 성도를 담당하고 있다는 놀라운 사실이며, 76개의 많은 교회를 개척해서 한 교회 평균 출석률도 96명씩이나 된다는 사실을 보여주고 있다. 뉴질랜드에는 14명의 선교사가 파송되어 한 명의 선교사가 평균 159명의 성도들을 담당하고 있으며, 평균 교회 출석률은 247명의 높은 양적 성장률을 나타내고 있다.

54개국에 파송된 선교사들을 간단하게 분석해 보면, 여의도순복음교회의 해외 선교사역의 또 다른 독특한 특징이 있다. 그것은 한 명의 선교사가 파송되어 여러 교회를 세웠다는 것이다. 여의도순복음교회는 54개국에 선교사를 파송했는데 그중 28개 국가에는 선교사의 수보다 교회 수가 더 많고, 18개국에는 선교사의 수와 교회수가 똑같고, 나머지국가에 파송된 선교사의 수가 교회 수보다 훨씬 많다. 그런데 아래 도표에서도 볼 수 있듯이, 놀랍게도 13개 국가에서는 한 선교사가 평균 5개 이상 교회를 담당하고 있다는 사실이다. 가장 놀라운 사실은 볼리비아에는 한 명의 선교사가 14개의 교회를 통해, 4,186명의 성도들을 담당하고 있음을 보여 주고 있다. 네팔에서는 한 명의 선교사에 의해 10개의 교회를 담당하고 있다. 아래의 테이블에서 볼 수 있듯이, 이들 13개국에 파송된 선교사는 32명이며, 219개 교회에 불과하다. 이것은 전체 여의도 순복음교회가 파송한 전체 선교사 634명 중 5%(32명)에 불과하며, 772교회 중 219개(28.4%)의 수에 불과하다. 그러나 전체 해외 순복음교인 85,915명 중 무려 32.9%(28,264)나 차지한다는 사실이다.

[도표 2: 선교사 한 명이 다섯 교회 이상 담당하는 나라 수]

나라이름	선교사 수	교회 수	성도 수
투바	0	6	500
볼리비아	1	14	4,186
멕시코	1	5	743
미얀마	1	5	250
네팔	1	10	300
루마니아	1	7	726
카자흐스탄	2	18	2,131
필리핀	2	15	1,107
우즈베키스탄	3	18	4,654
파라과이	4	25	4,607
브라질	5	37	4,774
인도네시아	5	23	1,142
케냐	6	36	3,144
Total	32(5%)	219(28.4%)	28,264(32.9%)

지금까지는 나라별 통계를 간략하게 알아보았다. 다음은 대륙별 성령운동을 분석해 보기로 하겠다.

[도표 3: 대륙별 나라 수, 선교사 수 그리고 성도 수]

총회이름	나라 수		선교사 수		교회 수		성도 수	
	수	퍼센트	수	퍼센트	수	퍼센트	수	퍼센트
오세아니아	2	3.6	40	6.3	22	2.9	9,113	10.6
북미	2	3.6	364	57.4	257	33.3	14,350	16.7
유럽	15	27.4	33	5.2	84	10.8	14,510	16.9
아프리카	7	12.7	18	2.8	51	6.6	5,497	6.4
남미	7	12.7	17	2.7	97	12.6	15,959	18.6
아시아	22	40	162	25.6	261	33.8	26,486	30.8
Total	55	100	634	100	772	100	85,915	100

위 도표에서 볼 수 있듯이, 여의도순복음교회는 6대륙에 걸쳐 선교
사를 파송했고, 많은 교회를 개척했으며, 그리고 많은 해외 선교를
가지고 있음을 알 수 있었다. 먼저 대륙별 나라 수부터 알아보고자
한다.

[도표 4: 대륙별 나라 수]

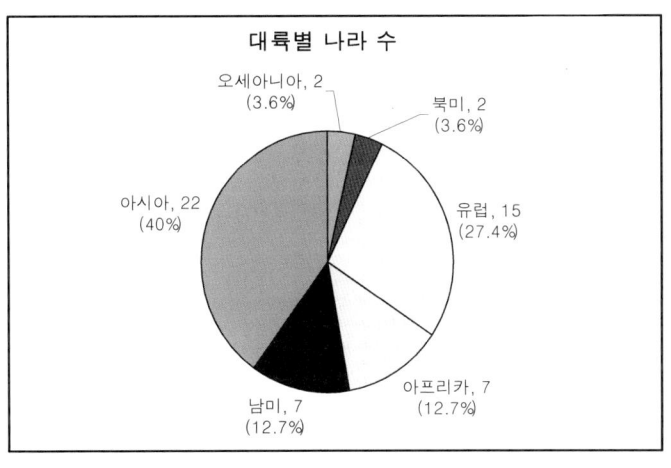

위 원 도표에서 볼 수 있듯이, 대륙별 파송 국가 현황을 분석해
보면, 아시아에 22개국(40%), 유럽에 15개국(27.4%), 남미에 7개국
(12.7%), 아프리카에 7개국(12.7%) 그리고 오세아니아와 북미에 각각
2개국(각각 3.6%씩) 파송했음을 보여 준다.

그러나 아래 원 그래프에서 볼 수 있듯이, 가장 많은 선교 국이
아시아지역이라 해서 가장 많은 선교사를 파송한 것은 아니다. 북미
지역에는 2개 국가(미국과 캐나다)에 파송을 했지만 선교사 인원은
가장 많은 364명(57.4%)으로 아시아지역에 파송된 선교사 162명
(25.6%)보다 무려 202명이 더 많다. 그럼에도 불구하고, 양적 성장에
있어서는 아시아에 있는 성도 수(26,486명)보다 거의 절반에 가까운
14,350명에 지나지 않는다(도표 3과 도표 7 참조). 이것은 양적 교회

성장 면에서 북미보다 아시아 지역이 약 2배의 효과적인 선교를 하고 있음을 보여 주고 있다.

[도표 5: 대륙별 선교사 수]

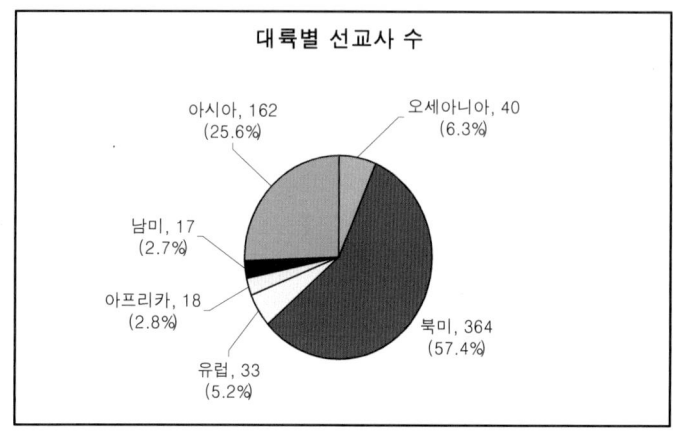

다음은 남미 선교와 비교를 해보면 더 큰 차이점을 발견하게 된다. 북미에 파송된 선교사 수(364)는 남미에 파송된 숫자(17명)보다 무려 347명이 더 많다. 그럼에도 불구하고, 북미 평균 성도 수(14,350명)가 남미 평균 성도 수(15,959명)보다 놀랍게도 더 적다(도표 3과 도표 7 참조). 이 통계는 북미 지역에 파송된 선교사 수와 다른 대륙을 비교해 볼 때 북미 지역 두 나라(미국과 캐나다)에 많은 선교사가 파송되었다는 사실이다. 그러나 남미에는 비록 17명의 선교사가 파송되었음에도 불구하고 347명이 파송된 북미보다 양적 성장 면에서 볼 때 남미에서의 교회 성장이 더 활발하게 진행되고 있음을 보여 준다.

다음은 교회를 개척한 수를 대륙별로 분석해 보려 한다. 아래 도표에서 볼 수 있듯이, 북미에 257개(33.3%)로 가장 많고, 그 다음이 아시아지역에 261개(33.8%), 남미 지역 97개(12.6%), 유럽 84개(10.8%), 아프리카 지역 51개(6.6%) 그리고 오세아니아 지역에 22개(2.9%) 순이다.

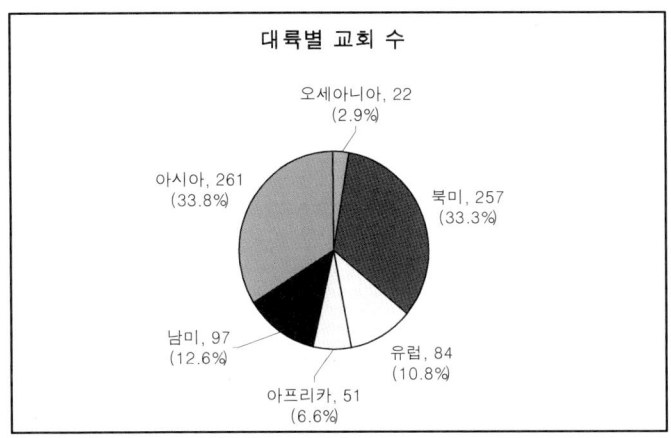

위 도표가 보여 주듯이, 교회 수에 있어서는 아시아 지역이 261개로 북미 지역 257개와 거의 비슷하다. 여기서 특이한 현상은 오세아니아 지역이다. 오세아니아지역은 전체 6대륙 중에서 가장 적은 22개 교회를 개척했다. 이것은 전체 해외 순복음교회가 개척한 772개 교회 중 2.9%(22개)밖에 되지 않지만 전체 성도 수는 9,113명으로 전체 평균 교인 출석률을 계산해 보면 414명이나 된다(도표 3, 도표 7 참조). 이것은 여의도순복음교회가 파송한 전 세계 해외 교회 평균 출석률이 119명인 데 비하면, 오세아니아에 있는 교회 평균 출석률(414명)은 무려 3.5배나 더 높은 수치이다. 즉 여의도순복음교회의 해외 선교를 통한 성령운동은 오세아니아지역이 비록 가장 적은 교회를 개척했지만, 평균 교회 출석률 면에서 볼 때, 6대륙 중에서 가장 활발한 양적 성장을 보여 주고 있으며, 앞으로 전망도 오세아니아에서의 성령운동이 가장 활발하게 일어나고 있음을 알 수 있다.

마지막으로 아래 도표는 대륙별 성도 수를 보여 주고 있다.

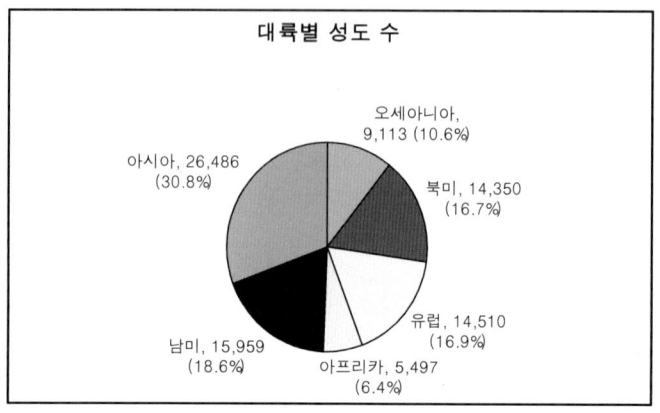

위에서도 조금 언급했지만, 오세아니아 주에서 교인 평균 출석률 (414명)을 북미 교회와 비교해 보면, 오세아니아 주가 북미 평균 출석률(55.8명)보다 무려 7.4배나 더 양적 성장을 가져 왔다. 또 오세아니아 주와 북미주에 있는 성도 수를 비교해 보면, 북미에 있는 평균 성도 수는 선교사 364명과 함께 14,350명이다. 이것은 북미에서는 선교사 한 명당 평균 39.4명을 담당하고 있는 셈이다. 반면에 오세아니아 주에 있는 성도 수는 선교사 40명과 함께 9,113명으로 선교사 한 명당 228명을 담당하고 있음을 보여준다. 이것은 오세아니아에서 사역하는 선교사가 북미에서 선교하는 선교사보다 5.8배 이상 많은 성도들을 담당하고 있다는 것을 보여 주고 있다. 즉 선교사가 많이 파송된다고 해서 반드시 양적 성장을 가져오는 것은 아니라는 사실을 보여 주고 있다. 이것은 오세아니아에서의 선교 사역이 선교사 수와 교회 수를 비교해 볼 때 가장 높은 양적 성장률을 보여 주고 있음을 증명해 주고 있다.

아프리카 대륙에는 5,497명(6.4%)의 성도 수를 가지고 있다. 즉 선교사 한 명당 305.4명을 담당하고 있으며, 평균 한 교회당 출석률은

107.8명 꼴이 된다. 이것은 여의도순복음교회가 파송한 선교사 한 명이 평균 135명을 돌보는 것에 비하면, 약 2.3배 정도 더 많은 평균 성장률을 보여 주는 수치이지만, 전체 평균 출석률 119명보다는 낮은 수치를 보여 주고 있다. 그 이유는 선교사 수(18명)보다 교회 수(51개)가 더 많기 때문이다. 그 결과 한 명의 선교사가 평균 2.8개 교회를 담당하게 되었다.

남미에는 15,959명의 성도들을 가지고 있다. 즉 선교사 한 명이 평균 5.7개의 교회를 담당하고 있다는 셈이며, 선교사 한 명당 938.8명의 성도를 담당하고 있다는 놀라운 사실이다. 이 수치는 해외 순복음교회 선교사 한 명당 대륙별 평균을 볼 때, 가장 많은 담당비율을 차지하고 있다. 한 교회당 평균 출석률도 약 165명 정도로 평균을 훨씬 넘고 있다. 이것은 남미에서의 여의도순복음교회의 성령운동이, 비록 17명의 선교사가 파송되었지만 선교사 한 명당 평균을 계산해 보면 가장 많은 양적 성장을 했다는 것이며, 또 평균 한 명의 선교사가 가장 많은 교회를 개척했다는 사실을 보여 주고 있다. 이것은 남미와 북미를 비교해 보면, 남미에서 선교사 한 명(938.8명)이 북미 쪽에 선교하는 선교사 한 명(39.4명)이 성도 담당비율보다 약 23.8배나 더 많다는 사실이다. 이것은 남미 선교사가 북미 선교사보다 23.8배나 더 바쁘고, 더 많은 업무 그리고 더 많은 성도들을 담당해야 한다는 셈도 틀린 말은 아닐 것이다. 그 외 유럽은 14,510명(16.9%)으로 선교사 한 명이 439명을 담당하고 있다는 놀라운 사실이며, 84개 교회의 평균 출석률도 172명씩이나 된다. 마지막으로 아시아 지역에서 순복음교회 성도 수는 26,486명으로 대륙별로 볼 때 가장 많다. 선교사 수(162명)를 비교해 볼 때, 한 명의 선교사가 약 164명의 성도들을 담당하고 있다는 셈이다. 그러나 교회 개척 수는 261개로 평균한 교회 출석률은 약 102명에 불과하다는 수치를 보여 주고 있다.

요약하자면, 여의도순복음교회의 해외에서의 성령운동을 알아보았다. 양적 성장을 통해 성령운동을 판단하는 것은 옳지 않다. 하지만 질적 성장은 수치로 표현하기 더욱 어렵기에 양적 수치를 통해 교회성장을 분석해 보았다. 즉 해외에서의 성령운동의 특징은 나라별로는 볼리비아에 파송된 선교사가 가장 왕성한 양적 성장을 보여 주었다. 그러나 전체 선교사 수, 교회 수, 성도 수, 그리고 나라와 대륙별 분석을 함께 놓고 볼 때, 가장 균형을 이루고, 안정된 선교사역이 이루어지고 있는 대륙은 오세아니아 지역이었다. 반면에 북미 지역은 가장 많은 선교사를 파송했고, 또 가장 많은 교회 수를 가지고 있지만 양적 성장 면에서 볼 때는 평균적으로 가장 낮은 수치를 보여 주고 있었다. 반면에 남미 지역의 선교의 특징은 6대륙 중 가장 적은 선교사(17명)가 파송되었음에도 불구하고 북미의 전체 평균 성도 수보다 더 많은 사역을 담당하고 있음을 알 수 있었다. 유럽도 상당히 높은 성장률을 보여 주었으며, 안정된 선교지역으로 확인되었다. 마지막으로 아프리카와 아시아 지역은 현재 선교방침에 평균치보다 약간 높은 수치를 보여 주고 있음을 통계를 통해 알 수 있었다.

2.5.5. 요약 및 평가

2장에서는 영산의 성령운동을 역사적 사실 세 단계로 나누어 서술하였다. 첫 번째 시기는 영산의 개척 시기(1958~1961년)로서, 이전 기독교인들의 영향을 받았다. 예를 들면, 영산이 불교와 유교 그리고 한학의 가정에서 기독교로 개종할 때 이전 기독교인의 전도로 개종하게 되었고, 또 최자실 목사의 영적, 정신적, 그리고 기도와 격려를 통해 다양한 목회에 대한 조언을 받았다 할 수 있다. 이것은 영산은 먼저 믿고 있던 기독교인들의 영향을 받았다는 뜻이다. 뿐만 아니라 그는 동시에 선교사들의 설교 통역과 서양 신학서적을 통한 서양의 영향 또한 받았음을 그의 진술을 통해 알 수 있었다. 두 번째 시기 (1962~1973년 8월)는 영산의 서대문에 새로운 교회를 세워 발전하는 시기였으며, 이 시기에 가장 두드러진 특징은 "구역조직"을 통해 영산의 뛰어난 조직력과 행정력, 그리고 영적, 종교적 지도력을 보여 주었던 시기이기도 했다. 이런 "구역조직"은 전 세계 교회가 교회성장에 있어서 한 모델로 제시되었다. 또 이 시기는 금식기도원을 세워 초교파적으로 한국 교회에 산기도, 금식기도, 철야기도를 통해 성령운동을 발전시킨 시기이기도 했다. 세 번째 시기(1973년 9월부터 현재)는 가장 빠른 성장세를 보여 주었던 교회성장기라 할 수 있다. 이 시기는 서대문 교회에서 다시 한 번 현 여의도에 신축 교회를 완공하여 새로운 성령운동이 시작된 시기라 할 수 있겠다. 특히 이 시기는 세계대회를 계기로 영산 및 여의도순복음교회의 성령운동을 전 세계에 알리게 되는 계기가 되었고, 이런 것을 발판으로 하여 교육, 연구소, 세계 선교, 사회복지, 언론 및 인터넷을 통한 성령운동, 그리고 그 외 매우 다양한 기관을 통해 성령운동을 발전시키고 있었다.

제3장 영산의 신학적 영향에 있어서 성령운동

3.1. 개요

3장에서는 영산의 신학에 대해서 조직신학적 관점에서 그의 성령 운동에 대해 다루려 한다. 즉 그의 신학적 이해는 중요성이 있다. 그것은 그의 신학적 이해 없이는 그의 성령 이해가 불가능하며, 또 그의 신학이해는 곧 그의 성령 이해가 되기 때문이다. 뿐만 아니라, 그는 전 세계의 교회 성장의 한 모델이 되고 있다는 점과 최초로 구역예배를 조직하여 전 세계에 알리는 공헌을 했다는 점에서도 그의 신학을 이해할 충분한 가치가 있다고 본다.

희망의 신학으로 잘 알려진 세계에서 가장 영향력 있는 신학자 중의 한 명인 위르겐 몰트만(Jürgen Moltmann)은 "조용기 목사는 뛰어난 기독교 신학자로서 전 세계적으로 진지하게 다루어질 가치가 있다"(2005, p.148)라고 강조한 바 있다.

영산의 성령 이해를 위해 그의 다양한 신학사상이 무엇이며, 또 그의 신학사상이 어디서 영향을 받았는지에 대해 충분히 토론할 만한 가치가 있음이 분명하다.

그래서 3장에서는 영산의 신학은 어디에 뿌리를 두고 있는지 알기 위해 다섯 가지로 나누어 분석해 보고자 한다. 1) 그의 신학적 배경, 2) 신학사상, 3) 좋으신 하나님 신학, 4) 그의 성령론에서 말하는 성령의 상징과 심벌들, 5) 요약 및 평가에 대한 것이다.

첫째, 그의 신학적 배경을 아는 것은 곧 그의 성령 이해와 직결될 수 있다. 그가 어디서, 누구 밑에서, 어느 교단에서 공부를 했는지를 이해하는 것은 곧 그의 성령에 대한 이해가 어디서 영향을 받았는지 직결되기 때문이다. 둘째, 그의 신학사상이다. 그의 신학사상에는 다시 두 가지로 나누어 설명하려 한다. 1) 영산의 신유와 물질 축복이 어디서 영향을 받았는지에 대한 것이다. 그 이유는 그의 신학사상을 다 다루기에는 너무 광범위하다는 이유도 있지만, 무엇보다도, 많은 학자들이 그의 신학 중 물질 축복과 신유운동이 한국의 샤머니즘의 영향을 받았다고 주장하는 학자들과 서양의 영향을 받았다는 논쟁이 최근까지 계속되기 때문이다. 즉 그의 교회 급성장의 원인과 영향이 어디에 있는지에 대해 논쟁점이 있다. 2) 그의 상황신학도 조금 언급하려 한다. 그 이유는 그의 급성장의 원인을 토착화 또는 상황신학 때문이라고 주장하는 학자들도 있기 때문이다. 그리고 당시 그가 목회 시작할 때 한국 상황을 이해하는 것은 그의 성령 이해에 중요한 단서가 될 수 있기 때문이다. 세 번째는, 그의 신학사상 중 좋으신 하나님 신학에 대해서도 언급하려 한다. 이것은 그의 좋으신 하나님 신학이 그의 성령운동에 중요한 한 부분을 차지하고 있기 때문이다. 또 그의 좋으신 하나님 신학이 어디서 영향을 받았는지에 대한 이해는 곧 그의 영산의 신학에 대한 한 부분을 이해하는 데 많은 도움을 제공하고 있기 때문이다. 네 번째로 그의 신학사상 중 성령론에 대한 언급이다. 그의 성령론 중, 특히 한국어 용어들, 성령의 명칭과 성령의 심벌에 집중하고자 한다. 이런 한국어 명칭과 심벌을 다루는 이유는 그가 사용하는 용어를 통해 그가 어느 문화의 영향을 받았는지를 인식하는 데 매우 중요한 단서가 되기 때문이다. 언어는 문화의 매우 중요한 부분을 차지하기 때문에 그가 어느 문화권 언어를 사용하느냐에 따라 그의 성령 이해와 그가 받은 신학의 영향을 판가름할 수 있는 중요한 잣대 중 하나로 사용하는 데 도움이 되기 때문이다. 마지막으로 3장에 대한 요약 및 그의 신학을 평가하려 한다.

3.2. 신학적 배경

이 부분에서는 영산의 신학적 배경을 간단히 언급하고자 한다. 그 것은 영산의 신학적 배경을 이해한다는 것은 그의 신학적 사상이 어 디서 영향을 받았는지를 이해하는 데 결정적 단서가 되기 때문이다.

영산은 한국에서 오순절 계통의 신학을 공부했다. 즉 영산의 신학 적 배경은 오순절 신학이다. 한국에서 신학교(현 한세대학교)도 물론 오순절 계통의 신학교를 졸업했다. 좀 더 정확히 말하면, 그는 1956년 에 서울에서 "기독교 대한 하나님의 성회"[2]에 속한 교단에서 1958년 에 졸업을 했다. 이것은 미국 오순절 계통인 "하나님의 성회"(1914)에 속한 선교사들과 오순절 계통에 속한 한국인들이 주축이 되어 세운 교단에 속한 신학교이다. 즉 이 신학교는 1953년 4월 8일 총회 때 아 더 체스넛(Arthur B. Chesnut) 선교사와 다른 한국 오순절 지도자들에 의해 "순복음신학교"를 1953년 4월 5일에 세우기로 결정했다. 이것은 영산이 졸업한 신학교는 미국 오순절 계통의 교파와 아주 밀접한 관 련이 있는 오순절 계통의 신학교라는 점에서 미국 오순절 계통의 신 학적 영향을 자연스럽게 받아들일 수밖에 없었다. 박명수(2003, p.53) 교수에 의하면, 한국 전통 오순절 교회는 미국 오순절 계통과 관련되 어 있다고 주장한다. 영산이 신학을 하는 동안도 존 스테츠(John Stetz), 리처드 존스턴(Richard L. Johnston)(I. J. Kim, 2003, pp.99 - 100, n.a., 2004)의 설교 통역과 성경공부 그리고 신학적 가르침을 받 곤 했다. 이것은 영산이 미국 오순절 계통과 관련이 있는 신학교에서 공부를 했고, 신학생 시절부터 통역을 통해 직, 간접적으로 선교사를

---

2) 한국 오순파의 처음 이름은 "조선오순절교회"(1933~1950년)였다. 이것이 나중에 "대 한 기독교 오순절교회"(1950~1953년)로 바뀌었고, 이것은 1953년 이후 "기독교 대한 하나님의 성회"로 바뀌었다(2003, p.66).

비롯해서 서양 신학의 많은 영향을 직접 혹은 간접적으로 받았다 할 수 있겠다.

이것은 영산이 신학생이 되기 전에도, 그리고 신학을 공부할 때에도 많은 선교사들과 접촉을 했고, 또 부흥사들의 통역을 통해 병 고치는 사역을 배우곤 했다는 것을 보여 주고 있다. 영산에 의하면, "신학교 시절 선교사들을 통해 배운 성령님의 능력과 내가 통역하며 보아왔던 하나님의 역사, 그리고 영문 서적을 읽으며 세계적인 부흥사들의 이야기 속에서 발견한 성령님의 병 고침 역사를 기억했다"(2004b, p.28)고 그의 저서에서 진술하고 있다.

또 영산이 속해 있던 오순절 교단에 분열과 교계 지도자들의 싸움이 있었을 때 홍 허그(Hong Huh)가 나서서 인도하곤 했으며(M. S. Park, 2003a, p.114), 1957년에는 허만(H. Herman)이 한국에 왔을 때도 영산이 통역을 했고 또 허만 선교사에게 한국어도 가르쳐 주곤 했다. 1958~1959년경에는 존스턴(Johnston)의 통역도 했을 뿐만 아니라 영산은 1958년 여름 미국인 부흥사 랠프 버드(Ralph Byrd)와 존 허스톤(John W. Hurston)을 통해 신유 스타일을 배우고 깨닫게 되었다(I. J. Kim, 2003, p.114). 이것으로 보아 영산은 한국에서 신학교를 다녔음에도 불구하고, 당시 미국 오순절 계통의 선교사들에게 성경공부를 비롯한 많은 가르침을 받았고, 특히 선교사들을 통해 신유에 대해 배우곤 했음을 그의 책에서 발견할 수 있다.

그러나 그가 아무리 선교사들과 성경공부를 하고 통역을 하며 배웠다 한들 그것이 그가 한국의 정치, 경제, 관습, 언어, 역사 그리고 종교적 풍습과 한국 문화에서 자라고 성장한 것만큼 많은 영향을 받았을 리는 없다. 그 이유는 서로 다른 문화 속에서 형성된 신학적 지식이나 신앙을 제대로 주고받는 것은 쉽지 않기 때문이다.

에른스트 트뢸치(Ernst Troeltsch)는 기독교와 서양문화가 너무 불가분적으로 서로 엉켜 있다는 것과, 또 기독교인으로서 다른 문화 아래 있는 사람에게 자기의 신앙을 제대로 말해줄 수 없다는 점, 그리고 다른 문화 아래 있는 사람은 또한 그 자신이 서양세계의 한 일원이 되지 않고서는 그리스도를 말할 수 없다고 믿는다(Ernst Troeltsch, quoted in Niebuhr, 1951, p.30).

이것은 서양 선교사들이 서양문화 아래 오랫동안 살아온 서양인들이 한국인으로서 오랫동안 살아온 영산에게 미국식 신앙을 제대로 말해줄 수 없다는 뜻으로 해석해도 좋을 것 같다. 다른 말로 하면, 영산은 선교사들의 영향은 표면적이며 극히 일부 영향일 가능성이 많으며, 무엇보다 한국 문화적 영향을 훨씬 더 받았음은 당연하다 하겠다. 그러므로 영산의 성령운동은 무엇보다 한국 문화의 영향을 다분히 받은 것이며, 또 그 문화 속에서 성령운동을 진행시키는 것은 아주 자연스러운 것이며, 바람직한 것이며, 또 그렇게 하는 것이 가장 좋은 방법이라 할 수 있겠다. 그 이유는 그가 한국적 문화와 역사, 그리고 정치 경제적 배경에서 신학을 공부하고 또 지난 70여 년 이상 한국 문화와 관련된 정치 경제, 문화, 교육, 풍습, 철학, 과학 그리고 한국 종교 문화 속에서 살아 왔기 때문이다. 물론 그가 서양 선교사들의 영향을 받긴 했지만, 그가 한평생 살아온 한국 문화적 배경 속에서 형성된 그의 사상만큼 받았을 리는 없기 때문이다.

3.3. 신학사상

이 부분에서는 영산의 핵심 신학을 간략하게 다루고, 그의 신유와 물질 축복이 어디서 영향을 받았는지 논하려 한다. 그런 다음 이런 신학이 탄생하게 된 상황을 조명해 보고자 한다. 특히 비슷한 시기에 탄생되었지만 전혀 다른 노선을 걷고 있는 민중신학도 함께 언급하려 한다. 그 이유는 민중신학과 영산의 성령운동은 비슷한 시기에 한국에서 일어났지만 이 두 운동은 매우 다른 주장을 하고 있기 때문이다. 뿐만 아니라 이 두 운동의 비슷한 점과 차이점을 비교해 봄으로써 영산의 오순절 운동을 이해하는 데 적지 않은 도움이 될 수 있기 때문이기도 하다.

영산의 주요 신학은 이미 잘 알려진 대로 오중복음과 삼박자 축복 그리고 순복음의 7대 신앙의 기초에 잘 드러나 있다. 즉 오중 복음은 1) 중생의 복음, 2) 성령충만의 복음, 3) 신유의 복음, 4) 재림의 복음, 그리고 5) 축복의 복음을 말한다. 영산은 자신의 목회 사역 중 지금까지 오중복음과 순복음적 메시지를 피맷히도록 선포했다(Y. Cho, 1998a, p.34)고 주장한다. 김익진(2003, p.192) 교수도 "영산의 핵심 신학적 형태는 오중복음과 삼박자 축복이다"고 강조했다. 이처럼 그의 오중복음과 삼박자 축복은 그의 신학에서 주요 신학이라는 사실에 대해 아무도 부인하는 사람은 없다. 그럼 먼저 그의 오중복음이 무엇인지 간단하게 요약한 후, 특히 신유와 축복에 대한 영산의 신학적 영향의 뿌리는 어디인지를 좀 더 자세히 논하려 한다.

1) 중생의 복음(The Gospel of Regenerations)

여기서 중생(重生: a rebirth or regeneration)이란 용어는 기독교적 용어로 영적으로 다시 새 사람이 되는 것을 말한다. 이것은 한국 불교에서 사용하는 중생(衆生)과 발음은 같지만 의미는 다르다. 불교에서 사용하는 중생(衆生)은 부처의 구제를 받는 인간과 감정을 지닌 모든 생물들을 뜻한다. 그러나 영산이 이해하는 복음(福音)이란 것은 기독교적인 용어로서 그 뿌리는 코이네 그리스어 "유앙겔리온"(εὐαγγέλιον)(1 Corinthians 9.14a)에서 유래한 것으로서 불교적 용어와 매우 다른 뿌리를 두고 있다. 즉 한국어 '복된 소식', '기쁜 소식', '좋은 소식'으로 이해하고 있다. 이것은 영어로 'Gospel', 'Good News'라고 설명을 곁들이고 있다(1998a, p.35).

다시 말하면, 영산이 이해하는 중생(重生)의 개념 이해는 "아담과 하와의 타락 이후 인간의 하나님과의 교제를 상실한 채 버림받고 저주받은 자녀들로 살아가야 했고 마침내 영원히 멸망할 수밖에 없는 존재였다는 것이다. 그런데 하나님을 믿음으로 말미암아 죄의 사망에서 해방될 수 있고 하나님의 자녀로 신분이 바뀌게 되었는데, 이것이 바로 거듭남, 곧 중생이라는 것이다."(1998a, pp.44-45) 영산은 중생의 복음을 성서를 기초로 설명하고 있다(예, 요 3:14-16).

이것은 영산의 오중복음 중 중생의 복음은 한국 샤머니즘의 영향도 아니고, 서양 부흥사의 영향도 아닌 성서에 기초를 두고 설명하고 있음을 확인할 수 있었다.

2) 성령충만의 복음(The Gospel of the Fullness of the Holy Spirit)

성령충만이라는 용어의 출처는 성경적 용어이며, 한국전통 기독교 용어로서 한국 전통 종교(불교, 유교, 도교 그리고 샤머니즘)에서 흔히 쓰는 용어가 아니다. 여기서 영산이 이해하는 성령충만의 복음은 생명력 넘치는 신앙생활을 하기 위해서는 성령 충만해야 한다고 강조한다. 그 이유에 대해 영산은 사람들이 하나님에 대해 머리로만 알 뿐 심령 깊숙이 체험할 수 없는 것은 성령 충만함을 받지 않았기 때문이라고 주장한다. 그래서 성령충만을 통해 성령의 은사와 열매를 생활 가운데 풍성히 나타낼 수 있는 것은 바로 성령충만의 복음을 강조를 그의 목회신학에서 강조하고 있다(1998a, p.45). 성령충만 역시 크리스천 용어이며, 한국 전통 종교에서 사용하는 용어가 아니다. 그러므로 영산의 오중복음 중 두 번째 복음은 성령충만의 복음도 역시 성서에 기초(예, 행 1:5, 8, 19:2)를 두고 있음이 명백하다.

3) 신유의 복음(The Gospel of Divine Healing)

그는 신유 사역이 복음 전파에 동반되어야 한다고 강조한다. 그 이유는 "성경의 수많은 치유의 사건이 나타나기 때문"이라고 주장한다(예: 출 15:26, 사 53:4, 막 16:17, 18)(Y. Cho, 1998a, pp.46-47). 그가 신유를 강조하는 또 다른 이유는 "예수께서 행하신 수많은 사역 가운데 3분의 2는 육신의 병을 고치는 일로 보내셨기 때문"이라는 것이 그의 이유이다. 그래서 그는 "병 고침은 하나님의 뜻이요, 예수 그리스도의 주된 사역이요, 우리에게 남기신 부탁이자 명령이다"라고 이해하고 있다. 그래서 그는 "치료의 복음, 이것은 기독교가 반드시 전해야 하는 복음이요, 순복음의 오중복음의 한 중요한 메시지"라고 강조한다(Y. Cho, 1998a, pp.127, 150).

영산의 신유의 복음은 국내외 많은 학자들에 의해 논쟁의 대상이 되고 있는 부분이기도 하다. 즉 영산의 신유가 서양의 영향인지 아니면 샤머니즘적인지에 대한 논쟁은 1980년 초부터 최근까지 계속되고 있다. 여기에 대해 나중에 많은 학자들의 의견을 예로 들어 좀 더 자세히 설명하려 한다.

4) 재림의 복음(The Gospel of the Second coming of Christ)

영산의 재림에 대한 신학은 예수가 다시 재림하실 것을 믿고 소망하는 메시지 전달을 강조하고 있다(Y. Cho, 1998a, pp.47-48). 이 재림사상은 한국의 샤머니즘에는 나타나지 않는 것이다. 축복과 신유에 대한 것은 많은 종교가 강조하고 있고, 또 한국의 샤머니즘에도 비슷한 현상이 나타나기도 하지만, 재림 사상은 한국의 샤머니즘에서는 전혀 찾아볼 수 없는 것이라고 그는 강조한다. 이 재림에 대한 사상 역시 성서에 뿌리를 두고 있다. 영산은 많은 성경 구절을 통해 증거하고 있다(예: 살전 4:16, 17, 계 21:1, 22:5)(Y. Cho, 1998a, pp.47 - 48).

5) 축복의 복음(The Gospel of Blessing)

하나님의 자녀들은 가난과 저주에서 놓여나 생활 속에서 풍성한 복을 받아, 이웃에게 나누어 주는 사랑의 삶을 살아가야 한다고 강조한다(Y. Cho, 1998a, pp.45 - 46). 그래서 그는 일부 목회자와 신학자들은 축복을 사모하는 기독교 신앙을 기복 신앙이나 심지어 샤머니즘으로 몰아 비판하는 것은 잘못이라고 지적한다. 그 이유에 대해 영산은 "과연 가난하고 고통 가운데 사는 것이 하나님의 뜻이고, 잘 살고 부유하게 사는 것은 하나님의 뜻이 아닐까요?"라고 반문한다. 또 그가 이해하고 있는 성경적 축복을 성경에서 찾으려 하고 있다. 예를 들면, 영산은 시편 119:71편을 인용하면서, 축복의 복음은 영적인 복, 물질적인 복, 건강 장수의 복, 자손이 번창하는 복, 지혜의 복, 마음과 생활의 평안, 심지어는 우리의 삶에 다가오는 고난조차도 하나님의 복이라고 성서는 가르치고 있다고 강조한다(예, 고후 8:9, 갈 3:13, 14, 시 119:71)(Y. Cho, 1998a, pp.45 - 46, 198).

그러면 이들 신학사상과 교리는 어디서 영향을 받았을까? 영산에 의하면(1998a, p.44),

> 이 오중복음은 그 구조가 성결교회의 사중복음과 비슷한 면이 있습니다. 즉 성결교회의 사중복음인 중생, 성결, 신유, 재림의 교리와 비교할 때 오중복음은 '성결' 대신에 '성령충만'을 강조하고, '축복'의 교리가 추가된 것입니다. 순복음 교회의 오중복음과 성결교회의 사중복음은 각각의 특색을 지니며 강조점이 다를 수 있습니다. 그러나 성경적인 복음에 기초하고 있다는 점은 다르지 않습니다.

다시 말하면, 영산의 오중 복음 신학은 성결교회의 사중 복음에

축복이 첨가되었지만 강조점에서 사중 복음과 차이가 있다. 하지만 사중복음과 오중복음 모두 성경에 기초를 두고 있다는 점에서는 같다는 것이다.

또 영산의 오중복음은 사실 알고 보면, 성결교회 사중복음과 비슷할 뿐만 아니라, 미국 오순절 교단의 교리와 매우 흡사함을 알 수 있다. 즉 오순절의 4대 교리는 1) 구원(혹은 중생), 2) 성령세례, 3) 신유, 4) 예수의 재림이다. 이것으로 보아 영산의 오중복음 신학은 미국의 오순절 교단의 4대 교리에 축복을 첨가했음을 알 수 있다. 멘지즈(Menzies)(2004, p.29)에 의하면,

> 오중복음 메시지는 미국 하나님의 성회의 기본적인 4중 교리의 목록에 있는 것에다 다섯 번째 축복의 복음을 더한 것이다. 미국 복음주의 기독교 교리를 빌려온 4중 교리는 구원, 성령세례(영산은 이것을 성령충만으로 부름), 신유 그리고 예수의 재림이다.

좀 더 구체적으로 영산의 오중복음의 신학체계를 만든 뿌리를 요약하면 아래와 같다.

[도표 8: 오중복음 비교]

성결교회의 사중복음	영산의 오중복음	미국 하나님의 성회의 주요 사중 교리
1. 중생	1. 중생	1. 구원
2. 성결	2. 성령충만	2. 성령세례
3. 신유	3. 신유	3. 신유
4. 재림	4. 재림	4. 재림
	5. 축복	

위 도표에서 볼 수 있듯이, 영산의 오중복음은 성결교회의 4중 복음과 미국 오순절 계통의 4가지 기본적인 교리와 매우 흡사함을 알 수 있다. 즉 성결교회의 주요 4대 교리(중생, 성결, 신유, 그리고 재림) 중 세 개의 교리(중생, 신유, 재림)는 영산의 오중 복음에 있는 것과 똑같고, 여기에 "성결" 대신 "성령충만"을 추가했음을 알 수 있다. 또 오순절 계통의 4대 주요 교리(구원, 성령세례, 신유, 그리고 재림)를 영산의 오중복음에 있는 것과 똑같으며, 마지막 5번째 축복을 첨가했음을 알 수 있다.

그러나 영산은 이 "다섯 가지 순복음의 주제는 분명한 성경적 근거 (Biblical foundation)를 가지고 있는 신앙 이론"이며, "이것을 실생활에 적용하려고 노력해 왔다"고 강조하고 있다. 즉 오중복음은 이론과 교리로 이해하고 있고, 삼중복음은 그 이론과 교리를 실천하는 실제와 적용이라고 설명한다(Bae, 2005, p.533, Y. Cho, 1998a, pp.34, 250).

그러면 그의 삼중축복이 무엇인지 간략하게 정리해 보고자 한다. 영산이 오중복음에 실제와 적용으로 사용하고 있는 삼중축복은 1) 영적축복, 2) 환경적 축복, 3) 육체적 축복을 말한다.

그가 강조하는 삼중축복은 "하나님이 인간을 구원하실 때 단순히 영혼만을 구원하시는 것이 아니라 그의 삶 전체와 육체까지 구원하시는 것이다"(Y. Cho, 1998a, p.251)라고 주장한다. 이것은 실제 삶 가운데 적용되는 핵심적이며 요약적인 원리이며, 요한 삼서 2절을 중심으로 하여 신약 성경 전체에 걸쳐 나타난 내용들을 근거로 한 것(1998a, p.251)이라고 주장한다.

> 사랑하는 자여, 네 영혼이 잘됨같이 네가 범사에 잘되고 강건하기를 내가 간구하노라(요한 삼서 2절).

즉 영산은 "네 영혼이 잘됨같이"를 영혼의 축복으로 이해하고 있고, "범사에 잘되며", 이것을 생활의 축복으로 이해하며, 마지막으로 "강건하기를 간구하노라"라는 문구를 육체의 축복으로 이해하고 있다. 그래서 삼중축복은 성령으로 영혼의 축복을 받을 뿐 아니라 건강한 몸으로 물질적, 사회적 축복을 받는 것이라고 그는 강조한다(Y. Cho, 1998a, pp.250-259). 이처럼 영산은 이 성경 구절을 그의 모든 설교의 기초로 삼고 있고, 이 구절을 그의 목회의 기반으로 놓고 있다(Cho, 1988, pp.11-12)고 강조한다.

지금까지 영산이 그의 목회 철학에서 강조해 온 오중복음과 삼중복음에 대한 신학을 요약 정리해 보았다.

많은 학자들이 영산의 이런 신학바탕에 세계에서 단일 교회로 가장 큰 교회로 성장한 데에 대해서 그의 물질 축복과 신유 때문이라고 주장하곤 한다. 또 몇몇 학자들은 영산의 신유와 축복 교리가 서양 신학의 영향을 받았다고 주장하는가 하면, 이와는 정반대로 많은 학자들은 영산의 이런 신학이 한국 샤머니즘의 영향을 받았다고 주장한다.

먼저 영산의 이런 물질 축복과 신유가 한국 샤머니즘의 영향이라고 주장하는 학자들부터 언급해 보고자 한다. 아마도 가장 먼저 영산의 신유와 축복에 이론을 비판하기 시작했던 것은 1981년대부터라 해도 무방할 것 같다. 몇몇 학자들이 여의도순복음교회를 비롯한 한국 교회의 성령운동을 객관적으로 다양한 관점에서 본 것을 토대로 하여 한국 교회의 교회갱신에 도움을 주자는 뜻에서 비평되기 시작했다.

예를 들면, 이화여대 교수였던 민중신학자이기도 했던 서광선(1981, pp.23-99) 교수는 "*한국 교회 성령운동과 부흥운동의 신학적 이해*"라는 제목으로 신학적 관점에서 여의도순복음교회와 한국교회의 성령운동에 대해 비평하였다. 또 서울대 교수였던 정진홍(1981, pp.101-163), 교수는 "*급성장하는 대형교회의 현상과 구조*"(*순복음*

중앙교회의 이해를 위한 종교학적 시론)라는 제목으로 종교학적 관점에서 여의도순복음교회의 예배와 순복음교회의 구조 등을 비판하였다. 뿐만 아니라, 서울대 사회학자였던 한완상(1981, pp.165-231) 교수는 "교회의 양적 급성장에 대한 사회학적 고찰"(순복음 중앙교회를 중심으로)에 대해 사회학적 측면에서 영산의 빠른 교회성장에 대한 여러 요소들을 비판했다. 마지막으로 한양대 의대 교수였던 김광일(1981, pp.233-313) 교수는 "기독교의 치병현상에 관한 정신의학적 조사연구"라는 논제를 통해 영산의 질병관에 대해 비판을 하기 시작했다.

이들 논문을 모두 언급하면 좋겠지만 필자는 이 책에서 신학적 측면에서 한정해서 영산의 성령운동을 이해하려 한다. 그래서 이들 논문 중 신학적 분야를 언급한 서광선 교수가 쓴 여의도순복음교회의 성령의 이해와 이에 대한 해석과 신학적 평가(1981, p.83)를 우선 언급하려 한다. 그 이유는 영산의 신학은 자신의 신학을 신학적 관점에서 언급했기에, 그것에 대한 비평가들도 신학적 관점에서 비평한 것을 토대로 비교하는 것이 공정한 평가가 될 것이기 때문이다. 그 다음 정진홍 교수의 여의도순복음교회의 예배에 대해 종교학적 측면에서 관찰한 것도 일부 언급하려 한다. 그것은 신학적 관점을 이해하는 데 정진홍 교수의 종교학적 관점 신학적 관점과 아주 동떨어진 분야는 아니기 때문이다.

먼저 신학적 측면에서 한국 교회와 여의도순복음교회의 성령운동에 대해 비판한 서광선 교수의 주장부터 논하려 한다. 그는 3개월간 여의도순복음교회와 다른 한국 교회에 참석하고 자료를 모은 뒤 (Suh, 1981, p.23), 그는 여의도순복음교회 신도들의 기도가 샤머니즘적이라고 주장한다. 서광선(1981, p.58) 교수에 의하면,

순복음교회 신도들의 기도가 샤머니즘에서의 기구(祈求)와 다른 것이 무엇인가. 그 형태뿐 아니라 그 내용도 동일한 것이 아닌가 하는 것이다. 샤머니즘의 기본적인 기능은 신령의 힘을 빌려서 모든 재앙을 물리치고 많은 복리를 가져오도록 하자는 데 있다. 「熱厄大厄三災八權 다 제쳐 주시고, 男女子孫, 富貴昌盛 무쇠목숨 돌 끈 달아 다 도와주소서」 이것은 무가(巫歌)의 한 구절이다. 이러한 기구(祈求)와 「삼박자」축복하고 근본적으로, 구조적으로 다른 것이 없다. 「무쇠목숨」은 건강한 몸이고, 「男女子孫, 富貴昌盛」은 그야말로 범사가 잘된다는 것을 보다 구체적으로 풀이한 것에 불과하다. 무속에서는 이러한 현세적이며 세속적인 이득과 축복을 위해서 굿을 하며, 또한 지성을 드리는 것이다. 「성령을 믿는 교회」의 교인들이 무속에서 바라는 현세적이며 세속적인 이득과 축복을 위해서 「재수굿」p3)이니 「병굿」4)을 안 하는 대신 눈물을 흘리며 기도하는 것이 그 「신학적」구조 면에서는 동일한 형태인 것이다.

그러나 영산은 여기에 대해 분명하게 기복 신앙과 축복 신앙을 비교하여 구분하려고 애쓰고 있다. 영산(1998a, p.194)에 의하면,

> 샤머니즘은 일종의 종교적 현상으로서 우리 민족의 문화 전통과 종교와 역사 속에 뿌리를 내리고 있는 전형적인 기복 신앙의 모습이기 때문입니다. 샤머니즘은 퉁구스(Tungus)족이 무당이나 의약사(醫藥師), 주술사(呪術師)를 '샤먼'(Shaman)이라고 호칭한 데서 유래되었다고 알려져 있습니다. 샤머니즘은 이렇게 신의 대행자라고 자칭하는 '샤먼'들이 일월성신(日月星辰)이나 산천초목(山川草木)에 제사 지내는 종교 의식을 통해 사람들에게 화를 면하게 해 주고 복을 빌어 주는 행위를 일컫습니다. 따라서 샤머니즘을 '민간 신앙' 또는 '무속 신앙'이라고 합니다.

---

3) 재수 굿은 천신 굿이라고도 하는데 주로 서울, 경기지방에서 규모가 크게 행하는 굿으로 무속을 믿는 단골들이 매년 또는 3년맞이로 주로 봄, 가을에 집안이나 사업의 번창에 감사하고, 지속적인 발전과 평안을 위하여 푸짐한 재물과 정성을 바치고 벌이는 큰 굿을 말한다. 재수 굿을 집 굿(house ritual)으로 부르기도 한다(Hwang, 1999, p.63).

4) 병굿은 환자의 병 치료를 위한 굿으로 잡귀나 혹은 그 집안의 원한 많은 조상이 환자에게 씌어 백약이 무효이고 병의 이유나 증세를 알 수 없어 고생할 때, 원이나 없이 기대보자는 믿음으로 행하는 굿으로 천귀를 벗기고 대신물림이나 영장치기란 제차를 하여 환자의 병 치료를 기원한다.

이 샤머니즘은 근본적으로 인간 심리 속에서 출발한 한 현상입니다. 인간은 끊임없이 불안한 존재입니다. 내일에 대한 아무런 보장이 없습니다. 이런 미래에 대한 불안과 불확실성 때문에 인간은 인간 이상의 큰 힘에 의지해서 화를 면하고 복을 받기를 갈망하고 있는 것입니다.

이처럼 영산은 무속 신앙에 대해 나름대로 분명하게 정의하고 있고, 또 이런 기복 신앙은 "기독교적인 입장에서 볼 때 엄연히 우상사신 숭배를 조장하는 일이며, 범기독교적으로 대응해야 할 문제다"(Y. Cho, 1998a, p.194)고 강하게 주장한다. 뿐만 아니라 그는 샤머니즘에서 강조하는 기복 신앙과 그의 목회 신학에서 강조하는 축복 신앙의 유사점과 차이점을 분명히 언급함으로써 자신의 기도나 축복 그리고 신유가 샤머니즘과 확연히 다름을 설명하고 있다. 영산이 강조하는 기복 신앙과 축복 신앙의 유사점과 차이점은 다음과 같이 설명하고 있다.

먼저 기복 신앙과 축복 신앙의 유사점은 샤머니즘이나 기독교 모두 물질적 복을 추구한다는 점에서는 유사하다고 주장한다(Y. Cho, 1998a, p.195). 영산은 신명기 28:1-14절 말씀을 예로 들면, 기독교가 추구하는 물질의 복에는 "자손의 번성, 가축의 번식, 그리고 토지소산의 증가", "장수의 복, 가축의 번성도 보장받으며 토지의 소산을 풍성하게 거두게 된다는 복이 약속되어 있다"고 주장한다. 영산은 강조하기를 무속에서도 물질적 복이 있다고 설명한다(p.195). 예를 들면, "부락제5)나 집안의 고사를 지낼 때에는 구체적으로 물질에 대한 축원이 표현되어 있다"고 진술한다. 또 "무교6)에서 가장 보편적

---

5) 부락제(部落祭)는 부락민의 통합과 조직화를 도모하며, 가족이나 부락의 공동체의식을 높이기 위해 행하는 제사를 말한다.

6) 무교(샤머니즘)는 아직도 한국 전역에 널리 퍼져 있다. 한국에는 이런 무속에 관련된 영이 300개 이상 존재하고 있다(Chang, 1988, pp.37-40, Covell, 1986, pp.56-68,

으로 신봉되며 중요한 비중을 갖는 것은 가신(家神)이다."(p.195) 그래서 "안방에는 조령 신, 마루에는 성주 신, 부엌에는 조왕 신, 뒤곁에는 터주 신, 문에는 문 신, 장독대에는 칠성 신, 우물에는 용왕 신 등이 설정되어 있으며, 이들 가신들이 제사의 대상이 되었다"(p.195)고 영산은 진술하고 있다.

영산은 이런 유사점에도 불구하고, 기복 신앙과 축복 신앙의 근본적으로 차이점이 있음을 분명하게 강조하고 있다(1998a, pp.195 - 196). 첫째, 구원관의 차이점을 강조한다. 영산은 설명하기를, "기복 신앙에 있어서는 그 복이 구원을 전제로 하여 받는 복이 아니며"(1998a, pp.195 - 196), 또 "기복 신앙에는 구원이라는 개념이 없다"(1998a, p.196)고 분명한 차이점을 밝히고 있다. 뿐만 아니라 기복 신앙에는 "기독교와 같은 대속의 교리가 없고", "인류의 구원자도 있을 수 없다"(p.196)고 진술한다. 그러므로 "기복신앙에는 죄의 용서가 없고, 따라서 근원적으로 죄로부터의 구원이 없이 그들이 막연하게 추구하는 복은 찰나적이고 허무한 것이 될 수밖에 없다"(p.196)고 영산은 믿고 있다. 즉 영산은 서광선 교수가 주장한 것 같은 샤머니즘에서는 구원관이 없다는 측면에서 영산 자신이 주장하는 축복론과 완전히 다름을 주장하고 있다.

둘째 차이점은 윤리적인 면에서 차이가 있음을 영산은 강조하고 있다(1998a, p.196). 또 "기복신앙은 구원의 개념이 없기 때문에 내세적이거나 윤리적인 면이 있을 수 없다"(p.196)고 진술한다. 즉 영산에 의하면, 기복신앙은 엄밀히 말하면 "현세적이며 살아 있는 사람의 이기적인 복이 깊게 자리 잡고 있다는 것"이다. 그 이유는 "죽은 사람이 좋은 땅에 들어가서 살기를 비는 황천무가를 살펴보면 한편

Grayson, 2002, p.224, T. K. Kim, 1999a, p.23).

으로는 죽은 사람의 낙지왕생(樂地往生)을 빌지만, 한편으로는 살아 있는 사람이 은덕을 입어 복락을 누리자는 배경이 깔려 있기 때문"(p.196)이라고 설명한다. 이에 반하여 영산은 기독교의 축복은 윤리적이라는 것이다. 영산은 예를 들기를, "산상 설교에서 예수님께서는 인간이 지녀야 하는 종말적이고 절대적인 윤리를 말씀하셨다"며, "초대 교회의 순교의 역사에서도 현세적 부귀영화와 재물의 획득보다는 내세를 향한 현세의 고난을 통하여 예수님의 절대적인 윤리를 계승 내지는 정립하려 애쓰고 있음을 볼 수 있다"(p.196)라고 설명한다. 그래서 영산은 "기독교의 축복 신앙은 전통적인 기복 신앙이 추구한 부귀영화, 무병장수보다는 이 세상에서 하나님으로부터 받은 복을 가지고 윤리적인 생활을 함으로써 빛과 소금의 역할을 다하는 것을 추구한다"(p.196)라는 것이다.

세 번째 차이점은 요행적 기복과 계약적 축복에 있어서 확연하게 다르다는 것이다. 영산은 강조하기를 기복신앙은 "윤리성을 결여하고 있기 때문에 자연히 요행성(僥倖性)이 따른다"(Y. Cho, 1998a, pp.196 - 197)는 것이다. 즉 영산이 강조하는 것은 기복신앙에서는 "복을 받고 못 받는 것은 귀신의 마음먹기에 달려 있기 때문에 사람은 그저 귀신의 비위를 맞추어, 귀신이 진노를 풀고 복을 많이 내려 주기를 바랄 뿐이다"(p.197)라는 것이다. 그래서 "기복 신앙에서는 복을 받을 수 있는 확실한 근거가 없는 셈"(p.197)이며, "오직 인생만사는 자기의 사주팔자 때문이라고 체념하고 한탄만 하는 운명주의 신앙이 되어 버리는 것"(p.197)이 되고 만다고 설명한다. 그러나 영산에 의하면, 기독교에서 강조하는 축복 신앙은 "하나님의 계약과 약속에 그 근거를 두고 있다"(p.197)라는 것이다. 영산은 기독교의 축복 신앙은 "하나님께서 그의 백성들에게 복을 주시는 이유는 하나님의 구원의 계약 속에 들어온 사람들에게 약속하신 말씀, 즉 축복의 언약이 있기 때문"이라는 갈라디아서 3:13, 14절 말씀을 인용하여 구체적으로 설명하고 있다. 영산은 이것이 "무조건적이고 요행적인 샤머니즘의 기복 신앙과 기독교의 축복 신앙이 다른 점 중의 하나이다"(p.197)라고 분명하게 주장한다.

마지막 네 번째 기복 신앙과 축복 신앙의 차이점은, 기복 신앙은 주술적인 데 비해 기독교의 축복 신앙은 신앙적 축복이라는 점에서 다르다고 영산은 설명한다. 영산(Y. Cho, 1998a, p.197)에 의하면, 샤머니즘 신앙에서는 "복을 주는 귀신을 부를 때 무당이 주문을 외우는 것을 볼 수 있다"(p.197)는 것이다. 이것은 "무당은 영계(靈界)와 인간 사이에서 주문을 통해 귀신들을 부르고 그 귀신들로 하여금 제사 지내는 사람에게 복을 내리도록 중간에서 연결시키는 중재적 역할"(p.197)을 하며, 무속 신안은 이처럼 "어떤 미신적인 주술이나 주문으로 복을 기원한다"(p.197)라고 영산은 그 차이점을 분석하고 있다.

이와는 대조적으로, 기독교의 축복 신앙은 "신앙적 축복"(Y. Cho, 1998a, p.197)이라는 것이다. 영산은 "하나님께서 내리시는 복은 어떤 주문을 외우거나 술법을 행함으로써 받을 수 있는 것이 아니라"(p.197)고 강조한다. 그것은 "인간은 하나님을 불러 내리거나 부릴 수 없기 때문"이라는 것이 그의 지론이다. 그 이유는 "오직 하나님께서 약속하신 축복의 말씀을 따라 아름답고 선한 삶을 살 때 복을 받을 수 있는 것"(pp.197-198)이기 때문에 무속 신앙과 기독교의 축복 신앙에는 확연하게 차이가 난다고 설명한다.

영산은 이처럼 무속신앙에서 추구하는 복과 기독교의 축복 신앙의 차이점을 분명이 밝히고 있음을 그의 저서에서 알 수 있었다. 이것은 서광선 교수가 주장한 여의도순복음교회 신도들의 기도는 샤머니즘에서의 기구(祈求)와 그 형태와 내용 면에서 동일하다는 의견과 매우 대조적이라 할 수 있다.

이렇게 서광선 교수는 영산의 기도와 축복에 대해 비평했을 뿐만 아니라 영산의 치유 신학에 대해서도 문제를 제기한 바 있다. 서광선(1981, p.66) 교수에 의하면, 영산의 치유 신학의 문제점은 "육체적 치유가 기독교적 구원의 전부인양 비약하는 데 있다"고 지적한다. 또 서광선 교수는 "결국 신유라는 것을 일상적인 육체적 질환의 의학적 치유에만 국한시키면서, 신유를 기독교적 구원의 전체와 연결시키는 데 신학적 문제가 있는 것이다"(1981, p.67)라고 주장한다.

여기에 대해 영산은 육체적 치유가 마치 기독교적 구원의 전체와 연결시키지 않음을 밝히고 있다. 오히려 영산은 육체적 신유에 대한 그릇된 견해와 올바른 견해를 설명하고 있다(Y. Cho, 1998a, pp.132 –137). 영산은 "순복음의 오중복음 중 신유의 복음이 비성경적인 주장과 혼동이 되어서는 안 될 것"(Y. Cho, 1998a, p.132)이라고 조언한다. 영산은 강조하기를 "신유는 의약적 치료(醫藥的 治療, Medical Cure)가 아니다"(p.132)라고 단호하게 말한다. 즉 신유는 약이나 병원 치료를 통해서 오는 것이 아니라 하나님의 능력으로 이해하고 있다. 그렇다고 영산이 "의약적 치료를 무시하거나 부정하지는 않는다"(p.132)라고 부연 설명하고 있다. 그 이유에 대해 영산은 "하나님께서는 인간적인 수단을 통해서도 치료받는 것을 허락하셨기 때문"(p.132)이라는 것이 그의 설명이다. 그러나 영산은 성경적 신유에 대해 좀 더 분명하게 구별해서 진술하고 있다. 영산이 이해하는 성경적 신유란, "의약적 치료가 아닌 순수한 하나님의 도움으로 치료받는 것을 의미합니다. 특히 현대 의학으로는 도저히 고칠 수 없는 질병 등은 전적으로 하나님의 치료의 손길이 필요합니다"(Y. Cho, 1998a, p.132)라고 믿고 있음을 그의 저술에서 발견할 수 있다.

영산은 계속해서 신유의 그릇된 견해에 이해 설명하고 있다. 그것은 많은 사람들이 신유는 최면술적 치료나 정신력에 의한 치유로 생각하고 있는데 영산은 이에 대해 다음과 같이 단호하게 주장한다.

> 신유는 최면술적 치료나 정신력에 의한 치유가 아니다. 신유는 정신 요법이
> 라든가 형이상학적(形而上學的)인 생명 과학이 아닙니다. 자기 암시나 최면술
> 을 이용해 타인의 도움으로 치료되는 것도 아닙니다. 자기 암시나 최면술을 이
> 용해 타인의 도움으로 치료되는 것도 아닙니다. 오늘날 예수님을 믿지 않는 일
> 부 정신과 의사들이 기독교의 신유를 이러한 정신적 개발이나 자기 암시를 통
> 한 요법으로 해석하는 것은 신유의 참된 본질을 알지 못하기 때문입니다. 신유
> 는 병자가 오직 그리스도만을 의지하고 그리스도에게만 복종함으로써 그리스도
> 께서 직접 초자연적으로 인간의 질병을 치료하시는 하나님의 행위입니다(Y.
> Cho, 1998a, pp.132 - 133).

이처럼 영산은 최면술적 치료나 정신력에 의한 치유와 그리스도께
서 초자연적으로 치료하는 행위가 분명히 구분하기를 원하고 있음을
알 수 있었다.

뿐만 아니라 영산은 순복음의 오중복음 중 신유의 복음이 "무당의
신통술이나 강신술(降神術)이 아니다"(Y. Cho, 1998a, p.133)라고 단
호히 주장한다. 또 "신유는 육체적으로 죽지 않는다고 보장하지는
않는다"(p.133)라고 진술한다. 그 이유에 대해 영산은 "이 세상에서
사는 동안 죄를 전혀 짓지 않고 살 수 없듯이(그리스도인일지라도)
절대 건강, 완전 건강은 불가능하기 때문"(Y. Cho, 1998a, p.133)이라
는 것이 그의 주장이다. 그러면 문제는 복음이 약속하는 육체적 건
강은 어떤 것을 말하는가? 영산은 여기에 대해 "이 세상에 정해진
수(壽)를 사는 동안, 하나님의 뜻을 이루면서 살기에 부족함이 없는
건강을 누리며 생명과 활기로 충만하다가 그리스도께서 다시 오실
때 완전한 부활의 생명을 얻게 되는 것"(p.133)이라고 설명한다.

이 외에도 영산은 "신유는 돈을 목적으로 하는 의술적(醫術的) 직
업이 아니다"(Y. Cho, 1998a, p.133)라고 부연 설명하고 있다. 그 이

유에 대해 영산은 이것은 "비성경적인 태도"(p.133)이기 때문이며, 또 이것은 "인간의 돈으로 사고팔 수 없는 하나님의 은사요 선물"(p.133)이라고 믿기 때문이다. 그래서 영산은 "신유의 목적은 인간의 행복과 건강뿐만 아니라 하나님께 영광을 돌리는 것"(p.133)이 되어야 한다고 거듭 강조하고 있다. 이것은 서광선 교수가 주장한 영산의 축복과 치유에 대한 신학적 이해와 영산의 설명은 매우 대조를 이루고 있음을 발견하게 된다.

서광선 교수는 계속해서 영산의 성령 이해와 한국 오순절 운동가들에 대해 강하게 비판하고 있다. 그는 영산의 기도가 무속적이라는 비판 외에서 영산의 방언에 대해서도 13쪽을 할애해서 다양하게 조언(Suh, 1981, pp.70-82)하고 있다.

서광선(Suh, 1981, p.77) 교수는 "신학적으로 볼 때 방언을 하는 것이 성령을 받는 것의 전부가 아니며, 방언은 말씀의 이성적이며 지적인 해석과 설교나 예언보다 권장할 것이 못 된다"는 고린도전서 14장을 예로 들어 설명하고 있다. 서광선 교수는 갑자기 오순절 운동가들의 방언은 일종의 "퇴영적(退嬰的) 언어행위"(regressive speech)(1981, p.79)라고 믿고 있으며, 이것은 "유아기에 말 배울 때 하던 말과 비슷한 것"(1981, p.79)으로 이해하고 있다. 서광선 교수는 방언하는 자들에게 다음과 같이 비판하고 있다.

현재적인 상황에 적응하지 못할 때 사람들은 해결책을 과거의 경험에서 찾으려고 한다는 것이다. 따라서 오순절 교회 교인들은 자신이 처해 있는 어려운 사회적 환경에서 언어 구사 능력의 부족을 통감하던 차에, 방언을 하게 됨으로써 자신의 문제를 어느 정도 해소하게 되는데, 그 방언은 자기가 어렸을 때 부족하나마 그 환경에서 적응할 수 있었던 말이라는 것이다. 어렸을 때 그의 주위 사람들은 그 잘하지도 못하는 말을 칭찬하고 귀여워해 줬던 것이다. 어린아이의 울음과 응석과 「말」이 그의 문제를 해결할 수 있었고, 「힘」이 있었던 것이다.

방언을 하는 사람들도 마음의 평안을 찾고 기쁨을 얻는 것은 어린아이의 「언어행위」에서 가졌던 평안과 기쁨을 되찾는 것이라고 설명한다. 하나님의 인정하심, 동료 신자들의 칭찬, 비신자들의 경탄 - 방언을 함으로써 일상 사회생활에서 상실하였던 자부심과 자존심을 되찾게 하는 데 충분하다는 것이다. 칭찬이 아니라 비웃음, 놀람이 아니라 멸시를 받게 되어도, 어떻든 방언을 함으로써 얻을 수 있는 사회적 관심을 받게 되는 데서 만족하게 된다는 것이다. 따라서 오순절 교회 교인들이 힘없고 발언권 없는 바로 거기에 방언할 수 있는 사회적 근거가 있다는 것이다(Suh, 1981, pp.79 - 80).

그러나 서광선 교수 자신도 언급했듯이 "방언은 일종의 퇴영적 언어행위"로 규정하는 것은 미국의 사회심리학자인 존 오만(John B. Oman)의 의견(Suh, 1981, p.79)임을 밝히고 있다. 서광선 교수가 신학적 관점에서 갑자기 사회학적 관점으로 시각을 바꾸어 비평하는 것은 이해하기 어려운 부분이기도 하다. 또 방언은 가난하고 약한 자들만 받는 것이 아니라 부자와 지식인들도 상당히 받고 있다는 점에 대해서는 자세히 언급하지 않고 있다. 또 방언을 함으로써 사회적 관심을 받게 된다고 했는데, 방언은 사회적 관심을 끌기 위해 아무나 받을 수 있는 것이 아니라는 것에 대해서도 전혀 언급하지 않고 있다.

서광선 교수는 또 신학적 해석에 대해 다음과 같이 주장하고 있다. "신학적으로 볼 때 방언을 하는 것이 성령을 받는 것의 전부가 아니며, 방언은 말씀의 이성적이며 지적인 해석과 설교나 예언보다 권장할 것이 못 된다"(1981, p.77)고 비판한다. 또한 서광선(1981, p.81) 교수는 다음과 같이 말한다.

방언은 적이 민중의 언어라 하겠다. 병에 시달리고 사업에 실패하고 살림에 쪼들리고 시어머니의 미움과 남편의 수모를 받고 사는 여인네들의 맺히고 쌓인 깊은 한을 기도로써 울고 불면서 하나님께 호소하는 가운데 방언이 터져 나오게 되는 것이다. 방언은 민중의 한 맺힌 기도의 연속이라고 설명할 수 있을 것이다. 방언을 통하여 한을 풀고 눈물을 거두고 평안한 마음과 안정된 심정으로 뜻있는 생활을 영위할 수 있을 것이다.

일반적으로 서광선 교수의 이런 의견에 대해 공감하는 면도 없지 않지만, 그러나 오늘날 많은 사람들은 서광선 교수의 의견과는 전혀 상관없는 부자들과 건강한 사람들도 방언을 많이 받고 있다는 점이다. 또 한 맺힌 사람이 아무리 호소를 한다 해서 방언이 터져 나오는 것은 아니다. 즉 방언은 아무나 쌓인 깊은 한을 통해 방언이 터져 나오는 것이 아니다.

그러면 영산 성령운동에 있어서 방언의 은사에 대해서 자세히 설명하고 있다(Y. Cho, 1998a, p.108, 1998c, pp.166 - 171). 영산은 특히 그의 방송 설교(Cho, 2005, pp.90 - 103)에서 방언의 은사가 우리의 신앙에 주는 유익에 대해서 몇 가지 요약해서 설교하고 있다. 첫째, "방언은 영으로 하나님께 비밀을 말하는 것이므로 하나님과 깊은 영적 교통을 가능케 하는 것"(p.95)이라고 주장한다. 그의 주장은 고린도전서 14장 2절을 기본으로 신학적 근거를 들고 있다. 즉 "방언을 말하는 자는 사람에게 하지 아니하고 하나님께 하나니 이는 알아듣는 자가 없고 그 영으로 비밀을 말함이니라"라는 성서적 근거를 가지고 주장하는 것이지 샤머니즘적 근거를 두고 말하는 것이 아님을 강조하고 있다. 둘째, 그는 방언의 은사가 우리의 신앙에 주는 유익 중 하나가 "방언을 말하는 자의 덕을 세우기 때문"이라고 주장한다 (p.95). 이에 대한 그의 신학적 근거는 고전 14장 4절에 나오는 근거로 주장하고 있다. 즉 영산은 "방언을 말하는 자는 자기의 덕을 세우고 예언하는 자는 교회의 덕을 세우나니"라는 성서적 바탕에 근거를 두고 설명하고 있다. 셋째, 영산은 "방언은 믿지 않는 자들을 위한 표적"으로 믿고 있다(p.99). 여기에 대해서도 그는 확실한 신학적 근거를 제시하고 있다. 마16:17절을 제시하며, "믿는 자들에게는 이런 표적이 따르리니 곧 저희가 내 이름으로 귀신을 쫓아내며 새 방언을 말하며"라고 하는 신약성서를 증거로 보여 주고 있다. 넷째, 영산은 "방언은 방언하는 자에게 안식과 상쾌함을 준다"라고 그의 설교 집(Cho, 2005)에서 강조하고 있다. 이 주장 또한 그의 개인의 생각을 바탕으로 한 것이 아니라 성서적 근거를 제시하고 있다. 예를 들어, 이사야 28:11-12: "그러므로 생소한 입술과 다른 방언으로 이 백성에게 말씀하시리라 전에 그들에게 이르시기를 이것이 너희 안식이요 이것이 너희 상쾌함이니 너희는 곤비한 자에게 안식을 주라 하셨으나 그들이 듣지 아니하였으므로"라고 기록된 정확한 구약 성서를 근거로 주장하고 있음을 발견하게 된다.

여기서 알 수 있는 것은, 영산은 자신의 목회와 신학에서 많이 강조하고 있는 방언이 한국의 샤머니즘 문화의 영향이 아님을 강조하고 있다. 영산의 신학 중 방언에 관한 그의 성령 이해는 전적으로 성서적 근거를 두고 있음을 강조한다. 박명수(2003a, p.127) 교수에 의하면, 방언을 말하는 현상은 샤머니즘에서 전혀 찾아볼 수 없는 오순절교회의 독특한 특징이라고 주장한다. 또 박명수 교수는 영산의 오순절 신앙의 특성인 방언과 치유를 루이스 리처드(Louis Richards)를 통해서 경험했다고 강조한다(M. S. Park, 2003a, p.113).

그럼에도 불구하고, 영산이 샤머니즘의 영향을 받았다고 주장하는 여러 학자들이 계속해서 나타나고 있다. 주로 영산이 샤머니즘의 영향을 받았다고 주장하는 근거는 주로 물질 축복과 신유에도 그 근거를 두고 있다. 그래서 다음은 영산의 물질 축복과 신유에 대해 좀 더 자세히 알아보고자 한다.

3.3.1. 영산의 축복 신학과 신병치료의 샤먼영향에 대한 논쟁

영산의 신학 중에서 특히 물질축복과 신유운동이 샤머니즘의 영향을 받았다는 학자들과 미국오순절계통의 서양 신학의 영향을 받았다는 학자들로 나누어지고 있다.

먼저 영산의 축복과 치유신학 그리고 빠른 교회성장원인을 샤머니즘의 영향에서 찾고 있는 학자들은 1981년도 아마도 서광선(Suh, 1981) 교수를 시작으로 많은 학자들(D. J. Adams, 1991b, Cox, 1995, 2001, Hollenweger, 1972, Kyōko, 1992, Reynalds, 2000, Son, 1983, Yoo, 1986)이 동의하게 되었다. 반면에 이들과는 반대로, 영산 신유와 물질 축복, 그리고 그의 신학이 샤머니즘의 영향이 아니라 서양 선교사나 서양 오순절계통의 영향 또는 성서적 기초를 두고 발전했다고 주장하는 학자들(I. J. Kim, 2003, J. B. Lee, 1993, Menzies, 2004, M. S. Park, 2003a)의 그룹으로 나누어지고 있다.

먼저 영산의 치유와 축복 기도 그리고 그의 신학이 한국 샤머니즘의 영향을 받았다는 학자들부터 언급하려 한다. 이들의 비평의 근거가 무엇인지 알아보는 것이 좀 더 구체적인 이해가 쉬울 것 같다.

영산(1979a, 1996)은 이렇게 말한다.

> 여러분이 가진 믿음을 사용하려면, 먼저 '분명한 믿음의 대상'을 마음속에 그릴 수 있어야 합니다[……].나는 이 교훈을 매우 독특한 방식으로 배웠습니다. 내가 목회한 지 몇 달밖에 안 되는 아주 궁색한 때였습니다. 그때는 결혼하기 전이었으므로 조그만 방에서 나 혼자 살았습니다. 방 안에는 책상은 물론, 의자와 침대도 없어서 마룻바닥에서 그냥 먹고 자며 공부하던 시절이었습니다. 그래도 영적으로는 승리감에 충만하여 매일 몇 십 리씩을 걸어 다니면서 열심히 전도하고 심방하고 했습니다[……].무릎을 꿇고 기도하기 시작했습니다[……].저에게 책상과 의자와 자전거를 주십시오[……].여섯 달이 지나갔으나 나는 포기

하지 않고 계속 기다렸습니다. 그런데 아무리 기다려도 응답될 기미가 전혀 보이지 않았습니다[……].아버지, 저는 지금 너무나 낙심되어서 아무 의욕도 없습니다[……].이왕 응답하시려면 지금 저의 형편을 보시고 제발 좀 빨리 응답해 주시옵소서[……].바로 그때 하나님께서 주시는 참평안이 넘쳐나기 시작했으며, 성령의 음성이 마음속에 들려오기 시작했습니다[……]."너를 비롯한 내 자녀들이 온갖 부탁과 요구를 하지만, 그들은 내가 응답하기에 합당치 않은 막연한 말로 달라고만 하는구나. 너도 마찬가지이다. 너는 책상과 의자와 자전거의 종류가 수십 종이나 되는 것을 모르느냐? 네가 언제 내게 책상과 의자와 자전거에 대한 분명한 종류나 내용을 구체적으로 말한 적이 있느냐? 단지 막연하게 달라고만 하지 않았느냐?" 나는 이 말씀을 듣고 큰 충격을 받았습니다. 성령께서 책망하신 이 말씀은 나의 일생일대에 놀라운 전환점을 가져왔습니다[……].이 일을 통해 하나님께서는 나에게 아주 놀라운 진리를 가르쳐 주셨습니다. 그때까지 나는 매우 막연한 말로 기도를 했습니다. 그러나 이 교훈을 깨달은 이후로는 지금까지 한 번도 막연한 말로 기도를 해본 적이 없습니다(1979a, pp.9-17, 1996, pp.24-33).

여기에 대해 애덤스(1991, p.41)는 이런 테이블, 의자, 자전거를 갖는 것과 같은 경험이 샤머니즘적이라고 비판한다. 그러나 영산은 그의 책에서 이런 간증을 하는 이유는 믿음을 가지고 기도할 때, "분명한 대상을 마음속에 그리고 해야 한다"는 것을 강조하기 위해서 이 이야기를 사용하고 있음을 알 수 있다. 즉 이 진술은 그의 책, *The Fourth Dimension*[4차원의 세계](Cho, 1979a, p.9ff), 제1장에서 "믿음의 법칙"에 대한 이야기를 설명하기 위한 내용이지, 샤머니즘 과는 전혀 관계가 없는 내용이다. 이 예화의 핵심은 기도할 때 막연하게 하지 말고 믿음을 잉태하여 구체적 목표를 가지고 기도해야 한다는 것을 강조하기 위해 이 예화를 사용하고 있다. 즉 영산은 "책상, 의자, 자전거" 같은 작은 것이라도 막연하게 기도하지 말고 구체적으로 기도하라는 메시지를 전달하고자 이런 이야기를 예를 들어 설명하고 있는 것이다.

애덤스(D. J. Adams, 1991, p.41)는 영산의 이런 영적 부와 물질적 축복, 그리고 육체적 치유에 의한 기도 신학은 샤머니즘 속에서도 발견될 수 있다고 주장한다. 이것은 영산의 경험담을 중심으로 믿음의 법칙을 설명하기 위해 사용된 이야기로서 샤머니즘과는 전혀 관련이 없는, 단지 기도할 때, 예를 들면, 테이블, 책상, 자전거 등을 가지고 싶으면, 하나님께 막연히 기도하지 말고 구체적으로 어떤 색깔, 어떤 스타일, 그리고 자전거의 기어는 몇 개 등등 구체적 목표를 가지고 기도하라는 데 초점이 있는 것이다.

또 다른 신학자들 역시 영산의 신유가 샤머니즘적이라고 지적하고 있다. 유부웅 교수는 영산의 성령충만, 방언, 그리고 귀신 쫓아내는 행위를 샤머니즘의 영향이라고 강조한다(B. W. Yoo, 1986, p.74). 유부웅 교수의 박사학위 지도교수였던, 발터 홀렌베거(Walter Hollen-weger) 역시 유명한 한국 오순절파에 속한 조용기 목사는 아주 우수한 오순절 샤머니즘으로 고려될 수 있다고 강조한다(Walter Hollen-weger, quoted in Anderson, 2004, p.108).

이에 대해 영산은 귀신 쫓아내는 행위는 성경에 무수히 나오며, 특히 신약성서에서 예수의 목회사역의 3분의 2가 병자를 고치는 사역이었으며(1998a, pp.24, 150), 또 신유는 예수님의 3대 사역(가르치며, 천국 복음을 전하시고, 병들고 약한 자들을 고치신 것) 중 하나였다(2001b, pp.12, 79)고 맞선다.

그럼에도 불구하고, 많은 학자들은 계속해서 영산의 신학을 비평하고 있다. 하버드대학교 교수였던 하비 콕스(Harvey Cox)(2001) 역시 한국교회, 특히 여의도 순복음교회를 "크리스천 샤머니즘"으로 부르고 있다. 그는 그의 책에서 한국의 무속과 기업에 대해서 따로 분리해서 11장 전체를 한국 오순절 운동에 대해 분석하고 있다. 그는 여기서 한국 오순절 교회, 특히 영산이 샤머니즘적 영향을 받았다고 주장하기 위해 두 가지 예를 들고 있다. 첫째는 이화여대 교수였던 정현경 교수에 대해서, 둘째는 조용기 목사를 대표로 언급하고 있다.

첫째, 하비 콕스는 그의 책(Cox, 2001)에서 1991년 2월 8일 호주 캔버라에서 열린 세계교회협의회(World Council of Churches: WCC) 세계대회에서 이화여대 정현경 교수를 예로 들고 있다. 이 총회는 "오소서 성령이여, 회복시켜 주소서 당신의 모든 창조물을!"(Come Holy Spirit, Renew Thy Whole Creation)라는 주제하에 개최되었다. 이때 두 명의 기조연설자 중의 한 명은 한국 이화여대 교수였던 정현경 교수였다. 정현경 교수의 기조연설 주제는 "오소서 영이시여! 들으소서 그 울음소리들을! 성령, 창조, 그리고 삶의 문화"(H. K. Chung, 1991, pp.220-223)라는 제목으로 연설했다. 정현경 교수는 이 총회에서 총회에 참석한 전 세계 100여 나라의 기독교 대표자들에게 농악대를 동원한 초혼제[7]를 보여 주었다. 그녀의 기조연설 중 몇 군데를 인용해 보았다.

> 오소서!
> 애굽인 하갈의 영이여!
> 당신은 우리의 믿음의 조상들인 아브라함과 사라에 의해서 착취당하고
> 버림받은 흑인 여성입니다[……]
> 오소서!
> 잔 다르크의 영이여!
> 잔 다르크의 영혼과 중세기에 화형으로 살해된 무당들의 영이여![……]

---

7) 초혼제는 전사 또는 순직한 혼령을 위로하는 제사를 말한다. 이런 정현경 교수의 초혼제에 대해서 학자들은 초혼제는 무당신앙 접맥에 불과하고 종교 혼합주의 노선에 대해 심각성을 나타내고 있는 것이라고 주장한다. 여의도순복음교회 이영훈 목사는 "많은 보수적 한국 교회는 교회 내에서 이런 초혼제를 받아들이지 않고 있으며, 초기 선교사들도 이런 의식을 엄격하게 금했다"고 강조한다(Y. H. Lee, 1996, pp.110-111).

오소서!
토착민의 영이여!
식민지 시대와 위대한 기독교 선교시대에 대량 학살당한 영혼들이여![……]

오소서!
5・18 영들과 천안문 사건 때 죽어간 영들이여!
그리고 발트 해 연안 리투아니아에서 학살당한 영들이여!
한국 광주학살 때 죽어간 사람과, 중국 천안문 사건
그리고 리투아니아에서 탱크로 무차별 대량 학살로 처참하게 죽어간 영들이
여![……]

오소서!
해방자 예수의 영이여!
십자가상에서 고문당하시고, 죽임을 당하신 우리 형제이신 해방자 예
수의 영이여!(H. K. Chung, 1991, pp.220−221)

이때 보여준 정현경 교수는 무속신앙과 접맥을 한 초혼제를 통해
억울하게 죽은 영혼들의 이름이 적힌 소지를 불태운 뒤 그 재를 하
늘로 뿌리는 의식이었다. 그녀의 기조연설이 끝난 후, 하비 콕스
(2001, p.217)는 이렇게 보고하고 있다.

정현경 교수의 기조연설에 대한 참석자들의 반응은 우레 같은 박수갈채와 우
레 같은 침묵이었다. 어떤 사람들은 그녀의 발표가 진정으로 아시아 기독교의
발언이라고 우레와 같이 환호했다. 참석자들은 또 그녀의 기조연설은 감동적이
었고, 강력하게 설득력이 있었고, 지난날 죽었던 영들을 생각하게 했으며, 끊임
없이 마음속에 떠오르게 했다. 반면에 한쪽에서는 그녀가 보여준 초혼제와 기조
연설은 이교도 환경에 대한 기독교의 비참한 굴복과 같으며, 또 가장 나쁜 제전
의 종교혼합주의와 같은 것으로, 그것은 범신론적이며, 터무니없는 것이며, 더
이상 그런 것을 그만두게 해야 한다고 일축했다.

콕스는 성령운동 교인이 아닌 정현경 교수가 성령에 대한 논의를 불러일으켰다는 것 자체가 성령운동의 에너지가 성령운동 그 자체의 한계를 넘어선다는 것을 반증하는 것이라고 하면서, 원초적 영성의 분출로서 이 사건의 의의를 해석하고 있다.

그러나 정현경 교수의 그런 의식은 한국 진보주의 교수들에게서도 거의 찾아보기 어렵다. 더구나 그녀는 오순절 계통의 기독교인도 아닌데도 불구하고, 마치 하비 콕스는 오순절 성령운동에 그녀의 초혼제가 마치 한국 오순절 교회 전체가 그런 것처럼 정현경 교수를 예로 들어 설명하는 것은 한국 오순절 교회를 전 세계에 잘못 소개하는 결과를 초래했음을 알 수 있다. 정현경 교수는 단지 "세계교회협의회"(WCC)로부터 초청받은 기조 연설자 중의 한 명일뿐 한국의 오순절 대표자가 아니며, 한국 교회의 대표자도 아니며, 더욱이 한국 성령운동을 주도하는 신학자도 아니다. 정현경 교수는 진보주의 대학인 유니온 신학대학에서 박사학위를 받은 진보주의 신학자다. 정현경 교수는 때로는 기독교인이며, 때로는 불교인이며, 때로는 무교인으로 살곤 한다. 정현경 교수는 제7차 캔버라 기조연설 이후에도 인도의 불가촉천민 마음, 케냐의 무당집, 필리핀의 창녀 촌, 인도네시아의 난민촌 등을 오대양 육대주를 찾아다니며 종교강연과 평화운동, 여성 환경운동을 펼쳐 나가고 있다. 그녀는 신학자라기보다는 종교학자로서 큰 공헌을 하고 있지만, 한국 오순절을 대표하지는 않는다.

정리하자면, 하비 콕스가 정현경 교수를 한 예로 들어 한국 오순절 운동을 크리스천 샤머니즘으로 이해하는 것은 지나친 확대 해석이라 할 수 있으며, 한국 오순절 교회를 너무 샤머니즘 문화와 억지로 연결시키려는 경향이 있다. 한국 교회와 한국 오순절교회는 한국의 전통종교인 무교, 불교, 도교, 그리고 유교를 포함하여 다양한 전통문화와 풍습의 영향을 받았음은 부인할 수 없다. 그것은 당연하며 또 그래야 하며, 또 그런 좋은 문화적 영향을 잘 활용해서 발전시켜야 할 것이다. 그러나 문제는 이런 샤머니즘 영향은 영산의 다양한 성령운동 중에 극히 간접적 영향에 불과한데, 하비 콕스는 이런 샤머니즘을 너무 확대해서 마치 영산의 빠른 교회성장의 원인을 한국의 샤머니즘적 영향인 것처럼 확대 해석을 했다는 데 있다.

둘째, 콕스는 여의도순복음교회의 특징을 두 가지로 지적하였다.

여의도순복음교회는 사라져가는 것처럼 보이던 한국 전통문화와 종교의 몇몇 요소들을 사람들이 유지할 수 있도록 도와주었음이 틀림없다(Cox, 2001, pp.219-220). 다른 하나는, 여의도순복음교회와 한국 오순절 교회는 조용한 아침의 나라로 알려졌던 한반도를 완전히 변화시킨 새로운 도시화와 새로운 경제와 정치적 현실이 초래한 심각한 사회 부조리 문제에 사람들이 적절히 대처할 수 있도록 도와주었음이 틀림없다(Cox, 2001, p.220)는 것이다.

하비 콕스의 이런 보고서는 한국 신학계에서 긍정적 평가와 함께 부정적인 평가를 동시에 가져 왔다. 먼저 긍정적 평가부터 논하려 한다. 김경재[8](1999, p.1) 교수는 다음과 같은 몇 가지 긍정적 평가를 하고 있다. 첫째는, 하비 콕스는 "한국에서의 성령운동이 다양한 문화적 사회적 상황과 토양 속에서 어떻게 토착화, 상황화되어 가고 있는가를 분석했다"는 점이다. 둘째는 김경재 교수는 "콕스가 오순절 성령운동에 대하여 기본적으로 긍정적 자세를 취하면서도 그 운동이 빠질 수 있는 위험한 타락의 유혹들과 위기를 날카롭게 지적한

---

8) 김경재(1940~) 교수는 한국 신학대학 졸업(신학사), 연세대학교 연합신학 대학원(신학석사), 고려대학교 대학원 철학과(1981), 미국 듀부크대학교 신학원(University of Dubuque Theological Seminary)(S.T.M), 미국 클레어몬트 대학원(Claremont Graduate School) 종교학과에서 박사과정 이수, 1985~1987), 네덜란드 유트레흐트 대학교(Utrecht University)에서 철학 박사학위 취득(Ph.D, 1994)했다. 그는 한국 신학대학 신학과 전임교원으로 봉직(1970. 5.~2005. 8.)으로 교수 생활을 했고, 2004년 스승의 날, 교육공로 '대통령 표창'을 수상하기도 했다.

다는 점"에서 긍정적 평가를 하고 있다. 즉 "성령운동이 돈의 신학과 결탁하는 위험, 인종차별을 지지하는 위험, 성령운동이 조직화, 제도화하면서 다시 경직화되고 종교의 물화(物化)(물건의 변화, merchandise) 현상을 노출하는 위험을 열거하고 지적했다는 점" 때문이다. 셋째는 김경재 교수는 콕스가 "영적 지도자들의 카리스마적 권위주위와 우상화 경향, 신학적으로 근본주의적 보수주의와 결탁하는 경향, 그리고 현실정치의 보수세력과 결합하여 사회변혁의 근본의지를 상실해 버리는 역사 반동적 타락의 위험들을 지적했다는 점" 때문이다. 넷째, 콕스가 "문명전환기에서 종교가 근원적인 뿌리에로 돌아가서 인간의 종교적 영성에 주목하게 하고, 현대인의 영적 갈증과 공허감을 채워 줄 영적 교회가 되어야 한다는 것을 강조했다는 점"을 긍정적으로 보고 있다. 즉 "성령운동을 강조하되, 성령운동을 방언, 신유, 예언, 교회성장의 측면에만 관심을 갖고, 역사와 사회를 자유, 정의, 인권존엄, 평화, 생명공동체로 변혁 갱신해 가는 성령역사에 무관심한 모든 보수주의적, 교파 중심적, 교회 중심적 성령운동에 일대 경종을 울려 준다는 점"이다. 또 김경재 교수는 콕스가 그의 책에서 한국 교회에 몇 가지 좋은 시사점을 주기도 한다고 평한다. 김경재 교수에 의하면, 콕스는 "한국 개신교 성령운동의 기본 방향이 개인심령의 중생체험과 영육 간의 구원만이 아니라, 문화·역사·자연까지를 새롭게 변혁시키고 혁신해 가는 '자유하게 하고 해방시키는 영, 화해시키고 일치시키는 영, 창조하고 보존하시는 영, 치유하시고 거듭나게 하시는 영'으로서 바르게 고백되어 왔는가를 성찰하는 계기를 제공해 준다는 점"을 높이 평가하고 있다(1999, p.1).

하지만 이런 긍정적 평가에도 불구하고, 김경재(1999, p.1) 교수는 하비 콕스에 대해 몇 가지 약점을 지적하고 있다. 첫째는 김경재 교수는 "콕스의 불충분한 자료로 인해 왜곡된 분석을 했다"는 것에 대해 신뢰성을 의심하고 있다. 김경재 교수는 "한국그리스도교 독자로서 콕스의 책에 대한 제일 큰 불만은 저자가 11장에서 '한국무속과 기업정신'(Shamans and entrepreneurs: Primal Spirituality on the Asian Rim)이라는 제목을 붙이고 그가 분석한 한국교회의 성령운동, 한국기독교의 부흥성장의 원인분석, 한국 종교문화사의 토양분석 등에 있어서 너무나 왜곡되고 불충분한 자료에 근거하여 한국 종교문화사와 한국 개신교에 대한 이해가 만족스럽지 못하다"는 것이다. 즉 김경재 교수는 "콕스는 신뢰할 만한 한국신학자들의 저서나 연구자료를 거의 참고하거나 활용한 흔적이 없다는 점"이다. 실제로, 콕스가 한국 교회와 한국 오순절 교회에 대해서 언급한 그의 책 11장에 대한 참고 문헌(2001, pp.328 - 329)을 보면 김경재 교수의 지적을 쉽게 이해할 수 있다.

둘째, 김경재(1999, p.1) 교수는 지적하기를 "하비 콕스는 한국 개신교의 영적 부흥의 불씨가 로스앤젤레스 애주사 거리에서 1906년에 발생한 성령운동의 연장선상에 있는 것처럼 생각하는 것 같다"고 지적한다. 그러나 김경재(1999, p.1) 교수는 이렇게 주장한다.

> 한국교회의 성령운동과 강렬한 영적 부흥운동은 1907년 평양에서 일어난 대부흥운동nk[9]과 함께, 아니 그 이전부터 이미 한국교회 안에 일어나고 있었던

---

9) 한국 교회의 성령운동은 로스앤젤레스 애주사(Azusa Street revival 1906~1909) 거리에 일어났던 성령운동 훨씬 이전부터 일어나고 있었다. 한국의 성령운동은 1903~1907년 사이 절정에 달했다. 특히 1903년, 부흥회에 참석했던 장로교, 감리교, 침례교 선교사들에 의해 지금의 북한 서남쪽에 위치한 원산에서 선교사들은 그들의 성경을 가르쳤다(D. W. Kim, 1988, p.371). 또 1906년에는 그 부흥회가 평양의 장대현 교회에서 개최되었는데, 이때 설교가로 알려진 하디(R. A. Hardie) 목사가 초대되었다. 하디(Hardie)는 몇몇 특이한 감정의 경험을 했고, 성령에 의해 회개의 감정이 일어나기도 했다. 이런 경험이 하디 설교자에게 있은 후, 그는 동료 선교사들과 한국 회중들 앞에서 자기의 죄를 고백했다. 이런 경험과 고백이 그 부흥회에서 많은 사람들의 마음을 움직였다. 그래서 많은 사람들은 하디 선교사처럼 공개적으로 그들의 죄를 회개하기

것이다. 더욱 중요한 것은 한국교회의 부흥운동은 항상 "부흥사경회"라는 집회의 표현처럼 근본적으로 성경을 공부하고 하나님의 말씀을 공부하는 과정에서 말씀과 함께 역사하시는 성령의 강렬한 은사와 신유체험, 방언체험, 예언체험, 교회부흥을 이루었다는 점이다. 한국교회의 부흥과 발전은 단순한 성령의 영 체험에서 오지 않았고, 항상 성경공부와 함께, 곧 말씀과 함께해 왔다는 것을 저자[하비 콕스]는 강조하지 않는다.

김경재 교수는 주장하기를 "한국교회의 성령운동은 로스앤젤레스 애주사(Azusa Street revival 1906 - 1909) 거리의 집회의 불씨영향도 아니고, 무속신앙의 일방적 토양과 기독교의 접맥 때문만도 아니다"라고 강조한다. 김경재 교수는 진단하기를 한국교회의 성령운동과 강렬한 영적 부흥운동의 원인은 1) 기나긴 민족문화의 하나님 신앙, 2) 성경에 대한 사랑, 3) 높은 교육열과 전도열, 4) 종교적 감수성과 여성들의 잠재력, 5) 적절한 선교정책, 6) 개화기 한국민주주의 변화를 갈망하던 열망, 7) 유불선 삼교를 능히 포용할 수 있는 한국인의 종교적 영성으로서의 풍류도, 8) 개화기 한민족 민중들의 인간다운 사회실현을 위한 열망, 9) 초기 선교사들의 적절하고도 헌신적인 선교정책, 10) 한글 성경번역과 교육의료선교, 11) "부흥사경회"라는 집회의 표현처럼 근본적으로 성경을 공부하고 하나님의 말씀을 공부하는 과정에서 말씀과 함께 역사하시는 성령의 강렬한 은사와 신유체험, 12) 방언체험, 13) 예언체험, 14) 성경공부 등 다양한 요소들이

시작했다(Y. H. Lee, p.156). 원산과 평양에서 이런 부흥회 물결이 있은 후, 선교사들과 한국 교계 지도자들은 전국적으로 빠른 복음화를 위해 백만 명 복음화 운동을 설립하기에 이르렀다. 이후, 모든 교파의 한국 개신교 목사들은 그들이 시무하는 교회에서 부흥회를 개최하였고, 그 결과 극적으로 많은 개종자들이 증가했다(D. W. Kim, 1988, p.372). 1900년대 초부터 중반까지, 한국 교회 부흥회를 이끌었던 대표적인 개신교 목사들은 장로교 목사였던 길선주(1869~1935)와 김익두 목사가 있었고, 감리교 목사로는 이용도 목사를 들 수 있다. 특히 길선주 목사는 당시 영적 각성운동의 대표적인 목사로 인식되고 있으며, 그의 설교는 1907년 한국 교회 대 각성운동을 가져오는 계기가 되었다(S. K. Chung, 1996, p.36).

있었기 때문이라고 강조한다(K. J. Kim, 1999, p.1). 이 외에도 한국 교회의 성령운동과 영적 부흥운동의 원인에는 여성들의 역할(Y. O. Lee, 1983), 성령의 역할, 기도, 설교, 그리고 카리스마적 지도력(Myung, 1990), 구역조직(Cho, 1981, 2004b, Cho & Hurston, 1983), 열정적인 예배, 그리스도 안에서의 연합, 순교의 피로 지어진 긍정적 지도력, 복음에 대한 열정, 문화적으로 좋은 종교적 토양 위에 기독교가 세워진 점(C. C. Park, 1983), 그리고 희망과 꿈, 비전을 심어주는 목회 (Cho, 2004b, S. H. Lee, 2007) 등도 한국 교회의 빠른 성장 요인에 포함시킬 수 있을 것이다. 다시 말하면, 한국 교회의 빠른 성장의 원인에는 이런 다양한 요소가 복합적으로 이루어진 것이지, 콕스가 주장한 것처럼 샤머니즘의 영향은 이 많은 복합적 요소 중 극히 일부에 속하는 것뿐이다. 그런데 콕스는 이 샤머니즘적 요소를 종교사학적인 관점에서 너무 크게 확대 해석해서 강조하는 경향이 있음을 발견할 수 있다.

마지막으로, 김경재(1999, p.1) 교수는 콕스가 한국의 깊고 심원한 종교-문화사에 대한 통찰력의 부족에 기인했기 때문이라고 지적한다. 즉 김경재 교수에 의하면, 무교적 토양이 한국 종교-문화의 중요한 요소임에는 틀림없지만, 콕스는 한국교회를 분석하는 과정에서, 한국 그리스도교회가 무교와의 깊은 관계가 있어서 부흥 발전하는 것처럼 오해하도록 했다는 점을 지적하고 있다. 이로 인해 한국 개신교는 무속화된 기독교라고 세계 그리스도교 형제들이 오해할 소지를 남겼다는 점을 지적하고 있다. 즉 한국 교회가 기독교의 복음이 동북아시아 어느 나라보다 뜨겁게 수용되고 급성장을 하게 된 데는 위에서 열거한 것처럼 더 깊은 원인들이 있음을 언급하지 않았다고 비평하고 있다.

또 김경재 교수는 콕스가 마치 한국 교회의 부흥이 샤머니즘의 영향인 것처럼 분석한 것은 사실이 아니라는 것이다. 김경제 교수는 그 이유에 대해 자세히 언급하지는 않았지만, 우리는 김경제 교수의 의견이 옳다는 것을 쉽게 이해할 수 있다. 만일 콕스의 주장대로 한국 개신교가 샤머니즘과의 깊은 관계가 있어서 발전했다면, 왜 한국보다 더 많은 샤머니즘이 발달한 이웃 아시아국에서 기독교가 한국처럼 발전하지 않았는지에 대한 의문을 갖지 않을 수 없다. 뿐만 아니라, 많은 아시아 국가에 기독교가 한국보다 훨씬 먼저 소개된 나라, 예를 들면 중국이나 일본은 한국보다 훨씬 먼저 기독교가 소개되었지만 한국보다 기독교가 덜 성장했다. 또 많은 아시아 국가들, 예를 들면, 중국, 일본, 대만, 베트남 등 한국처럼 유교, 불교, 도교 그리고 샤머니즘의 종교적 토양이 풍성한 나라임에도 불구하고 인구 비례로 볼 때 왜 이들 교회가 한국교회만큼 성장하지 않았는지 의문을 갖게 된다. 그런 면에서 한국 교회의 부흥이 샤머니즘과의 영향에 초점을 맞춘 콕스의 주장은 큰 설득력이 없다고 볼 수 있다.

실제 한국 교회의 역사를 살펴보면, 한국 교회는 매우 특이함을 알 수 있다. 대부분 많은 나라에서 기독교가 전파될 때 선교사들이 들어가서 성경을 번역하고 전도하고 교회를 세우는 경우가 대부분이었다. 그러나 한국 교회는 선교사들이 들어오기 전에 해외에 나가 있던 한국인들이 복음을 받아들이고 이들이 한국에 돌아와서 교회를 세우게 되었다. 즉 서양 선교사들이 들어오기 전에 먼저 한국 사람에 의해 기독교가 한국에 뿌리를 내리게 된 유일한 나라이다. 예를 들면, 중국을 경로로 기독교가 한국에 소개된 경우를 보면, 중국에 유학을 갔던 이승훈이 중국에서 영세를 받고 한국에 돌아와서 천주교 교리를 가르치고 영세를 베풀고 교회를 세운 것이 그 예라 할 수 있다. 또 중국에 갔던 여러 상인을 통해 서양 선교사들을 만나 기독교를 받아들이고 선교사들에게 한국어를 가르쳐주고 번역도 도와주었다. 이들 상인들이 기독교를 받아 들여 한국에 돌아와 교회를 세우고 한국에 기독교를 소개한 경우가 그 대표적인 예다. 또 일본을 통해 기독교가 들어온 경우도, 한국 정부의 고위층에 있던 박영효는 1882년 제물포조약에 따른 사과 사절로 일본에 간 경우가 있었는데, 그가 일본에서 선교사를 만나 한국어를 일본에 온 서양 선교사들에게 가르치기도 하고 번역을 도와주기도 했다. 후에 선교사들이 번역된 성경을 들고 한국에 선교하러 올 때 가지고 오기도 했다. 한국에 기독교가 소개된 것은 보통 다른 나라에는 선교사가 먼저 들어가서 기독교를 소개하고 성서를 번역하는 경우가 일반적이다. 하지만 한국은 다른 나라 선교와는 특이한 현상이라 할 수 있다. 한국 기독교는 서양 선교사들이 들어오기 전에 이미 해외에 나가 있던 한국 사람에 의해 기독교가 소개되었고, 또 이들에 의해 성서 번역도 부분적으로 이루어지고 있었던 요인이 짧은 기간에 한국 교회가 급성장한 이유 중의 하나로 볼 수 있을 것이다.

이렇게 콕스가 한국교회가 마치 샤머니즘의 영향인 것처럼 왜곡된 주장의 배경에는 한국 샤머니즘의 확실한 이해 없이 불충분한 자료를 바탕으로 했기 때문일 수도 있고, 또 한국에 기독교가 어떻게 전파되었는지에 대한 특수한 상황을 이해하지 못한 이유도 한몫했을 것 같다. 또 그의 비평 방법 또한 신학적 접근에서 본 것이 아닌, 종교사학적인 관점에서 접근했던 것도 오인의 한 요소로 볼 수 있다. 이런 종교 사학적이고 세속적인 시각에서 영산과 한국 오순절 운동을 관찰할 수 있는지 의문을 갖게 된다.

하비 콕스의 의견과는 반대로, 전 세계에서 가장 훌륭한 신학자 중의 한 사람이었던 몰트만은 조용기 목사의 신학에 대해 이렇게 언급한 바 있다.

나는 [몰트만] 조용기 목사를 기독교 신학자로 진지하게 생각하고 있으며, 그
의 순복음 신학에 대해 논할 것이다. 그리고 많은 서방 신학자들이 그랬던 것처
럼 그의 메시지와 교회와 한국 국민들에 대한 그 영향력을 단지 외부로부터 종
교사학적으로 관찰하지 않을 것이며, 하비 콕스처럼 "크리스천 샤머니즘"에 대
해 말하지 않을 것이다(Moltmann, 2005, p.148).

즉 몰트만은 영산의 저술을 읽고[10] 영산의 저술에 근거하여 신학
적으로 평가했다. 반면에, 하비 콕스는 영산의 저술에 근거했다기보
다는 몇몇 진보적 그룹에 있는 제2저자들의 책과 불충분한 자료들을
인용해서 종교사학적으로 해석을 했다는 점이 몰트만과 매우 다르다
하겠다. 김익진 교수도 콕스의 주장에 동의하지 않고 있다. 김익진
(2003, p.4) 교수에 의하면,

이처럼 하비 콕스는 유부웅 교수의 논문과 책을 언급하고 있으며, 자유주의
신학의 입장에 있는 정현경 교수의 사상과 개념을 언급한다. 그것은 콕스의 사
상의 충분한 평가라고 하기에는 한국 복음주의자들에게는 매우 어려운 것이다.
그것은 콕스가 한국 교회에 대해 충분히 알지 못하고 있기 때문이기도 하다.

다른 말로 하면, 종교 다원주의적 시각을 가진 종교사학적 견해에서
한국의 오순절과 영산의 성령운동을 올바로 해석할 수 있는 표준이 될
수 있는지에 대해서는 많은 의문이 내재하고 있다고 볼 수 있다.
영산의 신학이 샤머니즘과 비슷하다고 주장하는 또 다른 학자는

---

10) 몰트만은 1995년 조용기 목사를 만났을 때, 조용기 목사로부터 몇 권의 책을 받았다.
몰트만(2005, pp.149-150)은 말하길, "조 박사님을 신학자로서 진지하게 받아들이
기 때문에 저는 제 강좌에서 제게 보내졌던 그의 저술들에 근거하려 한다"고 진술한
다. 몰트만은 영산에게 몇 권의 책을 선물받고 후에 이 책을 읽고 신학적으로 토론하
고자 했다. 예를 들면, 몰트만은 영산이 준 책에 나타난 "순복음의 7대 신학적 기초
들", "삼중축복", "오중복음", 그리고 "재림(강림)의 복음" 등에 대해 종교사학적 관
점이 아닌 신학적 관점에서 토론하고자 했다.

손봉호 교수이다. 손봉호(1983, p.337) 교수는 한국교회의 급성장한 중요한 요소 중의 하나가 샤머니즘 때문이라고 주장한다. 즉 손봉호 교수는 무수한 귀신들의 변덕스럽고, 일시적으로 축복과 저주로 믿게 된다(p.337)고 믿고 있으며, 이런 귀신(demons)들은 바로 샤머니즘에 의해 애매모호하게 기범과 엄청난 뇌물을 봉헌을 요구하기도 한다고 생각하고 있다. 그리고 그는 이들 축복과 저주는 완전히 세속적이며, 이런 축복은 부, 건강, 힘, 그리고 명예 등이 바로 세속적 축복으로 간주하고 있다. 뿐만 아니라, 그는 저주는 질병, 가난, 그리고 사업 실패 등은 저주에 포함된다고 진술한다(p.337). 손봉호 교수는 이런 샤머니즘이 한국의 불교와 유교 그리고 기독교에까지 영향을 주었다고 강조하며, 특히 한국 교회가 이런 샤머니즘의 요소들을 매우 효과적으로 사용하고 있는데 그 대표적인 교회가 여의도순복음교회라는 것이다(p.338). 또 손봉호 교수에 의하면, 이것은 요한 3서 2절에 근거한 것으로서 곧 영혼의 잘됨(건강의 축복)과 모든 일이 잘됨(생활의 축복: 만사형통)과 육신의 건강을 강조하는 것이 한국 샤머니즘의 영향을 받은 것이라 한다.

이와는 반대로 박명수 교수는 상반된 주장을 하고 있다. 박명수(2003a, p.108) 교수는 영산의 삼박자 축복은 오럴 로버츠(Oral Roberts) 부흥사로부터 시작했으며, 영산의 신학사상과 목회 사역은 북미에 뿌리를 두고 있으며, 또 카리스마 운동, 그리고 영산의 신유와 물질적 축복 역시 북미 대륙의 영향이라고 주장한다(M. S. Park, 2003a, p.108).

히더 랜드러스(Heather L. Landrus) 역시 영산이 오럴 로버츠 목사의 영향을 받았다고 주장한다. 랜드러스(2002, p.86)에 의하면, 영산은 오럴 로버츠의 책과 테이프를 통해서 예수 그리스도의 구원의 메시지를 발견했다. 이 구원의 메시지는 요한 3서 2절을 통해 직접적으로 나타나고 있다고 진술한다. 또 윌리엄 멘지즈(William W. Menzies)(2004, pp.23 - 24) 역시 영산의 성령 이해는 미국 하나님의 성회 교리의 반향이라고 강조한다. 김익진(2003, p.193) 교수도 영산의 신학과 초기 목회는 특히 오럴 로버츠(Oral Roberts) 부흥사가 가장 좋아하는 요한 삼서 2절을 중심으로 그 근원을 두고 있었다고 강조하며, 또 영산의 신유의 관점도 오럴 로버츠와 오스번(T. L. Osborn)의 목회에 의해서 영향받아 온 것처럼 보인다고 했다.

이와 같이 영산의 핵심 신학인 오중복음과 삼박자축복, 특히 물질축복과 신유의 메시지가 한국 샤머니즘의 영향을 받았다는 학자들의 의견과 서양 신학자들 및 서양 오순절 교단의 영향을 받았다는 학자들의 의견으로 나누어짐을 알 수 있다. 여기서 발견할 수 있는 것은, 샤머니즘의 영향을 받았다는 학자들의 대부분은 영산의 물질 축복과 신유에 대해 지나치게 샤먼 문화를 강조하는 경향이 있었다. 영산을 비롯해 모든 한국 교회와 한국민은 한국 문화적 영향 아래 살고 있다. 샤머니즘은 그 많은 문화적 영향 중 하나일 뿐인데, 너무 샤먼 문화의 영향만 강조하는 경향이 강함을 발견할 수 있었다. 또 이들 학자들은 샤머니즘의 영향을 받았다고 하는 학자들의 글만 지나치게 참조하는 경향을 보였다. 즉 영산의 성령 이해를 위해 제일 중요한 것은 영산이 쓴 많은 저술을 통해 이해하기보다는 영산의 저술을 전혀 사용하지 않은 학자들도 있었고, 또 영산의 저서를 사용했다 하더라도 극히 일부를 사용했으며, 이 일부를 전체화하려는 경향이 있었음도 발견할 수 있었다. 하지만 이들의 비평은 영산의 성령 이해를 위해 종교적, 문화적 관점으로까지 시각을 넓혀서 해석해 보려는 열린 시각을 갖고 있다는 점에서 아주 부정적인 것만은 아니라고 생각된다.

이와는 반대로, 영산의 신학이 서양의 영향을 받았다는 보수주의 신학자들의 견해는 지나치게 한국 고유의 샤먼 문화를 배격하고, 영산의 성령신학 이해를 단지 서양 선교사나 부흥사, 그리고 서양 오순절 교리의 영향을 강조하는 경향을 보였다. 즉 기독교와 문화의 관계를 좀 더 강조할 필요성이 있지 않을까 생각된다. 왜냐하면, 기독교인은 문화를 벗어나서 살 수 없는 것은 너무도 당연하며, 또 문화적 영향을 너무 부끄럽게 생각할 것이 아니라 문화적 영향을 긍정적 차원에서 활용하고 오늘의 상황에 맞게 변혁해 나갈 수 있도록 기독교인들을 안내해 주는 것이 필요하기 때문이다. 그것은 우리가 아무리 문화를 부정한다 해도 문화 속에 살 수밖에 없는 처지이기 때문이다. 리처드 니버(H. Richard Niebuhr)는, "문화를 벗어날 수 있는 사람은 아무도 없다"(1951, p.71)고 강조한 바 있다. 이것은 서양 부흥사나 한국 기독교인이나 모두 자신들의 문화라는 옷을 입고 각각 종교를 받아들이기 때문이다. 그러므로 영산의 성령 이해를 한국 문화라는 옷을 입은 상태에서 영산이 어떻게 성령을 이해하고 있는 가를 이해하는 것도 중요하다 하겠다.

3.3.2. 한(恨)과 영산의 상황신학에 있어서 성령운동

여기서는 영산의 지난 약 50여 년의 목회와 신학에서 정치적, 경제적, 문화적 상황에서 그의 성령운동이 양적 성장을 발전시켰던 상황신학(contextual theology)에 대한 탁월함을 언급하고자 한다.

영산은 20권이 훨씬 넘는 영문 서적과 120권이 넘는 한글판 서적을 출판했다. 그의 책은 그의 설교집, 기도집, 목회 경험과 신학서적 등 다양한 종류의 저술 활동에도 게을리 하지 않고 있다. 그는 한국 전통적으로 내려오는 한의 정신과, 서양 사상을 한국 사람들에게 잘 맞게 풀어주는 장을 만들어 주는 데 탁월했다고 볼 수 있다. 앨런 앤더슨(Allan H. Anderson)(2003, p.86, 2004, p.101)은 영산은 주로 목회자로서 성서와 자신의 경험을 토대로 쓰고 있지만, 때로는 영산 자신의 경험과 이해가 한국 상황과 관련이 되어 발전하게 되었다는 것이다. 앤더슨은 영산의 성서적 예나 가르침으로 풍부하지만 영산은 특별히 상황 속에서 그의 신학을 발전시키고 있다고 강조한다.

이처럼 영산의 실천 신학은 특별한 상황과 관련이 있다. 또 배현성(2005, p.528) 교수는 한국에서는 토착화된 오순절 신학으로서 순복음신학을 관찰하기도 하는 반면, 앨런 앤더슨(Allan H. Anderson) (2003, pp.93－94)은 영산의 오순절 메시지는 문화와 종교적 환경을 채택하고 변혁하는 상황신학의 관점에서 조명하기도 한다.

넓은 의미에서 보면, 상황신학도 토착화 신학의 범주에 속하고 토착화 신학은 또 문화에 속한다고 볼 수 있겠다. 토착화 신학은 한국에서도 1960～1970년대에 많이 논의되었던 신학이기도 하다. 그러나 이 책은 영산의 신학을 토착화 신학의 관점보다는 상황 신학의 관점에서 접근하려 한다. 그 이유는 문화와 종교의 토착화는 모든 나라 모든 종교, 모든 종교인들이 직접 혹은 간접적으로 토착화되었다고 볼 수 있기 때문이다. 뿐만 아니라, 토착화 신학은 모든 사람 모든 종교, 모든 나라에 일어나는 현상이라 할 수 있다.

물론 상황신학 역시 모든 신학과 도그마 역시 시대정신에 영향을 받는다고 볼 수 있다. 그러나 상황 신학은 똑같은 역사적, 정치적, 문화적 조건에서도 모든 기독교인들의 상황은 다르게 대처하고 다르게 반응할 수 있는 것이다. 또 여기서 토착화 신학보다 상황 신학에 좀 더 관심을 갖는 이유는 보편타당하게 일어나는 토착화 과정보다, 같은 상황에서도 다르게 대처한 영산의 상황에 더 관심을 갖고 있기 때문이기도 하다. 앨런 앤더슨(2004, p.104)은 "모든 신학은 상황신학이다, 하지만 우리는 지역과 상황적인 것으로부터 크리스천 메시지의 필수적이고 광범위한 양상임을 혼돈해서는 안 될 것이라고 강조한다. 또 앤더슨(2004, p.87)은 토착화는 복음의 메시지와 기독교 신학은 모든 문화와 모든 상황은 같이 나타난다고 강조한다. 다른 말로 하면, 앤더슨은 상황화는 모든 신학은 그 모든 신학의 특별한 상황에 의해 영향을 받으며, 또 상황과 관련되어 있음이 틀림없다는 것을 나타낸다는 것이다. 그것은, 특히 빠른 사회적 변화를 경험하는 것을 포함하여 모든 상황과 문화들에 크리스천 메시지와도 관계가 있다고 진술한다(Anderson, 2004, p.87).

영산도 역시 예외는 아니다. 영산은 서양 한국 전통 종교와 한국 기독교의 영향, 그리고 서양 신학과 서양 선교사의 영향을 다소 많이 받았지만, 그는 특히 한국 상황에 잘 대처할 수 있는 능력이 탁월했다. 즉 그가 교회를 양적 급성장을 시킨 여러 원인 중의 하나가 바로 탁월한 상황판단이 있었기 때문이다. 다시 말하면, 한국전쟁으로 인한 경제적, 정치적, 교육적 가난의 상황으로부터 영산은 희망의 메시지와 구역조직을 통한 성령운동이 무엇보다 절실하다는 상황을 누구보다 빨리 깨닫고 실천했기 때문이다. 예를 들면, 영산은 전후로 정신적, 육체적, 경제적으로 어려웠던 많은 가난한 자들에게 희망, 꿈, 신유, 물질적 축복, 영혼구원, 신유 등의 메시지를 강하게 전했던 것은 다른 한국 교회 목회자들이 하기 어려웠던 것은 솔선수범하여 강행했던 것도 중요한 교회 성장의 한 원인이 되었다고 볼 수 있겠다. 특히, 다른 한국 교회가 방언과 치유와 물질 축복에 대해 망설이고 있을 때, 영산은 이것들을 과감히 실행함으로써 민중들의 한 맺힌 상황에 처해 있던 민중들에게 성령운동을 통해 희망을 심어 주었던 것이 성장 원동력 중의 하나를 차지하게 되었다고 본다. 그는 2007년 5월 크리스천 TV(CTS)와의 인터뷰에서 이렇게 말한 적이 있다. "오중복음과 삼중축복으로 희망을 준 것이 교회성장의 원동이었다"고 강조했다(S. H. Lee, 2007). 이와 같이, 영산의 신학을 다룸에 있어서 그의 여의도순복음교회를 급성장시킨 여러 요인 중의 중요한 한 요소가 그의 성령운동과 시대적 상황도 큰 몫을 했다고 볼 수 있다. 앤더슨(2004, p.104)에 의하면, 영산의 신학은 한국 전쟁 후부터 형태를 이루게 되었다는 사실로부터 평가된다고 강조한다.

영산은 부흥과 더불어 비슷한 시기에 한국에서 새로운 한국신학이 탄생하게 되었는데 그것이 세계에 잘 알려진 민중신학이다. 영산의 주류는 복음적이고 보수적인 측면에서 가난하고 병든 자들에게 접근했고, 한국의 민중신학자들은 진보적인 입장에서 민중들에게 접근했다. 이들 두 보수그룹과 진보 그룹에서 접근한 한국인들의 민중에게는 한(恨)이라는 역사적 문화적 배경이 있었다.

여기서 영산의 상황 신학과 민중신학이 탄생하게 된 한의 신학을 비교해 봄으로써 영산의 성령운동을 좀 더 깊이 이해하려 한다. 이것은 영산의 성령 이해를 역사적, 조직신학적 그리고 문화적 상황에서 발생한 그의 상황을 이해하는 데 도움이 될 것이기 때문이다.

위르겐 몰트만(Jürgen Moltmann)(2005, p.149)은 주장하기를 영산은 그의 사역을 한국전쟁 이후 한국인의 한(恨) 속에서 시작했고, 몰트만은 그리스도 안에서의 제 생활을 제2차 세계대전과 파괴된 독일에서의 전 후시대의 한 속에서 시작하였다고 진술한다.

몰트만의 주장처럼 영산은 전후 가난했던 한(恨) 많은 민중을 중심으로 슬럼가에서 시작했음을 알 수 있다. 영산(1983, p.xviii)은 "나는 매우 가난하게 살고 있던 서울 외각 지역에서 처음 교회를 개척했다"고 기록하고 있다. 이런 가난하고 병들고 약한 자들은 한국 전쟁으로 인해 더욱더 한 많은 삶으로 살아가던 민중들이었다. 영산은 이런 사람들과 목회를 시작하였던 것이다. 그러면 영산의 성령운동에 있어서 한(恨)과 영산의 성령운동과는 어떤 관련이 있는가?

3.3.3. 한(恨)과 영산의 성령운동에 있어서 상황신학

여기서 한(恨)과 영산의 성령운동에 있어서 상황 신학을 언급하는 것은 영산의 성령운동은 그의 특별한 상황 속에서 신학적 체계가 발전되어 왔다고 사료되기 때문이다. 다시 말하면 영산이 처음 목회를 시작한 때가 1958년 5월 8일이었다. 이때는 한국 전쟁의 휴전 협정을 맺은 지 불과 5년밖에 되지 않는 시기였다. 아직까지 전쟁으로 가족과 재산 그리고 건강을 잃은 많은 사람들이 절망 속에서 살아갈 수밖에 없었던 시기라 할 수 있다. 이런 전후의 소용돌이 상황에서 영산은 그들에게 희망의 메시지를 전달하고자 했던 것은 어쩌면 당연한 시대적 상황이었다. 한국민은 이런 전쟁과 비슷한 외세의 침략을 지난 5천여 년 역사 동안 960번 넘게 받았다고 하니, 선조들이 겪은 한의 고통을 가히 짐작하기 어려울 정도이다. 이런 한국인들에게 맺힌 원한과 슬픔, 한탄, 절망, 그리고 마음의 상처가 자리 잡고 있었음은 어쩌면 당연하다 할 수 있겠다. 이것을 우리는 한(恨)이라고 부르곤 한다. 영산도 이런 한의 문화 속에서 목회를 해 왔고, 전쟁과 침략으로 인해 가난과 질병으로 고통받는 민중들 속에서 목회를 시작했다.

한(恨)의 사전적 의미는 "억울하고 원통한 일이 풀리지 못하고 응어리져 맺힌 원한이나 마음"을 뜻한다. 문희석(Moon, 1993, p.1) 교수 역시 한(恨)을 '원한'으로 이해하고 있다. 김동수(1999, p.125) 교수도 한을 보통 사람들의 '상처받은 한', 특히 한국 여성들의 상처받은 한을 부각시키고 있다. 또 이화여대 교수였던, 정현경 교수도 1991년 제7차 세계교회협의회(WCC) 때 기조 연설자로 초청을 받았을 때도 이 한(恨)에 대해서 언급한 바 있다. 정현경(1991, p.221) 교수에 의하면, "한은 노염과 화이다. 한은 원한이며 한탄이다. 한은 쓰라림이며 슬픔이다. 한은 해방을 위한 분투로 아물지 않는 기력이다"라고 주장한 바 있다.

또한 한의 사상은 내적 요소와 외적 요소로 구분할 수 있다. 내적 요소는 스스로의 문제점, 즉 능력부족, 판단착오, 의지부족, 또는 열등의식, 성격상의 문제 등으로 인하여 자신의 욕구나 의지를 실현시키지 못했을 때 생겨나는 내적인 한을 말한다. 외적인 요소에서 나오는 한은 사회제도나, 타인의 억압, 정치적 억압, 나쁜 환경에서 오는 요소에 의하여 욕구나 의지가 좌절되었을 때 생겨나는 한을 의미한다.

이처럼 한국인은 외세의 침략, 억압된 유교문화와 세습제도로 인한 백성들의 한이 맺혀 있었다. 한 민족이 한을 품게 된 것은 아마도 유교의 영향도 크다고 본다. 유교 문화는 양반 상놈의 구분이 심했다. 이것은 인도의 옛 카스트나 서구 노예제도를 연상해도 좋다. 과거의 한국인의 한은 어떤 사람이 상놈의 가정에서 태어나면 아무리 잘해도 출세할 수 없었다. 반대로 양반의 가문에서 태어나면 평생 양반이 되는 것이었다. 그래서 많은 한국 사람들이 한이 맺혀 있었다. 또 한국이 왜 한을 품는 나라인가 하면, 강대국 사이에서 많은 침략을 당했기 때문일 수도 있다.

한국 민중신학을 이끌어온 서남동(1983, p.58) 교수는 한국민들은 주변 강대국에 의해 수많은 침략을 겪었다. 또 한국민은 유교의 엄격한 관습과 풍습으로 인해 여성의 차별과 존재를 무시해 온 한을 겪어 왔다. 뿐만 아니라 한국민은 상놈이라는 계급제도를 통해 출세하고 싶어도 출세할 수 없는 신분제도 때문에 오는 한이 존재했다.

이처럼 한국인에게는 이런 한이 누적된 상태였다. 그 한은 근대에 와서도 계속되었다. 특히 일제의 침략으로 36년 동안 한국인의 한은 더 커졌고, 해방 후 5년 만에 다시 한국 전쟁을 통해 가족과 친척,

동료를 잃은 아픔과 고통으로 한이 맺혀 있었다. 또 대다수 국민이 가난과 역경 굶주림, 병으로 슬픈 한이 맺혀 있었다. 이런 전후에 영산의 성령운동은 한 맺힌 민중들에게 "건강의 축복", "영혼의 축복" 그리고 "물질적 축복"을 강조해 왔던 영산의 삼박자 축복 신학은 당연한 시대적 흐름이었는지도 모른다.

그래서 아마도 영산은 한 맺힌 민중들에 산기도, 새벽기도, 철야기도, 방언기도, 구역모임, 신유와 축복, 그리고 소망과의 메시지를 통해 전달했는지도 모른다. 영산의 희망의 신학과 꿈의 신학, 긍정적 사고의 메시지는 절망과 질병에 있던 사람들에게 가장 적합했었는지 모른다. 유교 문화에 억눌려 있던 민중들, 남아선호사상과 남존여비 사상에 길들여져 있던 여성들에게 영산의 성령운동은 한 맺힌 갈증을 풀어주는 데 매우 유익했을 수 있었다. 이런 상황에 처한 가난한 사람들에게 영산의 희망의 신학은 빛을 보게 되었고, 그의 성령운동은 매우 중요한 역할을 담당하게 되었다. 영산이 한에 맺혀 있던 한국 상황에서 가난한 민중들을 중심으로 사랑과 희망을 심어주는 데 큰 역할을 했음이 분명하다.

벨리 마티 케르케이넨(Veli-Matti Kärkkäinen)(2006, p.253)은 영산의 오순절 신학과 영성은 인생의 장애물을 정복할 수 있고, 또 전능한 하나님의 보좌에 도달할 수 있는 사랑, 믿음, 그리고 희망의 구체적 표현으로 묘사될 수 있는 것으로 이해하고 있다.

이런 영산의 희망을 강조하게 된 그 역사적 배경 뒤에는 한이라는 상황이 자리 잡고 있다. 이것은 영산의 성령운동은 한과 밀접한 관련이 있음을 알 수 있다. 즉 영산의 희망의 신학의 뿌리는 영적으로 고통을 받는 자, 전쟁으로 가족을 잃고 슬퍼하는 자들, 물질적 가난한 자들, 육체적 고통을 당하는 자 등 한 맺힌 사람들에게 희망과 소망 그리고 꿈을 심어주는 희망의 신학이 탄생되게 되었다. 즉 이 희망의 신학 뒤에는 한국인의 한이 그 뿌리를 두고 있다. 그러나 어떤 학자들은 영산의 이 한(恨)이 한국 샤머니즘과 관련이 있다고 주장한다.

김동수(1999, p.124) 교수는 한국에 있어서 오순절 파는 보이지 않게 한(恨)과 깊이 관련이 있으며, 보통사람들에게 한을 풀어주는 기능을 가지는 것 없이 그렇게 빨리 퍼져 나갈 수 없었다고 생각한다. 한국에서 그 한(恨)은 샤머니즘, 민중신학 그리고 오순절 파 가운데서는 흔히 있는 요소이며, 민중신학과는 대조적으로 오순절 파는 한을 푸는 방법에 관하여 샤머니즘과 비슷하다고 주장한다.

영산뿐 아니라 모든 한국 기독교인은 이 한의 영향을 받았다고 부정하기 어렵다. 그것은 모든 한국인은 이 한의 역사와 문화 속에서 살아왔고, 또 이 한은 한국 전통 종교와 같이 호흡을 하며 발전해 왔다고 볼 수 있기 때문이다. 그렇다고 여의도순복음교회의 급성장이 한으로 고통받고 있는 민중들을 대상으로 시작했다고 해서 샤머니즘의 영향이라고 강조하는 것은 큰 설득력을 얻지 못하고 있다. 그것은 한과 샤머니즘의 영향을 받았다 해서 반드시 교회성장이 되는 것은 아니기 때문이다. 왜냐하면, 이런 한국식 한은 한국뿐 아니라 아시아, 아프리카를 비롯해서 전 세계에 퍼져 있으며, 모두 여의도순복음교회처럼 성장하는 것은 아니기 때문이다.

또 한과 샤머니즘은 한국 영산 및 여의도순복음교회가 받은 여러 문화적 영향 중 극히 일부에 포함될 뿐인데, 이런 한과 샤머니즘을 지나치게 확대 해석해서 마치 그 교회가 샤머니즘의 영향 때문에 크게 성장한 것처럼 오해해서는 안 될 것이다. 그것은 샤머니즘과 한의 영향을 전혀 받지 않은 세계 오순절 교회도 대부분 성장세를 보이고 있기 때문이다. 세계 개신교 중 다른 장로교나 감리교 등 여러 종파의 회중수가 줄어들고 있음에도 불구하고, 한국 오순절 교단 외에도 다른 나라 오순절 교단의 회중 수는 계속해서 양적 성장이 활발하게 이루어지고 있음을 볼 수 있기 때문이다. 그러나 영산의 성령운동을 이해하기 위해서는 한국 문화에 깊이 뿌리 내려 있는 한(恨)의 개념을 이해하는 것은 매우 유익하고 또 도움이 되리라 믿는다.

또 영산의 성령운동을 잘 이해하기 위해서는 한(恨)뿐만 아니라, 한국 신학의 대표로 세계에 널리 알려진, 민중신학에 대해서도 이해할 필요가 있다. 그것은 이 민중신학과 한도 밀접한 관련이 있기 때문이기도 하지만, 무엇보다 이 민중운동과 영산의 성령운동은 비슷한 시기에 일어났음에도 불구하고 이 두 운동은 정반대의 신학적 노선을 걷고 있는 특이한 현상이 있기 때문이다. 그래서 이 민중운동과 영산의 성령운동의 비슷한 점과 차이점을 이해하는 것은 영산의 성령운동을 이해하는 데 문화적 배경과 역사적 시기, 정치적 상황 그리고 시대적 상황을 더 깊게 이해하는 데 도움이 될 것이기 때문이다.

3.4. 민중신학과 영산의 성령운동

한국 장로교회에 민중신학은 자유주의 신학자였던 서남동 교수에 의해 처음 소개되었다. 먼저 민중이라는 용어를 이해할 필요가 있다. 많은 학자들(S. T. Lee, 1996, p.35, Moon, 1993, p.1, K. S. Suh, 1983, p.16)은 '민중'(民衆)은 피지배 계급으로 일반 '대중'을 가리킨다고 강조한다. 그러나 문희석 교수는 민중은 백성(百姓)과 인민(人民)과는 차별화되어야 한다고 강조한다. 그 이유는 백성은 평범한 일반 백성을 가리키는 것이고, "인민은 중국에서 국민어로 나타내기 때문이다"(Moon, 1993, p.2)라는 것이 그 이유다. 민중신학자들은 민중은 평범한 일반 국민보다는 정치나 사회로부터 억압받고, 고통받는 가난한자들, 병든 자들 그리고 낮은 교육으로 사회에서 불이익을 당하는 약자들을 민중이라고 지칭하고 있다. 폴커 퀴스터(Volker Küster)(2006, p.25)에 의하면, 민중신학은 상황 신학의 사회 경제적, 정치적 그리고 문화 종교적 유형 사이에 첫 번째 통합이라 했다. 성공회 대학 신학부 교수이신, 권진관(2006, p.22) 교수는 민중은 육체적, 정신적, 가난으로부터 고통받는 사회적 계급의 약자나, 물질적 가난으로부터 고통받는 사람들과 동일시할 수 있는 이름이라고 했으며, 민중은 가난하고, 교육을 받지 못했고, 그리고 종종 육체적으로 정신적으로 병들어 있는 자들을 일컫는다고 진술한다. 또 권진관(2004) 교수는 민중신학은 민중운동의 반영으로 형성되었다고 표현한다.

여기서 알 수 있는 것은 민중신학은 민중을 대변하려는 데서 나왔음을 알 수 있고, 또 민중신학은 신학자들의 탁상공론에서 시작한 것이 아니라 신학자들이 민중의 고통을 목격하고 그들에게 달려가 그들의 아픔을 듣고 그들과 함께 동참의 실제를 통해 민중신학이 탄생되고 발전되었음을 알 수 있다. 70년대 초, 민중신학을 이끌어 온, 안병무(1999, pp.64-66) 교수는 민중신학에 대해 항상 이렇게 시작한다.

> 민중신학은 서재에서 나온 사변이 아니고, 한국의 정치현장에서 형성된 역사적인 산물이요 신학적인 귀결이다. 구체적으로는 군사정권이 수립된 이래 그들의 탄압 밑에서 그 정체를 드러낸 민중과의 만남과, 그들의 고난에 어떠한 형태로든 참여한 결과가 민중신학을 낳았다.

이처럼 민중신학은 신학적 이론을 앞세우고 시작했다기보다는 민중들이 정치적, 경제적, 역사적 현장에서 발생하는 고통을 함께 참여와 경험을 통해 나온 것이다. 안병무 교수는 한국의 군사정권에 대항하다가 옥고를 치르면서 민중을 발견하게 되었다. 안병무 교수는 민중의 고통을 체험하고 난 후, 이전에는 사물을 위에서 아래로 내려다보았지만, 민중을 만난 후, 그는 아래서 위를 보게 되었다고 고백한다. 즉 그는 신으로부터 인간을 이해하는 것이 아니라, 인간에서부터 신을 이해하려 했고, 인간에서부터 민중을 이해하는 것이 아니라 민중에서부터 인간 이해하는 경험을 하게 되었다고 고백한다. 그래서 그는 성경을 격상된 예수로부터 민중을 이해하는 것이 아니라 예수를 둘러싼 민중으로부터 예수를 조명하려 노력했다.

서광선(1983, p.16) 교수도 민중신학에 대해 다음과 같이 설명하고 있다. 민중은 지난 60~70년대 정의를 위해 정치적 투쟁에서 크리스천들의 경험이 싹튼 용어이다. 그래서 이 민중신학은 70년대 한국에서 억압받던, 신학자들, 노동자들, 억압자들, 신학생들, 교수들, 농부들, 작가들, 그리고 지식인들의 정치적 경험들에서 나온 신학적 반항의 축적이며 집합이다. 그것은 한국 정치 상황, 압제자들에게 신학적 반항에 있어서 억압받은 신학이며, 또 서광선 교수는 민중신학은 한국교회와 선교 사역에 억압받은 신학의 반응으로 이해하고 있다. 쉽게 말하면, 민중신학에서 사용하는 민중은 정치적, 사회적, 경제적, 교육적 그리고 문화적 낮은 계급에서 살고 있는 서민을 신학적으로 대변해주고 도와주는 역할을 한다고 볼 수 있다.

그런데 민중신학은 정치 참여까지 하는 진보 그룹에 속하고, 영산의 오순절 계통은 보수주의 그룹에 속한다고 볼 수 있다. 연세대 교수였던 류동식 교수에 의하면(1981, pp.14-17), 한국에서는 크게 두 가지 그룹의 신학이 주류를 이루고 있었다고 분석한다. 하나는 자유주의 신학노선인 민중운동이고, 다른 하나는 보수주의 신학노선인 복음주의 운동이 있다고 주장한다. 류동식(1981, pp.14-17) 교수에 의하면, 민중신학 운동은 기독교장로회의 신학자들에 의해 일어난 자유주의 신학을 표방하고 있다. 그리고 그 중심에는 서남동 교수가 있다. 민중신학을 제창한 서남동 교수의 역사의식을 불러일으킨 것은 요아힘 피오레(Joachim von Fiore)[11](ca. 1130 - 1202)의 사관이라고 그는 주장한다. 서남동 교수는 민중신학의 전거(典據)를 세 곳에서 찾는다. 하나는 성서에 기록된 출애굽의 사건과 예수의 십자가 사건에서 찾고 있다. 이것은 다 같이 민중의 해방과 구원의 사건으로 이해하고 있다. 둘째, 류동식 교수는 민중신학의 전거를 "교회사적 전거"에서 찾고 있다. 곧 성령의 제3시대인 탈기독교시대의 전개가 그것이다. 여기에서 민중은 스스로 깨어나서 자기의 힘으로 해방과 인간화를 이룩해야 한다는 것이다. 이것이 하나님이 내재한 성령 시대의 특징이요, 특권이라는 것이다. 셋째, 유동식 교수는 민중신학의 전거를 "한국의 민중운동사적 전거"에서 찾는다. 곧 민중이 스스로의 힘으로 자기를 해방하려면 동학혁명[12], 삼일운동 등을 예로 들고 있다. 이처럼 민중신학자들은 사회적 현실에 동참하려 한다.

류동식 교수(1981, pp.14 - 21)는 이 두 운동, 즉 영산의 성령운동과 민중신학자들의 민중운동의 차이점을 다음과 같이 말하고 있다. 즉 민중신학은 "부성적 성령운동"으로 이해했고, 영산의 성령운동을 "모성적 성령운동"으로 이해하고 있다. 류동식 교수는 "부성적 성령 운동이 한국의 유교적 전통에 뿌리내린 것이라면 모성적 성령운동은

11) 12세기 요아힘 피오레(Joachim von Fiore)는 종말론적 희망의 대변자로 잘 알려져 있는 인물이다. 당대 요아힘은 당대 사람들에 의해 예언자와 성자로 추앙받기도 했다. 그는 이태리에 수도원을 창설하기도 했다. 그는 성령을 3시대로 구분해서 이해했는데, 그것은 구약은 성부시대로(제1시대), 신약은 성자시대(제2시대), 그리고 제3의 시대는 성령의 시대라고 주장했다.

12) 조선 26대 고종 31(1894)년에 동학교도가 주동이 되어 벼슬아치들의 부정부패와 외세에 맞서 일으킨 혁명을 말한다.

한국의 무교적 전통에 뿌리내린 것"(1981, p.17)이라고 주장한다. 이 두 운동을 좀 더 자세히 설명하면, 부성적 성령운동은 70년대 역사 의식을 가지고 사회개혁에 신앙적 관심을 쏟은 엘리트들의 자유주의 민중신학 운동을 "부성적 성령운동"이라고 칭했다(1981, p.15). 예를 들면, 부성적 성령운동을 유교, 요아힘 피오레(12세기)의 역사관, 근본주의자들, 민중신학, 서남동, 사회변화, 길선주 목사, 1907년에 있었던 대각성운동 등을 부성적 성령운동 범주에 포함시키고 있다 (1981, pp.14 - 18). 류동식 교수는 부성적 성령운동의 특징은 "외향적"이며, "사회지향적"이며, "투쟁적"이며, "소수 엘리트들이 감행할 수 있는 것"이라고 진술한다(1981, pp.17 - 18).

반면에 류동식 교수는 영산의 성령운동을 모성적 성령운동의 범주에 포함시키고 있다. 그 이유는 한국의 무교적 전통에 뿌리를 내리고 있기 때문이라고 그는 주장한다. 이 무교적 전통에 뿌리를 내린, 모성적 성령운동범주에 속하는 것에 여의도순복음교회를 대표적인 사례로 들고 있으며, 특히 영산의 삼박자축복이 바로 모성적 성령운동의 대표로 꼽고 있다(1981, p.18). 또 이 외에도 유동식 교수는 이용도 목사나 오순절 치유, 소외된 민중들도 모성적 성령운동의 범주로 포함시키고 있다. 유동식 교수는 모성적 성령운동의 특징은 "샤머니즘"적이며, "신비적"이며, "내향적"이고, "개인 지향적"이며, "포용적"이고 "소외된 대중을 수용할 수 있는 운동"이라고 강조한다 (1981, p.18).

류동식 교수는 이런 부성적 성령운동과 모성적 성령운동을 서로 배제할 것이 아니라 상호 비판을 통해 상호 보완함으로써 건전한 하나의 한국 교회를 형성해 가는 데 공헌해야 한다고 주장한다(Ryu, 1981, p.21).

이 두 운동, 즉 성령운동과 민중신학운동은 서로 비슷한 점을 발견할 수 있다. 첫 번째 비슷한 점은 영산의 희망의 신학과 민중신학에는 한국 정치와 문화 경제, 교육으로부터 가난한 사람을 대상으로 출발했다는 점에서 비슷한 점이 있다고 볼 수 있다. 김동수(1999, p.139) 교수는 두 민중운동과 오순절 운동은 가난한 사람들과 관련이 있다는 것이다.

즉 영산은 한국 전쟁 후 5년이 되던 해, 1958년에 슬럼가에서 가난한 사람들을 대상으로 시작했다. 앤더슨(Anderson)(2004, p.116)도 진술하기를, 가난과 번영에 대한 영산의 관점은 일제 침략과 한국 전쟁의 가난했던 자신의 한국 상황으로부터 나온다고 이해하고 있다.

민중신학자들 역시 1970년대 가난한 민중, 노동자들로부터 민중신학이 태동되었다. 특히, 1970년 21세의 한국인 노동자 청년 전태일이라는 노동자가 자기 몸에 불을 지르고 분신자살을 하는 사건이 있었다. 그는 초등학교를 졸업한 후 가난한 삶으로 이상 교육받을 기회를 놓치고 말았다. 그는 독서는 꿈도 꿀 수 없었기에 공부할 시간은 더욱더 없었다. 생각할 시간도 없을 정도로 불우한 처지에 있는 젊은이였다. 그 청년은 노동자들의 참혹한 현실을 세상에 알리고 싶었으나 어떻게 무엇을 어디서 누구에게 알려야 되는지를 몰랐다. 세상은 아무도 그 청년의 고달픈 삶을 알아주는 사람이 없었다. 결국에는 자신의 가난과 노동현장의 고뇌를 전달하는 방법으로 택한 것이 자신의 몸에 석유를 뿌리고 분신자살하는 방법을 통해 세상에 호소했던 것이다(Ahn, 2000, p.1).

즉 전태일의 사건이 있은 후 한국의 신학자나 신학생, 그리고 교회가 슬럼에 침투해 들어가서 민중을 위한 선교가 시작된 것이었다. 그것은 NCC산하에 인권위원회라는 것도 형성되기에 이른 것이었다. 또 이 사건은 신학을 하는 사람들이 약자, 노약자, 병든 자 그리고 가난한 자들에 대해 더욱 관심을 갖게 되는 계기가 되었다. 여기서 알 수 있는 것은 민중신학 혹은 민중운동은 사회로부터 억압되고 소외된 가난한 사람들로부터 출발했다는 점이다(Ahn, 2000, p.1).

민중신학에 대해 안병무(Ahn, 2000, p.1) 교수는 이렇게 설명한다.

> 일부 신학하는 사람들이 책상에서 민중현장으로 그 자리를 옮기려고 노력했고, 민중이 일으킨 사건을 쫓아가서 거기에 참여함으로써 책을 통한 이론 따위에서 발견되지 못했던 사실에 접하게 되었던 것이다. 그것이 기존 체제에 용납되지 않아서 저들 일부는 대학에서 한 번 혹은 두 번 쫓겨났는가 하면, 범법자로 규정되어서 투옥하는 단계에까지 이르게 된 것이다. 그러나 이론 따위보다 전적으로 민중의 현장에서 그들과 더불어 사는 사람들의 고통을 비교하면 그들이 받은 고통은 아무것도 아니었다. 이런 와중에서 신학하는 사람들이 대학에서 쫓겨나서 우리는 참의미에서 그리스도를 고백해야겠다는 생각에서 갈릴리 공동체라는 것을 형성했다. 일주일에 한 번씩 모이는 이 자리는 수난당하고 있는 민중들과 이른바 학자들의 만남의 장이 되었다. 언제나 관권의 감시하에서 그때는 다시 체포될 것을 각오하지 않으면 안 될 그런 긴장 속에서 신학자들과 수난당하는 민중은 나와 너, 즉 주체와 객체가 아니라 우리라는 경험을 하게 된 것이다. 이런 과정에서 민중신학이라는 것이 형성되어 간 것이다.

이처럼 민중신학은 힘없는 노동자, 병든 자, 소외된 자들로부터 출발했음을 알 수 있다. 또 안병무(2000, p.1) 교수는 "민중신학은 민중을 객체로 하는 학문이 아니라"고 주장한다. 오히려 민중이 주체가 되어 일으키는 민중사건을 체험하는 그대로 그것을 언어화하여 증언자 역할을 담당하는 일, 그것이 민중신학이 하는 일이라고 강조한다. 그러면 왜 하필이면 민중신학이라고 할까? 안병무 교수는 "민중사건을 증언하되 신학적 논리와 언어로써 증거하기 때문"이라고 주장한다. 이처럼 민중신학운동은 목사나 신학자들이 가난한 사람들을 대변해 주는 일로 시작되었다는 사실이다.

이런 점에서 볼 때, 영산의 희망의 신학과 민중신학의 출발점은 민중을 대상으로 했다는 점에서는 비슷할 뿐만 아니라 한국적 상황에 맞게 적용한 상황신학이라는 점에서도 비슷한 특징을 가지고 있다.

둘째 민중신학운동과 영산의 성령운동의 비슷한 점은 한(恨)에 뿌리를 두고 출발했다는 점이다. 이들 두 운동에는 한이라는 공통된 주제가 존재한다. 유부웅 교수는 오순절 운동과 사회 정치적 민중은 한이라는 단어에 관하여 서로 의견이 일치하고 있다고 주장한다(Boo -Woong Yoo, quoted in D. Kim, 1999, p.138). 이런 주장은 보수주의 진영을 대표하는 학자 중의 한 명인 김영한(2004, p.144) 숭실대 교수 역시, 민중신학은 민중의 한의 개념에 신학적으로 반응하는 민중운동으로 이해하고 있다.

영산의 성령운동 역시 전후 5년에 가난한 민중들의 한 속에서 시작되었고, 민중신학자들의 민중 운동은 70년대 정치와 경제 사회에 소외된 자들의 민중들의 한 맺힌 사람들에게서 탄생된 한의 뿌리를 두고 출발했다는 점에서는 일부 공통점이 있다.

그럼 이들 두 운동이 신학적으로 어디서 영향을 받았는지 알아보고자 한다. 민중신학과 영산의 성령운동은 서양의 영향을 받았음은 부인할 수 없다. 그러나 무엇보다 이 두 운동은 한국적 상황과 더 큰 관련이 있음을 알 수 있다. 민중신학을 주도한 서남동 교수나 안병무 교수도 외국에서 신학을 공부해서 서양 학자들의 영향을 대단히 많이 받았다 할 수 있고, 영산도 이미 여러 번 언급했듯이 서양 신학적 영향을 많이 받았다. 하지만 이들은 그 서구 사상을 한국화시켰고, 한국 문화적 상황에서 일어난 정치, 경제, 문화, 역사적 상황과 한민족의 정서에 맞게 상황화시켰다는 점에서 한국 문화의 영향을 가장 많이 받았다고 할 수 있다.

초기 민중신학을 이끈 주도적 인물 중의 한 사람인 안병무 교수는 서양신학을 비판하고 있다.

로마제국을 정복한 그리스도교는 그와 더불어 변질됐던 것이다. 일약 강자의 영역에 속하게 됨으로써 그리스도교는 강자의 이데올로기가 되었는데 그 언어는 그레코 로마의 것이었다. 그것이 얼마나 변질됐는가 하면, 무한한 노예를 부리면서도 형제 사랑을 설교할 수 있었고, 도살할 목적으로 십자군을 일으키는 무자비한 폭군의 자리에 있으면서도 신의 이름을 들먹거리고 신의 사랑을 들먹거릴 수가 있었다. 그것은 강자의 이데올로기가 된 신학이 하는 마술이었다. 그러므로 오랫동안 이 같은 신학의 눈으로 현실을 보고 해석하고 또 그렇게 하도록 강요해 왔다. 한국을 지배한 신학도 바로 이러한 유산을 그대로 수입해 들인 것이었다. 그런데 민중사건을 체험한 신학자의 눈에 성서가 전혀 다르게 나타났다. 그것은 그 성서 자체도 민중사건의 증언이라는 사실로 나타난 것입니다.

다시 말하면, 이 두 운동은 서구의 학문 방법을 익히고 서구의 근대적 학문성과를 받아들였지만 이 두 운동의 기본적인 신학적 사고법과 신학적 열정은 한국의 민중적 민족적 역사와 문화 그리고 시대적 상황에 잘 맞게 재해석 하는 데 큰 공헌을 했다고 볼 수 있다.

그러나 비록 이 두 운동이 한 맺힌 가난한 민중을 중심으로 시작했다는 비슷한 점도 발견되지만, 반면에 이 두 운동에는 매우 다른 점도 발견된다. 김익진(2003, p.201) 교수는 이 두 운동의 차이점을 다음과 같이 주장하고 있다. 첫 번째, 특별히 샤머니즘과 같은 전통 종교와 공감하는 민중신학은 한국 사회적 정치의 현대화 과정의 반향으로 영향을 받은 반면, 순복음주의는 한국 사회에 있어서 현대 경제 또는 산업혁명의 파도를 타며 발전했다. 두 번째, 민중신학은 민중의 삶의 고통을 함께하고 있는 반면, 순복음주의는 모든 사람들을 구원자 예수에게로 인도하려는 데 주목하고 있다. 세 번째는 민중신학은 신학자들에 의해 형성되었지만, 순복음주의는 일반민중의 사회적 신분 사이에서 출현했고, 고통받고 있는 다수의 민중의 이탈의 격분하는 자들 사이에게 나타나게 되었다고 김익진 교수는 이해하고 있다.

이 외에도 이 두 운동, 즉 민중신학자들의 민중운동과 영산의 성령운동에는 성서를 해석하는 방법론의 차이, 강조점의 차이도 있다. 민중신학은 신정 일치, 즉 정치 참여와 사회 구원에 치중하는 반면, 영산의 성령운동은 개인구원과 신정 분리, 그리고 신본주의 바탕에 성령운동을 전개해 나가고 있다는 차이점을 보여 주고 있다.

3.5. 좋으신 하나님 신학에 있어서 영산의 성령운동 이해

앞에서 영산의 기도와 신유 그리고 축복에 관한 신학적 배경은 오순절 계통이며, 신학적 영향은 성서에 기초를 두고 있었음을 발견했다. 여기서는 영산의 좋으신 하나님 신학은 어디서 영향을 받았는지 알아보고자 한다.

영산의 중요한 신학 중 오중복음과 삼중축복 외에도 좋으신 하나님 신학이 있다. 이것은 삶과 목회 경험에서 나온 신학으로서, 영산은 "하나님은 좋으신 하나님"이라고 고백한다. 즉 영산이 경험한 하나님은 좋으신 하나님이었다. 그의 진술에 의하면(2004b, pp.184 - 186), "설교자의 중요한 마음가짐은 하나님의 선하심으로 시작하는 것이다. 그것은 가장 중요한 신학이다"라고 고백한다.

이것은 영산의 좋으신 하나님 신앙과 신학은 요한 삼서 2절을 기초로 하여 신학을 전개해 나가고 있음을 그의 책 *"Our God is Good"*(Cho, 1988)을 통해서 알 수 있다. 앞에서 언급했듯이, 영산의 핵심 신학 교리는 오중복음이라 했고, 이 오중복음을 실천하는 실제와 적용이 삼중축복이라 했다. 여기서 삼중축복이 바로 좋으신 하나님과 밀접한 관련이 있음을 알 수 있다.

좋으신 하나님에 대한 신앙과 신학은 미국인 부흥사의 영향을 가

장 많이 받은 것 같다. 발터 홀렌베거(Walter Hollenweger)(1972, p.363)
는, 오럴 로버츠(Oral Roberts)의 가르침에 대해 다음과 같이 언급하
고 있다. 미국의 부흥사였던 오럴 로버츠는 하나님은 좋으신 하나님
으로 이해했고, 악마는 나쁜 사탄으로 표현했으며, 또 오럴 로버츠는
인간을 위한 하나님의 뜻은 좋은데, 그것이 건강, 부, 행복을 예로
들어 설교하곤 했다고 홀렌베거는 분석한다. 또 로버츠 부흥사는 인
간을 위한 악마의 뜻은 나쁘다고 표현하고 있는데, 그 대표적인 것
이 악마는 인간에게 병, 가난, 의기소침 등을 주는 걸로 이해했다.
다시 말하면, 발터 홀렌베거는 오럴 로버츠 부흥사가 좋으신 하나님
신앙 및 신학을 주장하고 있음을 보여주고 있다.

히더 랜드러스(Heather L. Landrus)(2002, p.86) 역시, 영산은 오럴
로버츠와 같이 병과 가난의 고통을 경험하는 자들을 위하여 구원의
약속으로서 요한 3서 2절의 메시지를 만나게 한다고 설명한다. 뿐만
아니라 랜드러스는(2002, pp.87－88) 오럴 로버츠의 요한 삼서 2절의
이해는 하나님의 선하심의 표시로서 물질적 축복에 초점을 맞추는
해석의 연석에서 첫 번째가 되는 것처럼 보인다고 분석한다. 또 히
더 랜드러스는 구원의 메시지와 함께 영산의 매우 잘 무장한 목회는
오럴 보버츠의 요한 삼서 2절은 전후 한국의 가난한 자들에게 적용
하기에 매우 적합했다고 분석한다. 이것은 영산이 오럴 로버츠 목사
의 좋으신 하나님 신앙 및 신학의 교리를 거의 비슷하게 사용하고
있다는 분석으로 보인다.

그러면 오럴 로버츠 부흥사는 자신이 요한 삼서 2절을 어떻게 강
조하고 있는지 간단하게 살펴보자. 오럴 로버츠에 의하면, 여러분을
위한 하나님의 뜻은 언제나 선하시고 좋으신 분이시다. 왜냐하면 하
나님은 좋으신 분이기 때문이라고 진술한다(Oral Roberts, quoted in
Harrell, 1985, p.442). 그리고 오럴 로버츠는 초기 그의 목회에서 요

한 삼서 2절에서 몸, 영혼, 정신을 강조했다.

하렐(Harrell)(1985, p.461)에 의하면, 오럴 로버츠의 초기 개인번영의 발견은 요한 3서 2절에 있는 하나님에 의해 확인되고 있었다. 그것은 가난은 마치 육체적 질병만큼 치유가 필요했던 억압이었던 정서를 그의 증대와 함께 성장했다. 또 오럴 로버츠는 병은 일반적으로 가난과 사회적 억압과 관련된다는 결론에 이르렀다고 하렐(Harrell)은 분석한다.

그러면 오럴 로버츠 자신은 이 구절을 어떻게 이해하고 있는가?

오럴 로버츠는, 성령은 성경에 나타난 치유는 모든 사람들을 위한 것이라는 것을 나에게 보여 주기 시작했다. 성서적 치유는 몸을 위한 치료이고, 그것은 영혼의 치료이며, 정신의 치료이며, 재정적 회복이기도 하며, 치료될 필요한 어떤 문제를 위한 것이기도 하다(Oral Roberts, quoted in Harrell, 1985, p.442).

여기서 알 수 있는 것은, 오럴 로버츠가 요한 삼서 2절을 중심으로 그의 신유 신학을 발전시키고 있는 반면, 영산은 요한 삼서 2절을 중심으로 삼박자 축복과 좋으신 하나님 신학을 발전시키고 있다는 사실이다. 영산은 그의 목회 초기부터 지금까지 이 성경구절을 삼중축복을 만들어 그의 목회에 있어서 핵심 신앙과 신학으로 사용하고 있고, 이 구절을 그의 목회에 매우 중요한 성령운동의 하나로 강조하고 있다. 그의 책 "Our God is good"(Cho, 1988)에서도 좋으신 하나님 신학을 강조할 때 이 구절을 중심으로 설명하고 있다.

다음 도표를 통해 영산과 오럴 로버츠 목사의 좋으신 하나님 신학에 대한 교리를 비교해 보자.

[도표 9: 오럴 로버츠와 영산의 좋으신 하나님 신학 비교]

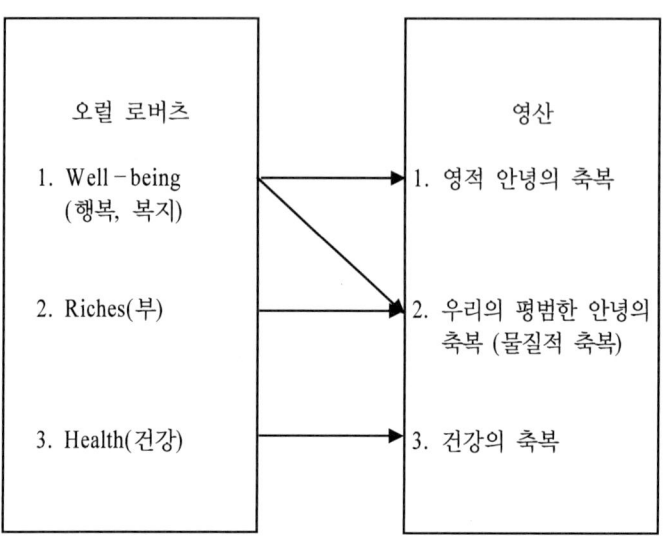

여기서 영산의 좋으신 하나님 신앙과 신학이 오럴 로버츠 목사의 가르침과 매우 흡사함을 알 수 있다. 멘지즈(Menzies)(2004, p.30)에 의하면, 오럴 로버츠의 영산은 영산의 가르침에 있어서 명백한 증거를 보여 주고 있다. 영산이 반영하고 있는 오럴 로버츠의 주제는 좋으신 하나님에 대한 것이다. 이와 같이 영산은 좋으신 하나님을 설명할 때 그 영향은 오럴 로버츠 목사의 영향을 가장 많이 받았다는 느낌을 받게 된다.

그러나 영산이 오럴 로버츠 부흥사와 매우 비슷한 점이 발견되는 것은 사실이지만, 영산이 좋으신 하나님에 대한 그의 핵심 메시지로 자리 잡게 된 것은 전적으로 오럴 로버츠의 영향이라고만 말할 수 없다. 그는 개종할 때 이미 기독교의 하나님이 좋으신 하나님이라는 이미지를 가지고 있었다. 이것은 그의 이야기 속에 잘 나타나 있다. 영산(Cho, 1981, p.149, 2004b, p.184)에 의하면,

19살 때까지는 나는 독실한 불교신자였다. 내가 절에 갔을 때마다 나는 항상 그 불상들에게 두려움을 느꼈다. 부처에게 나를 벌하지 말 것을 구했다. 불교와 나의 관계는 두려움에 뿌리를 두고 있었고 의식주의와 책임에 기조를 두고 있었다. 나의 종교심은 사랑이 아니라 두려움에서 태어났다. 내가 기독교인이 되었을 때, 예수 그리스도는 나의 영혼을 구원했을 뿐만 아니라 나의 폐결핵을 치료하셨으며 죽음의 자리에서 나를 일으키셨다. 그리고 내가 성령으로 세례를 받았을 때, 하나님의 사랑은 내 영혼에 강물처럼 흐르기 시작했다. 내가 기독교인으로서 경험한 가장 위대한 일은 하나님의 사랑과 하나님의 선하심이었다.

영산은 진술하기를 많은 사람들이 하나님을 진노하는 하나님, 복수하는 하나님으로 알게 되어서 하나님과 관계를 맺는 데 큰 어려움을 겪고 있지만, 영산이 경험한 하나님은 참 좋으신 분, 선하고 인자하신 분, 사랑이 넘쳐나는 하나님으로 이해하고 있음을 알 수 있는 대목이다. 영산은 또 고백하기를,

> 하나님은 나에게 정말로 선하셨다. 좋으신 분이었다. 내가 하나님을 만났을 때 나는 매우 가난했다. 더 이상 학교를 다닐 수 없었고 폐결핵으로 약해 있었다. 나는 겉보기에는 더 이상 미래가 없었다. 그러나 내가 새로 발견한 예수님과의 관계를 통하여 성경을 읽었고 그 속에서 내 자신을 적극적인 신앙인으로 만들어 갔다고 고백한다. 그 결과 하나님은 어렵고 불쌍한 모든 상황에서 나를 끌어내셨고, 하나님은 나에게 모든 건강, 부, 지식, 승리와 내가 필요한 모든 것을 주셨다(Cho, 2004b, pp.184-185). 그는 "좋으신 하나님 신앙과 신학은 생명력이다"라고 주장한다(p.186).

여기서 알 수 있는 것은 그는 서양 선교사나 서양 신학을 알기 전에 불교에서 기독교로 개종한 후 기독교의 하나님은 좋으신 하나님으로 그의 가슴속에 뿌리 내렸음을 보여 주고 있다. 특히 영산이 폐병으로부터 고침을 경험한 후 기독교의 하나님은 선하시고 자비롭고 좋으신 분으로 고백하고 있는 것으로 보아도 영산은 오럴 로버츠의

좋으신 하나님의 영향 이전에 벌써 영산은 좋으신 하나님을 체험을 통해 익히고 깨닫고, 경험했음을 알 수 있다. 영산은 이미 하나님은 좋으시다는 확신이 있었기 때문에 기독교로 개종을 하게 되었다. 이런 영산의 개종과정을 통해서 볼 때, 영산이 이해하는 좋으신 하나님의 이해에 대한 뿌리가 어디인지를 추측할 수 있다. 앞서 언급했듯이, 영산을 개종시킨 것은 영산의 누님의 친구였다. 그의 누님의 친구는 전형적인 한국 전통 기독교인의 한 사람이었다. 영산을 전도시킨 그녀는 이전 한국 교회나 교인들이 그랬던 것처럼, 집이나, 병원, 그리고 거리로 나가 전도하곤 했다. 그녀도 그중의 한 사람이었을 것이다. 영산은 이런 한국 기독교인들이 이전에 전도해 오던 그런 유형의 한 사람에 의해 개종하게 되었다고 볼 수 있다. 이것은 그의 좋으신 하나님 신앙은 한국 전통 기독교의 영향도 많이 받았다는 증거가 될 수 있는 대목이다. 아마도 영산은 좋으신 하나님에 대해 자신이 이미 오래전에 체험하고 고백했던 선하신 하나님을 성경이나 오랄 로버츠를 통해 더욱 확신을 가지게 되었는지도 모른다. 그러나 영산이 후에 좋으신 하나님을 신학적으로 체계 있게 정리한 것을 보면, 영산이 이해하고 있는 좋으신 하나님 신학의 뿌리는 성서에 근거를 두고 있음이 분명하다. 그것은 영산이 좋으신 하나님에 대해 명확하게 성경을 제시하고 있으며, 하나님은 우리에게 복을 주시는 좋으신 분으로 설명하고 있기 때문이다(예: 마 7:11, 창 1:26 - 30, 히 12:5 - 13, 겔 37:23, 요 10:10)(Y. Cho, 1998a, pp.21 - 22), 뿐만 아니라 영산은 자신의 저술(Cho, 1988, 2007c)을 통해 좋으신 하나님에 대해 명백하게 성서적 근거를 제시하고 있기 때문이다.

3.5.1. 영산의 성령론 이해

영산의 성령운동이해를 위해서는 영산의 성령론 이해가 필수적이라 할 수 있다. 그것은 지난 약 50년의 목회 활동 중, 그의 교회성장에 있어서 늘 성령론이 차지한 비중이 매우 크기 때문이다. 이것은 영산의 성령을 강조하는 목회가 무엇인지에 대한 인터뷰에서 잘 나타나 있다. 영산은 한 인터뷰에서 다음과 같이 대답한 바 있다. 여의도순복음교회의 시작과 성장 그리고 목적 달성은 성령 없이 결코 실현될 수 없다. 그래서 영산은 시작 때부터 성령을 강조하는 목회를 시작했다고 대답했다. 또 영산의 "목회에 있어서 가장 중요한 것은 성령과 함께 깊은 교재를 가지는 것이다"라고 강조한다(Myung & Hong, 2003, p.6).

이처럼 영산의 성령론이 중요한 이유는 그의 전 목회와 교회성장 그리고 설교와 신학에 있어서 성령과의 관계를 늘 강조하고 있기 때문이라고 할 수 있겠다. 그리고 그는 교회성장의 세계적 모델이 되었고, 조직을 잘 관리하는 능력 등은 모두 그 자신이 학문과 지식 그리고 경험으로 터득한 성령론의 신학이 바탕을 이루고 있기 때문이다. 뿐만 아니라, 강력한 그의 설교와 카리스마적 리더십이 가능했던 것은 그 이면에 성령론에 대한 신학적 체계가 나름대로 있었기 때문이라 할 수 있겠다. 그런 점에서 그의 성령론 중 성령을 어떻게 이해하고 있는지에 대해 알기 위해 그의 성령에 대한 한국어 명칭과 심벌을 이해할 필요가 있다. 이런 그의 용어 사용은 그의 조직신학적 성령 이해가 어디서 왔고, 어디서 영향을 받았는지를 이해하는 데 많은 도움을 주기 때문이다. 즉 그가 이해하고 있는 성령에 대한 한국 명칭과 심벌들이 서양의 영향인지, 성서적 근거로 한 것인지, 한국 전통 종교에서 사용하고 있는 용어들인지, 그리고 한국 전통 기독교에서 쓰는 용어인지를 찾아냄으로써 그의 성령 이해에 대한 출처를 알아내는 것이다.

3.5.1.1. 성령의 명칭과 상징

여기서는 영산의 책(Cho, 1989, 1998a, pp.84 - 123)에 나타난 성령의 명칭과 상징을 통해 알아보고자 한다. 영산은 "성령은 어떤 분이신가", "성령님께서 하시는 일", "성령 세례", "성령의 은사와 열매", 그리고 "성령충만"에 대해 자세히 설명하고 있다. 그러나 여기서는 영산이 성령을 이해하는 데 있어서, 성령의 명칭과 "심벌"을 어떻게 이해하고 있는지에 대해 초점을 맞추려 한다. 왜냐하면, 이것은 영산의 성령 이해가 어디서 출발했는지를 아는 데 매우 중요한 단서가 되기 때문이며, 즉 이런 용어의 출처가 성서적 용어인지, 한국 샤먼 문화적 용어인지, 서양에서 들여온 용어인지, 아니면 성서적 용어인지를 아는 데 중요한 근원을 알 수 있기 때문이다.

3.5.1.2. 성령의 명칭들

그는 성령의 명칭에 대해서 샤머니즘에서 나오는 영으로 이해하는 것이 아니라 성경에 나오는 몇 가지 중요한 명칭을 사용하고 있다. 그것은 "성령"(살후 2:13), "하나님의 성령"(엡 4:30), "그리스도의 영"(롬 8:9), "보혜사"(요 14:16), "진리의 영"(요 14:17), "생명의 영"(롬 8:2), "양자의 영"(롬 8:15) 등으로 이해하고 있다(1989, pp.45 - 48, 1998c, pp.27 - 31).

이들 용어들은 일반 한국 전통 종교인 샤머니즘이나, 불교, 유교 그리고 도교에서는 이런 용어들을 거의 사용하지 않는다. 이들 용어의 출처는 성서이다. 영산은 이런 용어를 명백하게 성경에서 가져왔음을 알 수 있다. 그는 이런 용어의 성서적 출처를 분명하게 제시하고 있다. 이런 영산의 성령 이해는 서양의 영향도 아니고, 한국 전통 종교에서 쓰는 용어를 빌려 온 것도 아닌 성서적 용어임을 명백히 알 수 있다. 즉 영산의 성령에 대한 출처는 성령의 명칭들을 통해서 볼 수 있듯이, 성서에 기초를 둔 것이라고 할 수 있다. 즉 영산의 성령에 대한 명칭에 대한 이해는 구약 성경에 나오는 루아흐 (רוּחַ, rûʾḥ), 신약성경에 나오는 코이네 그리스어, 프뉴마(πνεῦμα, pneuma)를 한국어 성경에 번역된 대로 영(靈: spirit) 또는 성령(聖靈, the Holy Spirit)으로 이해하고 있는 것이다.

반면에 진보적 그룹에 속한 민중신학을 주도해 온 안병무(1922~1996) 교수는 영산의 성령 이해와는 달리 전통용어를 사용해서 해석하고 있다. 안병무 교수는 구약성서에 나타난 히브리어 루아흐 (רוּחַ, rûʾḥ)와 신약성서에 나타나는 코이네 그리스어 프뉴마(πνεῦμα, pneuma)를 영 또는 성령으로 해석하기보다는 기(氣), 또는 성기(聖氣)로 해석해야 한다(1998, pp.65-76)고 주장한다.

여기서 (기: 氣)란 만물 또는 우주를 구성하는 기본 요소로 물질의 근원 및 본질을 말한다. 우리 주위를 둘러보면 여러 가지가 존재한다. 세상에 존재하는 것들은 시간이 지남에 따라 모두 움직이거나 변하고 있다는 것을 알 수 있다. 모든 존재하는 것은 그냥 꼼짝 않고 있는 것이 아니라 끊임없이 움직이거나 변하고 있다. 존재하는 것을 우리는 물(物)이라 하고 움직이거나 변화하는 '일'을 사(事)라고 하여 그 존재하는 것들을 사물(事物)이라고 한다. 그런데 이렇게 사물을 움직이거나 변화하게 하는 것을 우리는 힘이라고 부른다. 과학적으로는 에너지라고 하며 우리의 선조들은 이것을 기(氣)라고 불렀다. 안병무 교수에 의하면 성서에 나오는 루아흐나 프뉴마를 기(氣)로 번역해야 옳다고 주장한다.

신은희(2005, p.107) 교수는 기(氣)에 대해 다음과 같이 이해하고 있다. 기(氣)는 초자연적인 개인적 하나님과 본래의 내재적 기(氣)에 주입된 전체성이라고 진술한다. 즉 그 기(氣)는 우주의 삶의 모든 형태의 기원을 가리킬 뿐만 아니라, 세상의 삶에 있어서 영의 연합과 물질을 포함한다고 강조한다.

권진관(2006, p.36) 교수는 신적 힘은 한정되지 않으며, 무한하다고 어디나 내재한다. 기(氣)와 히브리어 루아흐(רוח, rûaḥ)는 바로 신적 에너지(힘)이다. 바로 그 영이 강력한 신적 에너지라고 진술한다.

정현경(1991, p.222) 교수는 한국어 용어, 기(氣)에 대해 다음과 같이 설명하고 있다. 동북아시안 사상은 삶의 에너지를 기(氣)라고 부르곤 한다. 한국인들에게 기(氣)는 호흡이며, 생명의 바람이다. 기(氣)는 천지와 사람 사이를 조화된 상호연결로 번성하게 한다. 어떤 분리나 구분이 있을 때 이런 흐름이 통하지 않으면 모든 살아 존재하는 것의 파멸과 발병의 원인으로 인도한다. 그러므로 재생 혹은 회복은 한국인에게 숨통을 트이게 하며 조화롭게 흐르게 하기 위해 분리 혹은 불화의 장벽을 깨기 위한 의미로 해석하고 있다.

이와 같이, 이들 학자들은 이런 기(氣)가 바로 구약성서에서 루아흐 그리고 신약에서 프뉴마와 같은 맥락에서 이해될 수 있는 용어로 이해하고 있다.

특히, 안병무(1990, p.1, 1998, p.69) 교수에 의하면,

'루아흐'(rûaḥ)는 히브리말에선 굉장히 중요한 말입니다. 때로는 생명이란 말과 연결시키기도 하고 떼어서 쓰기도 합니다. 때에 따라서 그렇습니다. '루아흐'만 있으면 되는 거라는 거죠. 이걸 우리 동양의 말과 연결시키면 '기'(氣)라는 말과 똑같습니다. 신약에서는 우리가 흔히 '성령', '영'이라고 번역하는 '프뉴마'라는 겁니다. '영'이란 것은 사실 맞지 않는 말이고 사실은 '기'(氣)입니다.

그 '기'(氣)는 프뉴마나 루아흐와 똑같이 '힘'이란 말도 되고 '숨쉰다'는 말도 되고 '기운'이란 말도 되고, 하여간 똑같은 무언가를 말하려는 말입니다. 뭔가 감지하고 있는 것을 이런 식의 언어로 표현해 왔습니다.

'루아흐'(rûaḥ), '프뉴마', '기'(氣), 특별히 '기'(氣), '영' 말고 '기'(氣)가 중요한 말입니다. 우린 '성'(聖) 자를 좋아하는데, 난 '성령'이라 하지 말고 '聖氣'라고 하자는 주장인데 발음이 이상해서 쓸 수는 없지만, 어쨌든 뜻은 기입니다. 기, 이것은 존재하는 가장 본질적인 것을 표현하는 것입니다. 고어에도 기(氣) 자는 원래 氣만 쓰고 米는 없었습니다. 그건 후에 들어갔습니다. 기운도 배때기에 쌀이 들어가야 나오더라, 이렇게 생각해서 米자를 넣은 것이지 원래는 없었습니다. 그래서 물 수(水)변에 氣를 쓰면 물의 힘, 쌀 미(米)자를 넣으면 똥의 힘, 이렇게 변동이 됐지 원래는 氣입니다. 원래 '영'(프뉴마)은 기(氣)입니다. 그렇게 번역해야 옳은 겁니다.

다시 말하면, 안병무 교수는 한국 전통 기독교에서 사용하는 영(靈: spirit) 대신 기(氣, spirit)로, 성령(聖靈) 대신 성기(聖氣)로 해석하는 것이 더 옳다고 주장한다.

권진관 교수 역시 이런 해석에 동의하고 있다. 권진관(2006) 교수는 아시아 동부에서는, 기(氣)가 다양한 뜻이 포함되어 있다고 설명한다. 그것은 자기장(磁氣場)과 같이 힘의 영역을 의미하고, 바람 또는 생명의 호흡을 의미하기도 한다. 기(氣)는 성서적 개념의 루아흐(rûaḥ)와 혼돈된 물 위에 운행하고 있던 생명의 영이었던 생명의 힘과 동등한 것(2006, p.33)이라고 강조한다. 또 권진관 교수는 창세기에서, 생기는 바람과 같이 모든 방면에 운행하고 있으며, 그 영의 바람은 의지를 행사하는 것처럼 분다. 이 바람은 그냥 자연적 힘이 아니라, 정의와 평화의 힘이며, 또 그것은 물질적 소유물의 압제자들과 독재자들에게 심판을 맛보게 한다(2006, p.33)고 진술한다. 또 권진관 교수는 이사야(사 32:15－18)의 비전 창조와 역사가 루아흐에 의해서 성취되었던 한도 내에서 평화였으며, 그 생기는 바로 하나님으로부터 유래를 찾을 수 있다고 주장한다(p.33).

3.5.1.3. 성령의 상징들

영산은 그의 책 <성령론>(1998c, pp.32 - 40)에서 "성령님의 상징"에 대해서, 물, 불, 바람, 기름, 비둘기, 인, 보증을 예로 들어 상징적으로 설명하고 있다. 영산은 이런 성령의 상징적 용어를 모두 성서적 근거를 들어 설명하고 있다. 예를 들면, 성령의 상징에는 불 (마 3:11), 바람 (요 3:8), 기름 (요일 2:27), 비둘기 (요 1:32), 인 (印, 엡 1:13), 보증 (고후 1:21, 22) 등이 있는데, 영산은 이런 성령의 상징을 한결같이 성서에 기초를 두고 설명하고 있음을 알 수 있다.

이처럼 영산은 성령의 상징을 다양하게 사용하고 있으며, 이 모든 상징들 역시 성령의 명칭들과 같이 한국어 성경에서 번역된 용어를 그대로 사용하고 있음을 알 수 있다. 이것은 영산이 이해하는 성령론은 한국 샤머니즘과 같은 전통 종교에서 사용하는 용어를 사용한 것도 아니며, 서양 선교사들의 용어를 사용한 것도 아니다. 영산은 번역된 한국어 성경을 그대로 사용하고 있다. 그런 면에서 영산의 성령 이해에 대한 기본 개념의 출처는 모두 번역된 한국 성경에 뿌리를 두고 있음을 알 수 있다.

3.5.1.4. 요약 및 영산의 신학 평가

3장에서는 영산의 오순절 신학적 영향을 조직신학적 관점에서 4가지를 다루었다. 1) 그의 오순절 신학적 배경, 2) 그의 핵심 신학은 오중복음과 삼박자 축복, 3) 좋으신 하나님 신학, 그리고 4) 성령론 이해를 도모하기 위해 성령에 대한 명칭과 심벌에 대한 것이 그것이다. 이 책은 이들 핵심 신학 중에서도, 특히, 영산의 물질 축복과 신유 등에 대한 초점을 부각시켰다. 그 이유는 무엇보다 많은 학자들이 그의 물질 축복과 신유에 관한 논쟁이 지금까지 논의되어 오고 있었기 때문이다. 이들 4가지 성령운동의 핵심 논쟁은 영산의 교회 급성장의 원인을 두 부류의 학자들로 나누어 논쟁에 초점을 두었다. 첫째 논쟁점은 그의 신학, 특히 물질축복과 신유가 한국 샤머니즘의 영향이라는 부류의 학자들을 언급했고, 다른 논쟁점은 서양 신학이나 서양 선교사나 부흥사들의 영향을 받았다는 부류의 학자들을 언급했다.

사실 영산이 이 두 부류 중 어느 한쪽의 영향을 받았다고 주장하는 것은 그의 신학을 올바로 이해하는 것이 아닐 수도 있다. 그 이유는 그의 신학은 어느 한쪽만 영향받은 것이 아니라 이들 두 부류 모두 영향을 받았기 때문이다. 그럼에도 불구하고, 좀 더 세분화해서 분석해 보면 영산의 신학은 무엇보다도 성서에 뿌리를 두고 있고, 성서의 영향을 가장 많이 받았음을 알 수 있다. 그것은 영산의 성령 이해에 대한 상징이나 심벌, 그리고 그의 책에서 보면 하나도 예외 없이 모두 성서적 용어를 사용하고 있기 때문이다. 그 외 영산의 오중복음과 삼중축복, 신유론, 성령론 어느 것을 보나 영산은 분명하고 명백하게 성경을 예로 들어 설명하고 있고 성서를 성서로 해석하려 노력하고 있으며, 모든 신학적 해석을 성서에서 찾고 있음을 볼 수 있다. 뿐만 아니라 영산 자신도 샤먼문화적 영향을 철저히 배격하고 있다.

여기에 대해 기독교와 문화가 어떤 관계를 유지해야 옳은가라는 질문을 받게 된다. 한국의 무속 문화를 비롯해서 다른 유교, 불교, 도교 그리고 다른 많은 한국의 미풍양속의 문화적 요소를 배격해야 하는지? 배격해야 한다면 어떻게 배격해야 하는지? 과연 문화를 떠나서는 살 수 있는지? 수용해야 한다면, 얼마나 수용해야 하는지? 수용하는 것은 좋은 것인지? 기독교와 문화의 관계를 어느 정도 관계를 유지해야 되는지? 문화 속에 수용된 기독교를 어떻게 변혁할 것인지? 등 많은 질문을 가지게 된다.

이런 많은 문제를 리처드 니버13)(H. Richard Niebuhr)의 책, "그리스도와 문화"(Christ and Culture)(Niebuhr, 1951)를 참조하여 설명하려 한다. 리처드 니버는 이런 질문들에 대한 대안으로 다섯 가지 유형으로 나누어 설명하고 있다. 1) 문화에 대립하는 그리스도(Christ Against Culture), 2) 문화의 그리스도(Christ of Culture), 3) 문화 위의 그리스도(The Christ of Culture), 4) 역설 관계에 있는 그리스도와 문화(Christ and Culture in Paradox), 그리고 5) 문화의 변혁자인 그리스도(Christ the Transformer of Culture)로 나누어 설명하고 있다.

이것을 영산의 신학과 문화의 관계가 어떠한지에 대해서 평하고자 한다.

첫째, 영산은 위 다섯 가지 중 아마 첫 번째 유형, "문화에 대립하는 그리스도"와는 얼마나 많은 관련이 있는지 분석하고자 한다.

영산(1998a, p.194)은 이렇게 말한다.

우리나라에서는 '샤먼'을 인간문화재로 지정하여 민속적인 예능 기술로써 보호하려는 목적으로 샤머니즘을 '무속(巫俗)'이라고 부릅니다. 이것은 기독교적

---

13) 리처드 니버(1894~1962)는 미국 미주리 주에 있는 라이트 시에서 태어났다. 그의 아버지는 독일계 독일 복음주의 교회 목사였다. 그는 1914년에 신학교를 졸업하고 세인트루이스에서 목회를 시작했다. 그는 1924년에 예일대학에서 철학박사 학위를 받고, 1931년부터 이 세상을 뜰 때까지 예일대학에서 윤리와 신학을 가르쳤으며, 많은 저서를 남겼다. 그중 몇 권을 소개하면, 미국에 있어서의 하나님 나라(The Kingdom of God in America)(1937, 계시의 의미(The Meaning of Revelation)(1941), 그리스도와 문화(Christ and Culture), 철저한 유일신 사상과 서양 문화(The Radical Monotheism and Western Culture)(1960), 책임적 자아(The Responsible Self)(1963) 등이 대표적이라 할 수 있다.

인 입장에서 볼 때 엄연히 우상 사신 숭배를 조장하는 일이며, 범 기독교적으로 대응해야 할 문제입니다.

여기서 알 수 있는 것은 "범 기독교적으로 대응해야 할 문제"로 철저히 샤먼 문화를 배격하고 있다. 비록 여기서 샤먼 문화를 하나의 증거로 예를 들었을 뿐이지만, 대부분 영산뿐만 아니라 한국 보수주의 교단에서는 문화적 영향을 배격하는 경향이 많다. 예를 들면, 한국 문화 속에 깊이 뿌리 내린 유교문화적 영향인 조상 숭배에 대한 배격도 한 예가 될 것이다.

이런 문화 속에 깊이 뿌리 내린 상태에서 기독교가 들어 왔기에 많은 보수주의 크리스천들은 이런 문화를 배격하고 있다. 이렇게 문화에 대한 기독교인들의 배타적인 태도를 리처드 니버는 "문화에 대립하는 그리스도"라고 말했다. 이 유형에 속한 기독교인들은 자기들이 살고 있는 문화적 관습, 사회적 풍습이 무엇이든지 간에 그리스도와 적대 관계에 있다고 보는 경향이 있다. 즉 이들은 그리스도를 택할 것인지, 문화적 풍습을 택할 것인지 하는 양자택일의 기로에 섰을 때 문화를 배격하고 그리스도의 권위만 강조하는 유형을 말한다. 한 가지 한국 교회에 직면한 문화적 풍습의 예를 들어보면, 제사 때 절을 해야 되느냐 마느냐 하는 기로에 있을 때, 이것을 문화의 풍습으로 볼 것인지, 우상숭배로 볼 것인지 양자택일에 있어서 그리스도의 권위만 주장하고 문화적 풍습이나 유산을 배격하는 것을 말한다. 리처드 니버(1951, p.48)에 의하면, 이런 유형의 사람들은 요한 1서 2장 15절 말씀을 즐겨 사용한다고 말한다.

이 세상이나 세상에 있는 것들을 사랑하지 말라 누구든지 세상을 사랑하면 아버지의 사랑이 그 안에 있지 아니하니(요한 1서 2:15).

여기서 "세상"이란 것은 "육신의 정욕과 안목의 정욕과 이생의 자랑"(요한 1서 2:16)을 말한다. 왜냐하면 이런 것은 바로 "아버지께로부터 온 것이 아니요 세상으로부터 온 것"(요한 1서 2:16)이기 때문이라는 것이 "문화에 대립하는 그리스도" 유형에 속하는 사람들의 주장이다. 이들은 이 구절을 문화를 배격하는 데 매우 유용하게 사용하고 있다.

신약성서 기자 외에도, 리처드 니버는 이런 "문화에 대립하는 그리스도" 유형에 속하는 사람들을 몇몇 역사적 인물을 예로 들고 있다. 그 대표적 인물이 2세기경에 북아프리카 카르타고에서 출생한 터툴리안(CE 155~230?)이다. 니버(1951, p.49)에 의하면, 터툴리안은 그리스도를 문화에서 분리시키는 생활방식을 터툴리안의 많은 저서에서 발견할 수 있다고 한다. 터툴리안은 수많은 서적을 출판했다. 그중에서도 당시 애독되었던 그의 유명 저서는 "12사도의 교훈"(The Teaching of the Twelve), "헤르마스의 목자"(The Shepherd of Hermas), "바나바의 서한"(The Epistle of Barnabas), 그리고 "클레멘트의 제1서한"(the First Epistle of Clement) 등이 있다. 니버는 이들 터툴리안의 저서에서 그리스도와 문화를 대립시키고 분리하는 방식을 보여 주고 있으며, 그중에 어떤 것은 요한 1서에서보다도 더 율법적인 것도 있다(1951, p.49)고 진술한다. 그러나 니버는 터툴리안이 "문화에 대립하는 그리스도"의 입장을 대표하는 전형적이 본보기를 세웠고, 또 그는 교회역사상 반문화 운동의 최고선봉에 선 것은 사실이다. 그러나 문제는 비록 문화가 이교적이라 할지라도 터툴리안 스스로도, 교회도, 문화에 의존하든지 또는 문화에 관여하든지 하지 않을 수 없다는 것만은 확실하다(1951, p.55)고 주장한다.

니버는 "문화에 대립하는 그리스도"의 또 다른 대표적인 역사적 인물을 톨스토이(Leo Tolstoy)라고 말한다. 니버는 톨스토이가 문화를 배척하는 대표적인 사례로 "베네딕트의 규칙"(The Rule of St. Benedict)을 꼽고 있으며, 이것은 모든 문화적인 요소에 속하는 정치, 경제, 과학, 또는 예술 등에서 추구하는 목적을 버리고 기독교인의 생활의 목적 달성에 이르게 했다고 니버는 주장한다(1951, p.56). 톨스토이는 이런 세상 문화를 배격하고 단순한 예수님의 산상 수훈(마 5장)의 말씀으로 돌아가서 살아야 한다는 것이 당시 톨스토이의 문화에 대한 배척 사례라고 니버(1951, p.58)는 설명한다. 그러나 톨스토이가 이런 문화를 극단적으로 배척하려 했던 원인은 그가 마태복음 5장에 나타난 산상 수훈 기록을 너무 글자 그대로 문자적으로 해석하려 했다는 데 있으며, 또 이 산상 수훈을 너무 꼭 지키려고 준엄하게 결의한 것이 오히려 극단적 문화 배척으로 이어졌다고 니버(1951, p.58)는 분석한다.

즉 "문화에 대립하는 그리스도" 유형을 주장하는 기독교인들은 그리스도에게만 궁극적인 충성을 해야 한다고 강조한다. 이들은 이성보다는 계시나, 기적, 예언 등을 더 강조하기에 그리스도를 떠난 사람은 죄인이요 헛된 존재로 보고 있다.

니버는 이런 첫 번째 유형의 기독교인들에 대해 "필요하나 부적절한 입장"(Niebuhr, 1951, pp.65-76)을 언급하고 있다. 문화적 요소를 배격하고 오직 그리스도에게만 궁극적인 충성을 해야 한다는 유형의 기독교인에 대해서 필요성을 제시하고 있다. 이 유형이 매우 매력적인 특징을 가진 이유는 바로 이 유형의 훌륭한 대표자들의 충성과 성실성이 있기 때문이며(Niebuhr, 1951, pp.65-66), 이 유형이 문화의 개혁에 중대한 구실을 수행했다는 사실 때문(Niebuhr, 1951, pp.68-69)이라고 니버는 말한다.

하지만 니버(1951, p.69)는 문화에 대한 책임적인 참여운동도 문화개혁의 중요성만큼 필요하다고 강조한다. 그 이유는 문화를 거부하고 오직 그리스도만 수용하고 산다는 것은 불가능하기 때문이라고 진단한다. 이것은 우리가 아무리 세상을 떠나 말씀만 의지하고 하나님 말씀대로 살아가기를 바란다 해서 그렇게 되는 것이 아니라는 것이다. 기독교인은 문화 속에서 살 수밖에 없고 문화를 떠나서 산다는 것은 불가능하다는 것이다. 또 한국 기독교인은 한국 문화 안에 존재하는 문화의 대표적인 것 중의 하나인 한국어로 말할 뿐 아니라 한국 문화와 풍습으로 생각하고, 또 한국 사고방식에서 늘 살아 왔고, 한국어를 통해 신앙을 고백하고 있기 때문에 더욱 문화를 떠나서는 살 수 없는 것이다. 니버는 "문화의 최고 선두는 언어이다(the spearhead of such culture is speech)(Niebuhr, 1951)라고 했고, 또 니버(1951, p.32)는 "문화 혹은 문명이라고 일컫는 인간 활동의 전체과정과 그런 활동의 전체 결과는 통상적인 언어로 사용되는 것이다"라고 강조했다. 이것은 기독교인들이 사람들에게 전도를 하거나 하나님, 예수, 성령을 증거하려면 한국 문화에서 유래한 언어와 이념을 방편으로 전할 수밖에 없을 것이다. 즉 성서적 용어 혹은 서양 용어를 한국인이 사용하는 문화용어로 번역하거나, 알맞은 용어를 차용해서 쓸 수밖에 없다. 이런 면에서 니버(1951, p.71)는 "우리는 문화를 벗어날 수 없다"(There is no escape from culture)고 강조한다. 그래서 사실 알고 보면, 많은 보수주의 기독교인들이 오직 예수, 오직 말씀만 강조하며 문화적 영향을 거절하지만, 실상은 그 외형상 거절하는 문화와 늘 함께 생활하고 있으며, 그 거절하는 문화의 도움을 받고 살고 있으며, 그 배제하는 문화에 영향을 받고 있음을 모르는 경우가 허다하다. 니버(p.69)는 "급진적인 경향인 크리스천들은 자기들이 표면적으로는 거절하고 있는 문화 또는 문화의 어느 부분을 항상 이용하고 있는 것이다"라고 진단한다.

이상에서 보았듯이, 영산은 니버의 제1유형에 속하는 "문화의 대립하는 그리스도"에 가깝다고 볼 수 있다. 그러나 사실 문화를 꼭 배척하는 것만도 아니라는 사실을 발견하게 된다. 영산은 여러 한국 문화의 극히 일부인 샤먼 신앙관을 조직신학적 측면에서 교리적으로 구별하자는 데 더 강조점이 있지 한국 문화적 유산을 배척하는 데 중점을 두고 있는 것 같지는 않다. 그런 면에서 영산의 신학은 결코 "문화에 대립하는 그리스도"의 유형에 속한다고 단정하기는 어려울 듯싶다.

두 번째 영산의 신학과 문화의 관계를 니버의 두 번째 유형인 "문화의 그리스도"(Christ of Culture)를 예로 들어 보고자 한다.

이것은 첫 번째 유형과 정반대되는 것으로서 "문화의 그리스도"(Christ of culture)를 강조한다. 이들은 문화를 배척하는 것이 아니라 문화 속에 오신 그리스도를 최고의 이상과 숭고한 철학을 대표한 자로 보고, 또 신앙의 완성자로 보는 견해이다. 니버(1951, p.83)에 의하면, "하나도 예외 없이 모든 문화 속에 복음이 들어올 때는 거기에는 예수가 그들 사회의 메시아로서, 그들 사회의 희망과 강한 소망의 성취자로서, 그들 사회의 진정한 믿음의 완성자로서, 그리고 그들 사회의 가장 거룩한 영(정신)의 원천으로서 예수를 열렬히 환호하고 지지하는 사람들이 있다"고 말한다.

이들은 문화적 공동체를 배제하거나 멀리하는 것이 아니라 오히려 문화 속에 오신 그리스도 공동체를 유지해 가려고 노력하는 유형이라 할 수 있다. 즉 이들 유형의 공동체는 그리스도와 문화 사이에 근본적인 일치와 연속성이 있다고 보기 때문에 문화를 대립하고, 피하려는 그런 교회와 세상에서 오는 긴장감은 갖지 않는다. "오히려 문화의 그리스도 유형의 사람들은 문화를 통해서 그리스도를 이해하려 한다"(Niebuhr, 1951, p.83).

니버는 이런 "문화의 그리스도"를 강조한 유형의 그룹을 초대교회

"에비온주의자들(Ebionites)"에서 발견된다고 분석한다. 즉 이들은 예수를 유대교의 전통적인 문화를 완성하신 분으로 이해했지만, 선민으로서 예수에 대한 메시아적 희망은 가지고 있었으며, 예수 그리스도에 대한 충성을 계속할 길을 찾던 그룹이라고 니버는 분석한다 (1951, p.85). 그러나 에비온주의자들은 예수의 신성을 부정하고, 예수는 단지 율법을 가장 잘 순수한 인물로 인정하는 신성보다 인성만 강조하여 당시 1세기에 이단으로 정죄되기도 했던 단체이기도 하다.

또 니버(1951, pp.83 - 91)는 "문화의 그리스도"의 유형에 속하는 그룹을 신비하고 비밀스런 영역에 대한 지식을 통해 구원이 이뤄진다는 종교적 철학적 이원론을 철저히 주장했던 "영지주의자들"에게서 찾기도 한다. 즉 이들 "영지주의자"들은 그리스도를 헬라주의의 '지혜'와 같은 존재로 이해했으며, 또 이들은 인간을 이 세계와 육신의 감옥에서 해방시켜 주는 진리의 계시자라고 믿는 학파였다. 니버 (1951, pp.86 - 87)에 의하면, 이들 영지주의자들의 교리는, 예수 그리스도는 타락된 물질세계에 갇히고 미혹되어 있는 영혼들에 대한 우주적 구원자로 이해한 학파로 소개하고 있으며, 또 영지주의자들은 예수를 참된 계시자, 지식의 회복자로 생각하고 있었으며, 그리고 이들은 당시의 문화에 기독교를 조화시키려 했으며, 그리스도의 인격과 사역에 대해서는 과학적, 철학적 해석을 시도했다고 니버는 분석한다.

또 이들 "문화의 그리스도" 유형에 속하는 그룹을 개신교 근본주의자들에게서도 발견된다. 이들은 기독교를 일세기의 문화와 동일시해서 보려는 경향이 있다. 또 천주교도에서도 찾아볼 수 있다. 니버는 천주교는 기독교를 13세기의 문화와 동일시하려는 경향이 있다고 진단한다. 그 외에도 니버는 18세기와 19세기에 기독교의 합리성 (*The Reasonableness of Christianity*)이라는 저서를 통해 보여준 존

로크(John Locke)(p.91), "이성적 한계에 있는 종교"라는 의미에서 복음을 풀이한 칸트(Kant)(p.91), 그리스도를 완전한 교육가로 본 토마스 제퍼슨(Thomas Jefferson)(p.91), 그리스도를 모든 종교와 문화의 완성자로 본 슐라이에르마허(Schleiermacher)(p.93), 그리고 그리스도를 기독교 공동체의 창시자로 보고 그를 문화사에 있어서 큰 발전을 표시한 도덕적 영웅으로 생각했으며, "계시와 이성이 아니라 그리스도와 문화"를 통해서 해석했던 리츨(Ritschl)의 신학에서 찾아볼 수 있다(p.95)고 니버는 주장한다.

그러나 이런 "문화의 그리스도"를 주장하는 문화 신학자들의 기독교 신앙을 문화에 적응시켜 보려고 노력한 결과, 결국에는 신학의 본질을 왜곡하게 되고 신학의 근본적 원리뿐만 아니라 문화적인 표현이나 형태를 구분 못하게 되는 결과를 가져오게 되었다.

영산의 신학과 문화의 관계를 볼 때, 분명 영산의 신학은 "문화의 그리스도"에 속하는 것 같지는 않다. 왜냐하면, 영산 및 한국 보수 그룹에 속한 교회들은 대부분 문화 이식운동을 배제하는 경향이 있기 때문이다. 예를 들면, 명절 때 제사 지내는 것에 대해, 이것을 한국 문화 속의 한 부분으로서 기독교와 접목시켜 받아들이는 것이 아니기 때문이다. 반대로 자유주의적 신학자들이나 교회에서는 이것은 문화의 일부분이며, 한국의 고유의 미풍 양식에 속하는 한국 사회에 전통적으로 내려오는 관습으로 해석하고 받아들이는 유형의 그룹과는 정반대라 할 수 있겠다.

세 번째 영산의 신학과 문화의 관계를 리처드 니버의 세 번째 유형인 "문화 위에 있는 그리스도"(Christ Above Culture)를 예로 들어보고자 한다.

이 견해는 문화와 그리스도를 다 함께 중요하게 여기며, 그리스도와 문화를 종합적으로 생각하려는 경향이 있어서 이 그룹에 속한 자들을 "종합론자"들이라고 일컫기도 한다. 리처드 니버(1951, p.121)에 의하면, "종합론 자는 그리스도가 이 세상과 저 세상 양쪽 모두 주(a Lord)가 되신다고 고백함으로써, 그리스도와 문화를 둘 다 옳다고 주장한다." 또 "종합론자들은 하나님과 사람 사이의 구분 선을 명백하게 유지"(pp.120 – 121)하고 있지만 "그리스도와 문화 사이에는 간격이 있는데, 화해를 지향하는 기독교는 이 간격을 결코 진정으로 충분히 다루지 못했으며, 급진주의자들은 이 간격을 좁혀 보려고 노력조차 하지 않았다"(p.121)고 니버는 강조한다.

이들은 그리스도의 신앙과 세상 문화에 대한 간격 속에서 항상 병행해 가려고 노력한다. 하지만 수평 관계에서의 병행이 아니라 그리스도를 높은 층에 두고 문화를 그리스도 아래 낮은 층에 두고 보려는 수직적인 계층적 관계를 유지하려 한다. 그래서 이 종합론자들의 견해는 문화를 통해 그리스도를 이해하려는 두 번째 유형인 "문화의 그리스도"를 주장하는 그룹들과는 다르다. 또 종합론자들은 문화의 중요성을 인정하기 때문에, 문화를 배척하는 첫 번째 유형인 "문화에 대립하는 그리스도"를 주장하는 그룹들과도 다르다 할 수 있겠다.

니버(1951)에 의하면, 이 종합론자들에 속하는 역사적 인물들은 아리스토텔레스(p.131), 알렉산드리아의 클레멘트의 저서 "교훈자" (Instructor), "구원받을 부자"(Who is the Rich Man That Shall be Saved), 그리고 "잡록"(The Miscellanies)(pp.123 – 124)에서 찾아볼 수 있고, 토마스 아퀴나스(Thomas Aquinas)(p.128), 영국 교회 감독이었던 조셉 버틀러(Joseph Butler)의 저서 "종교의 유비"(Analogy of Religion)(p.140)에게서 찾아볼 수 있다고 니버는 강조한다.

니버에 의하면 이 종합론자들의 큰 장점은 그리스도와 문화의 관계를 계층적인 체계로 종합하여 이 둘 사이를 모종의 화해를 성립시키려고 노력한 점이라는 것이다(Niebuhr, 1951, pp.141 – 142). 이 말은 기독교인들이 우리는 주님 안에서 하나라고 외치는 교회의 연합, 사상의 연합, 그리스도 안에서 신분과 계급의 연합, 그리고 인종의 연합을 외치는 것과 같은 것일 것이다. 그러나 이 종합론자의 문제점은 "종합론자들이 그리스도의 구원의 필요성과 위대함으로 말미암아, 인간의 죄의 전제 조건을 함께하기를 고백한다 할지라도, 종합론자들은 사살상 모든 인간의 종교적 도덕적 행위 안에 내포된 기본적인 악에 대해서조차 용감하게 대항하려고 하지 않는다"고 니버(1951, p.148)는 진단한다.

그러면 영산의 신학은 종합론자들이 주장하는 "문화 위에 있는 그리스도"의 관점에서 볼 때 어떻게 비춰지는지 간단하게 알아보고자 한다. 종합론자들은 그리스도와 문화를 둘 다 옳다고 주장하며, 문화 위에 그리스도를 더 강조하는 계층을 두고 연합과 통일을 강조한다. 그러나 영산은 샤먼 문화와 유교 문화 중의 하나인 조상숭배, 제사 지내는 것 등 문화를 그의 신학에서는 배격하고 있기에 영산의 신학은 니버의 세 번째 유형인 "문화 위에 있는 그리스도"의 유형에도 속하지 않는 것이 분명하다.

네 번째 유형은 "역설적인 관계를 가진 그리스도와 문화"(Christ and Culture in paradox)의 견해를 통해 영산의 신학을 평해 보고자 한다.

리처드 니버는 "역설적인 관계를 가진 그리스도와 문화"(Niebuhr, 1951, pp.149－189)라는 네 번째 유형을 통해 "그리스도와 문화"의 관계를 조명해 보고 있다. 니버는 이 유형에 속한 자들을 이원론자(dualist)들이라고 한다. 그러나 여기서 이원론이란 것은 마니교(Manichaean)에서 주장하듯이 세상을 빛의 영역과 어둠의 영역, 하나님의 나라와 사탄의 나라 등으로 구분해 보려는 존재론적 이원론을 말하는 것은 아니다(p.149). 그리스도와 문화의 관계를 역설적 혹은 변증법으로 인정하는 것을 말한다. 즉 이 네 번째 그룹에 속한 이원론자들은, "그리스도에 대한 충성과 문화에 대한 책임을 구별하면서, 동시에 그 둘을 결부시키는 것"(p.149)을 말한다. 그러나 니버는 이원론자들에게 있어서 가장 근본적인 질문은 "기독교인과 이교도에 관한 질문이 아니라, 하나님과 사람에 대한 질문"(p.150)이라고 지적한다. 이들이 문화문제를 다루는 논리적 출발점은 하나님과 인간과의 관계 문제는 예수 그리스도를 통해서 이룩하신 하나님의 역사, 그리고 하나님과 인간의 전쟁에서 생긴 화해와 용서의 행동에서 그 출발점을 찾을 수 있다고 강조한다. 그 화해와 용서를 할 수 있는 자가 바로 예수 그리스도라는 것이다(p.150). 그러나 여기에는 여전히 이해할 수 없는 충돌이 있다는 것이다. 좀 더 자세히 설명하자면, 인간이 예수 그리스도 혹은 하나님의 은혜와 은총을 통한 죄의 용서와 화해가 있음에도 불구하고, 인간은 여전히 죄에 예속받는 생활을 하기 마련이라는 것이다. 즉 하나님의 은혜와 인간의 죄라는 충돌은 계속해서 일어나고 있다는 사실이다. 그것은 인간이 죄 된 문화 속에서 살고 있기 때문이라는 것이 니버의 분석이다. 그러나 "문화를 대립하는 그리스도"(첫 번째 유형)의 그룹에 속한 사람들은 죄가 있는 문화와 죄 많은 세상이라고 생각되어 이런 죄가 난무한 문화를 배척하고 피하려고 애쓴 반면, "역설 관계에 있는 그리스도와 문화"(네 번째 유형)의 그룹에 속한 사람들은 죄가 있는 문화를 피해 가려 하지 않는다. 왜냐하면, 기독교인은 문화 속에 살고 있기에 문화를 피할 수 없으며, 아무리 벗어나려고 해도 벗어날 수 없기 때문이다. 그래서 네 번째 유형의 사람들은 그리스도는 그리스도요 문화는 문화로 인정한다. 왜냐하면 이 둘은 결코 만나지 못하기 때문에 각자의 길을 갈 수밖에 없지만, 그러나 뗄 수 없는 관계를 말한다. 그 이유는 기독교인은 이 문화와 그리스도 세계에서 계속 살아 나아가야 한다. 마치 기차의 레일이 서로 만날 수는 없지만, 함께 나란히 있을 수밖에 없듯이, 문화와 그리스도는 만날 수 없지만 함께 갈 수밖에 없는 관계와 비슷한 이치일 것이다. 즉 문화와 그리스도와의 관계를 구별은 하되 구분은 할 수 없는 것과 마찬가지이다. 예를 들자면, 동전의 앞뒤는 구별할 수 있다. 한쪽은 '10'이고, 반대쪽은 '탑'이라고 인식하는 것은 「구별」이라 할 수 있겠다. 그러나 동전을 반으로 딱 자르면 이것은 「구별」이 아니라 「구분」이 되는 것이다. 이렇게 「구분」해 버리면 이것은 동전의 가치를 완전히 잃고 말 것이다. 동전의 앞뒤를 「구별」은 하되 「구분」은 하지 않는 것이 바로 문화와 그리스도의 관계로 표현할 수 있을 것이다. 즉 그리스도와 문화의 관계는 명백히 「구별」되지만 「구분」되어서는 안 되는 관계라 할 수 있다. 기독교인들이 하나님의 은총 아래 살지만, 죄 있는 문화 속에 살 수밖에 없고, 죄 된 문화 속에 살지만 하나님의 은혜로 말미암아 그 문화 안에서 보전해 주시고 지켜주신다는 믿음과 같은 것이다. 그래서 문화와 그리스도는 분명하게 구별은 하되, 구분을 해서는 안 된다는 것이다. 이것은 기독교인은 물론 모든 인간은 문화를 떠나 살 수 없는 존재이기 때문이다. 그래서 기독교인은 언제나 문화와 함께 가지 않으면 안 된다. 그래서 문화와 그리스도와의 관계를 동전의 앞뒤는 분명히 구별되나 구분되어서는 안 되고 함께 붙어 있어야 되듯이, 그리스도와 문화의 관계도 구별은 할 수 있으나 구분되어서는 안 된다고 본다. 그래서 니버는 이 네 번째 유형을 "역설적인 관계를 가진 그리스도와 문화"의 관계라고 주장한다.

부연 설명하자면, 이것은 죄와 의인 그리고 율법과 복음의 관계, 그리고 자유인이면서 죄인이라는 이론과 비슷하다. 기독교인은 항상 죄인이면서 의인이요, 율법 아래 살지만 은혜 아래서 살고, 인간은 누구에게도 구속되지 않지만 누구에게나 구속된다는 등의 역설적 표현을 하게 되었다. 니버는 이런 "역설 관계에 있는 그리스도와 문화"

유형의 대표자로서 신약성서에서는 사도 바울, 2세기경에는 영지주의자로 알려진 마르시온(Marcion), 중세 교회에서는 마르틴 루터(Martin Luther, 1483~1546), 그리고 덴마크 철학자였던 키에르케고르(Kierkegaard)(1813~1855) 등을 예로 제시(Niebuhr, 1951, pp.159 - 185)하고 있다.

니버는 이런 "역설적인 관계를 가진 그리스도와 문화"의 유형을 주장하는 자들에게 장점과 결점(Niebuhr, 1951, pp.185 - 189)이 있음을 말한다. 이원론자들의 장점은 "경험에 일치한다는 점에서는 지성적이고 설득력이 있는 것이다"(p.185)라는 것이다. 이 말은 인간은 죄인이며 의인이라는 관계라든지, 문화와 그리스도와의 관계는 서로 존중하며 다른 길을 가지만 그러나 뗄 수 없는 관계, 주인이지만 종이라는 역설적인 관계에 대해서는 이성적으로 이해하기 어려운 부분이다. 하지만 이런 역설적인 관계는 경험 속에서 터득된 이론들이기에 이해할 수 있고 설득력이 있다는 것이다. 예를 들면, 니버(p.185)에 의하면, "이원론자들이 하나님, 사람, 은혜, 그리고 죄 등의 동적이고 행동적인 특징에 대해서 더 많이 언급했다는 것이다." 이로 인해 이원론자들은 "기독교적 지식과 기독교적 행동, 양쪽 모두에게 지금까지 크고 유일한 공헌을 했다"는 점과 또 "그들은 기독교와 문화, 그 양편에 활기를 되찾을 수 있었다"는 점이 이원론자들의 장점이라고 니버는 분석한다(p.186).

그럼에도 불구하고, 이원론자들에는 몇몇 결점이 발견된다. 니버에 의하면, "이원론은 기독교인을 반(反)율법주의(antinomianism)로 인도하며, 동시에 문화적 보수주의에 빠지게 하는 경향이 있다"(Niebuhr, 1951, p.187)는 것이다. 여기서 반율법주의로 빠진다는 말은 기독교인들이 구원에 있어서 하나님의 전적인 은혜, 위로부터 오는 은총, 하나님의 선물에 의한 것이지 행위나 공로 사상에 의한 도덕적 노력에 의한 것이 아니므로, 구원받은 사람은 도덕적 의무나 원리들로부터 자유로운 자가 되어야 한다고 주장하는 것을 의미한다. 또 여기서 문화적 보수주의에 빠질 염려가 있다는 뜻은 이원론자들이 잘못된 종교적 제도나 문화적 관습에 개혁과 개선을 하는 듯하지만 "사회적 습관의 본질상 변할 수 없는 상황 안에서의 개선을 바랬던 것"(p.188)이기 때문에 사실상 이런 것은 형식적 개선하는 척할 뿐이며 방관자적으로 지켜보는 정도에 그치는 개선과 개혁일 뿐이라는 것이다. 이렇게 될 때 잘못된 문화적 관습에 대한 급진적 개혁을 주도하지 못하고, 그저 방관자적이고 구경꾼과 같이 문화적 보수주의로 빠질 수 있다는 것이다. 이원론자들의 가정생활에서 이런 문화적 보수주의 사례를 예를 들어 보면, 니버(1951, p.188)는 "남편과 아내, 부모와 자녀가 그리스도 안에서 서로 사랑하라는 권고에도 불구하고 족장제도적 성격을 다분히 보유하고 있었다"고 지적한다.

그러면 영산의 신학과 문화의 관계에서 영산은 어떤 입장인지 알아보고자 한다. 영산의 신학은 이미 3장에서 언급했듯이 그의 삼중축복과 오중복음 그리고 그 외 성령의 명칭과 심벌 등 거의 모든 부분에서 영산은 성서에 기초를 두고 해석해 가고 있었음을 알 수 있었다. 이것으로 보아 영산은 그리스도에 대한 신뢰와 충성, 오직 예수를 바라보려 했다는 점에서는 "역설적인 관계를 가진 그리스도와 문화"의 유형인 니버의 네 번째 타입과 닮은 점이 조금 있다고 볼 수 있다. 하지만 영산은 샤먼문화를 분명히 배격했고, 또 유교문화의의 일부인 조상숭배, 명절 때 제사 지내는 것 등을 우상숭배로 간주한다는 점에서 이원론자들과는 다른 점이라 할 수 있다. 또 영산은 샤먼신앙과 기독교 신앙의 차이점과 유의점 그리고 분명하게 언급(Y. Cho, 1998a, pp.194-198)하고 있는 것으로 봐서 한국 샤먼 문화, 불교문화, 유교문화와 함께 가려는 의도가 없다고 이해하는 것이 옳을 것 같다. 이런 면에서 영산의 신학과 이원론자들과는 다르다 할수 있겠다. 또 영산의 신학은 자신의 지난 50년 동안 목회를 해 오면서 수많은 경험에 의해서 실제적인 청중들의 아픔과 고통, 좌절속에 있는 자들에게 희망과 꿈을 심어주는 실제적이고 설득력 있는신앙을 강조했다는 점에서 이원론과 비슷하긴 하지만, 반율법주의나문화적 보수주의로 빠지지 않았다는 점은 이원론자들과는 다른 점이라 할 수 있겠다.

마지막 다섯 번째 유형은 "문화의 변혁자 그리스도"(Christ the Transformer of Culture)의 관점을 통해 영산이 문화에 대한 대처를 어떻게 하는지 알아보고자 한다. 니버는 "문화의 변혁자 그리스도"인들을 변형가 또는 개변가(conversionist)라는 용어를 즐겨 사용하고 있다.

니버(1951, pp.190－229)는 이 유형에 대표적인 역사적 인물로 신약성서에서는 요한복음, 히포(Hippo)의 주교였으며 초기 그리스도교의 지도자였던 어거스틴(Augustine, CE 354－430), 중세시대 프랑스의 신학자였으며 종교 개혁자이기도 했던 존 칼빈(John Calvin, 1509~1564), 영국 감리교회의 창시자 존 웨슬리(John Wesley, 1703~1791), 그리고 영국의 신학자 모리스(F. D. Maurice)에서 그 전형을찾고 있다.

니버는 먼저 이들 변혁자들은 세 가지 신학적 신념과 밀접하게 관련되어 있음을 설명하고 있다. 하나는 이들 변혁자들은 창조와 관련되어 있다. 즉 변혁자들은 하나님의 창조된 세계 안에서 살고 있는피조물인 인간은 "그리스도의 통치하에 창조적 능력과 하나님 말씀의 창조질서에 의해서 살고 있다"(Niebuhr, 1951, p.192)고 믿기 때문에 죄 많은 문화 속에 살고 있는 인간세계는 그리스도를 통해서 구원받을 수 있는 가능성이 있다고 믿는다. 그래서 죄 많은 문화에 얼룩진 세상을 배격하거나, 피하거나, 배척되어서도 안 되고 소홀이 여

겨도 안 된다고 주장한다. 문화에 관한 개변주의자들이 이렇게 확신하는 이유는 그리스도와 육신이 되어 우리 인간문화 속으로 들어오셨다고 신학적으로 확신하고 있다(Niebuhr, 1951, p.193)고 믿는다. 이들 변혁자들의 두 번째 신학적 확신을 갖고 있는 것은 "하나님의 선하게 창조한 때부터 타락한 인간의 본성에 대한 이해"(Niebuhr, 1951, p.193)라고 니버는 분석한다. 이 말은 변혁자들은 하나님은 인간을 본래부터 선하게 창조했는데, 인간이 타락을 했기 때문에 그 타락의 원인은 하나님에게 있는 것이 아니라 사람에게 있다는 것이다. 즉 존재론적 타락이 아니라 도덕적, 인격적인 타락이라는 것이다. 그로 인해 인간이나 인간이 사는 문화도 함께 타락했다는 것이다. 그래서 이들 변혁가들은 인간이나 인간 문화의 문제점은 선하게 창조했던 그 상태로 개변, 변혁 또는 변환해야지 새 창조로 대치하는 것이 아니라고 주장한다(Niebuhr, 1951, p.194). 변혁자들의 세 번째 신학적 확신을 갖고 있는 것은 "역사관"이다. 이들의 역사관은 역사는 근본적으로 다만 인간의 사건만이 아니고 항상 하나님과 인간 사이에서 극적인 상호행동에서 생기는 것이기 때문에 역사 안에서 하나님은 어떤 일이든 다 하실 수 있다는 것이 이들 변혁자들의 주장이라고 니버(1951, p.194)는 진단한다.

그렇다면 영산의 신학은 니버가 분석한 다섯 번째 유형이 "문화의 변혁자 그리스도"와 비교해 볼 때 어떤지 알아보고자 한다.

영산의 신학적 확신도 이들 변혁자들의 신학적 확신과 크게 다르지 않다고 본다. 영산이 문화에 대한 사고도 예수 그리스도가 육신이 되어 죄 많은 문화 속으로 들어오셨다는 데 이의를 제기하지 않는 듯싶다. 이 말은 죄 많은 문화를 너무 배척하거나, 피하거나 배척할 필요까지는 없다는 것이다. 그것은 그리스도와 죄 많은 문화 혹은 죄 많은 세상 속으로 들어오셨다는 것은 그분이 세상을 변화시키고, 구원하실 수 있다는 데 대해서도 영산은 반대할 것 같지는 않다. 또 영산은 하나님께서 인간을 창조하실 때 선하게 창조되었다는 사실에 대해서도 부인하지는 않는 듯싶다. 그러나 아담과 이브의 죄로 말미암아 인간이 타락하게 되었기에 선하게 창조되었던 그 상태로 변혁 또는 변환해야지 아주 새로운 창조로 대치하는 것을 말하지는 않는다는 사실이다. 또 기독교적 역사관은 하나님과 인간 사이에서 발생하는 어떤 일이든 다 하실 수 있다는 변혁자들의 주장에 대해 영산 및 대부분 보수주의 학자들도 부인하지는 않을 것이다. 즉 영산의 신학 역시 그리스도는 인간을 죄로부터의 구속은 물론 죄 많은 문화 속에서 사는 인간의 생활을 항상 성화시키고 변혁시키시는 분으로 이해하고 있다.

이상 앞에서 영산의 신학과 성령 이해와 문화에 대한 문제를 놓고 볼 때 영산은 과연 어느 유형에 속하며, 또 어느 유형이 한국 기독교인으로서 가장 알맞은 유형이라 할 수 있을까?

우리는 이 다섯 가지 유형 중 어느 유형이 옳거나 그르다고 말하려는 데 매우 신중해야 한다. 니버는 이 다섯 가지 중 어느 하나를 택해서 이것이 기독교인의 유일한 대답이라고 주장하지 않는다. 니버는 그 이유를 네 가지로 나누어 설명하고 있다. 첫 째는 "이것이 기독교인의 해답이다"라고 단언할 수 있는 결론을 내릴 수 없기 때문이다(1951, p.231). 물론 그 해답을 찾으려고 지금까지 신학뿐 아니라 정치, 경제, 문학 등 다양한 통로를 통해 그리스도에게 충성하면서 문화적 의무와 갈등을 해소하기 위해 수많은 연구를 통해 제시하곤 했다. 예를 들면, 니버는 "콘스탄틴(Constantine), 샤를마뉴(Charlemagne), 토마스 무어(Thomas More), 올리버 크롬웰(Oliver Cromwell), 글래드스턴(Gladstone), 파스칼(Pascal), 케플러(Kepler), 뉴턴(Newton), 단테(Dante), 밀턴(Milton), 블레이크(Blake), 도스토예프스키(Dostoievsky), 아돌푸스

(Gustavus Adolphus), 리(Robert E. Lee)와 "중국인" 고든(Gordon) 등을 제시하고 있다. 그러나 이들 모두 그리스도와 문화의 관계에 대해 어느 유형이 기독교인들에게 유일한 대답을 주는가에 대해서는 한계와 제한성이 있다는 것이다. 그 이유에 대해서 니버(1951)는 사고의 한계가 있는 인간이 인간 마음대로 이것이 옳다, 저것이 옳다고 최종 결론을 내리는 것은 "그리스도의 주권을 빼앗는 행위가 되기 때문"(p.232)이며 또 "그런 행위는 기독교인의 자유를 왜곡하는 것이며, 문화 안에 있는 결론 짓지 못한 역사까지도 곡해하는 것이기 때문"(p.232)이라고 주장한다.

두 번째 니버는 다섯 가지 유형 중 어느 하나를 택해서 어느 하나가 기독교인의 유일한 대답이라고 하지 않는 이유에 대해 "신앙의 상대주의"(The relativism of faith)(1951, pp.234‒241) 때문이라고 강조한다. 이것은 우리는 결코 신앙의 주체자인 개인의 제한된 사상과 믿음의 판단을 절대자이신 그리스도와 동일시해서는 안 된다는 뜻이다. 여기서 신앙의 상대적이란 말의 뜻은, 1) "개인의 부분적이고 불완전하며, 단편적인 지식에 치중하고 있다"는 뜻이다. 정치인들의 예를 들면, 한국 정부가 추진하려 했던 대운하 건설에 찬반이 있고, 미군철수에 찬반이 있고, 이라크 철수에 찬반이 있고, 연예인들의 봉사활동에 대한 찬반, 줄기 세포 연구에 대한 찬반, 농산물 수입에 대한 찬반 등 정치뿐만 아니라 사회와 문화 신학 전반에 걸쳐 나타나는 현상으로서, 이런 것들은 개인의 부분적이고 자기 편향적이 지식에 의존하고 있기 때문에 상대적이라는 것이다. 즉 이런 것들은 절대적이지 않고 사람의 개인 지식, 일종의 자기철학, 각자 자기가 소유하고 있는 일반적인 세계관에 따라 상대적으로 나타난다는 것이다. 이런 면에서 신앙도 상대적이지 절대적이지 않다고 볼 수 있다. 2) 신앙의 상대적이란 것은 "개인의 신앙과 불신앙의 정도에 따라 상대적"이라고 니버(1951, p.234)는 강조한다. 니버는 "우리의 해결책과 결단은 다 상대적인데, 그 이유는 그 모든 것이 단편적이고 우리 믿음에 관련되어 있기 때문"(1951, p.235)이라고 분석한다. 즉 어떤 사람은 신앙이 있음에도 불구하고 고난이 닥쳤을 때 신앙이 무너지는 경우도 있고, 반대로 신앙이 없음에도 불구하고 고난이 닥쳤을 때 강하게 이겨 가는 경우도 있듯이 개인의 신앙과 불신앙의 정도에 따라 절대적이지 않고 상대적이라는 것이다. 3) 신앙의 상대주의는 "우리의 추론과 결단이 역사적, 문화적 의미에서 상대적"(1951, p.236)이라는 것이다. 이 말은 각자가 차지하고 있는 역사적 위치와 각자의 사회적 지위에 대한 의무에 따라 매우 상대적 결과를 가져온다는 사실이다. 예를 들면, 인간은 어떤 특정한 역사적 사상이나 역사적 인물이나 문화적 영향, 예를 들면, 유럽이나 아프리카, 아시아 문화적 영향 등 신앙은 모두 상대적일 수 있다는 것이다. 똑같은 하나님을 믿어도 어떤 역사적 인물을 통해 배웠는지, 또 어떤 문화권에서 하나님에 대한 이해를 했는지에 따라 상대적으로 달라질 수 있다는 것이다. 4) 신앙의 상대주의는 사물에 대한 상대적 가치에 대해서도 발견된다. 니버(1951, p.237)에 의하면, "우리가 취급하는 모두 많은 가치관계를 가지고 있다. 예를 들면, 그 가치는 우리 자신에게 가치가 있는 것도 있고, 다른 사람들에게 가치 있는 것도 있고, 생활과 이론 그리고 국가에 가치가 있는 것도 있다"고 말한다. 니버는 여기에 대해 부연 설명하기를, 인간은 법 앞에서 누구나 다 평등하고 하나님의 형상을 닮은 신성한 가치를 가지고 있다고 담대한 믿음을 가지고 출발한다 할지라도, 역할과 기능 면에서 한정되며 그들 모두 동일한 가치를 가진 것만은 아니라는 사실도 함께 생각해야 한다는 것이다. 니버(Niebuhr, 1951)는 "하나님의 가치평가의 대상으로 친다면, 제사장, 레위인 그리고 사마리아인은 똑같은 가치를 가지고 있을 것이다. 하지만, 강도에게 희생당한 그 사람에게서는 매우 다른 가치를 가지고 있다"고 예를 들어 설명하고 있다. 이처럼 우리 인간은 모두 상대적이기 때문에 우리가 생각하는 것, 우리의 지식 등 상대적 관점에 따라 사고를 하는 경향이 있기 때문에 신앙에 대한 가치평가도 상대적일 수밖에 없다. 이런 상대적 신앙을 갖고 있다는 것은 상대적 결단을 한다는 것과 같다. 요약하자면, 그리스도와 문화와의 관계에 있어서 어떤 유형의 신앙관을 갖는 것이 유일한 해답이라고 말할 수 없는 것 중의 하나는 우리 인간은 모두 상대주의적 신앙관을 갖고 있기 때문이다.

세 번째, 니버가 다섯 가지 유형 중 어느 하나를 택해서 기독교인의 유일한 대답이라고 주장하지 않는 이유 중의 또 다른 하나는 "사회적 실존주의"(social existentialism)(Niebuhr, 1951, p.241)적이기 때문이라고 주장한다. 우리가 기독교인으로서 문화적 역사 안에서 어떤 결단을 내려야 할 때, 이런 결단은 이론적으로는 최종적인 답을 못 얻었지만 실천적인 결단에서 그 해답을 찾는 경향이 많다. 그런데 이런 결단은 개인적이고 현재적인 것만은 아니다. 왜냐하면, 이런 결단은 사회적이고 문화적 역사적 차원을 가지고 있기 때문이다. 그 이유는 우리가 이런 결단은 "상대적일 뿐만 아니라, 동시에 실존적인 것이기 때문"(p.241)이다. 또 우리가 기독교인으로서 문화사 안에서 반드시 내려야 할 결단을 할 땐 그리스도를 증거하고 그의 현존을 우리들에게 해석해 주는 허다한 무리들과 함께 과거를 기억하고 미래를 기대하면서 결단하기 때문이다.

마지막으로 네 번째, 니버는 이 다섯 가지 중 어느 하나를 택해서 이것이 기독교인의 유일한 대답이라고 주장하지 않는 이유를 "의존적 자유"(freedom in dependence)(Niebuhr, 1951, p.249)에서 찾고 있다. 여기서 "의존적 자유"란 의미는 우리 기독교인들은 신앙의 결단을 할 때 우리를 살게 하시고 또한 장차 영생을 위업으로 받도록 우리를 택하신 하나님의 신실하심을 전적으로 믿고 의지하면서 결단을 하게 되는데, 이 결단을 자유 안에서 하게 되는 것을 뜻한다(1951, p.249).

하여튼, 리처드 니버의 "그리스도와 문화"와의 관계에 대한 다섯 가지 유형에 대한 결론을 종합해 보면, "그리스도와 문화"에 대한 크리스천들의 대답은 이 다섯 가지 유형 중 어느 하나를 택해서 그 유형이 유일한 기독교인의 대답이 되어서는 절대로 할 수 없다는 것이다. 왜냐하면, 그것은 계속 변혁되어 가는 문화에 대한 침탈 행위가 되며, 인간의 제한된 사고, 상대적인 인간이 함부로 '이 유형이 꼭 맞다', '저 유형이 꼭 맞다'고 결정한다는 것은 주님 되시는 그리스도의 특권을 빼앗는 것이라고 설명한다. 이것은 기독교인의 '이것이다', '저것이다'라고 함부로 결단하는 것은 절대자이신 하나님의 권위와 동일시하려는 교만이 포함되어 있기 때문이라는 것이다. 기독교인들은 다만 하나님을 신실하게 믿는 충성스러운 무리들에 의해 용서와 도움을 받으면서 지금 현재에서 결단을 해 나가는 것이 중요하며, 또 기독교인들은 주 하나님의 은혜의 범위 안에 있어야 함을 니버는 강조하고 있다.

이것을 좀 더 구체적으로 한국 상황에 비추어 적용해 본다면, 우리는 샤머니즘을 배격하는 영산을 비롯한 한국 보수주의 교단에서 신앙생활하고 있는 기독교인은 니버의 제1유형에 속할 가능성이 많다. 반대로 명절 때 제사 지내는 것을 문화의 한 풍습이나 관습으로 생각하여 그것을 우상숭배로 보기보다는 "미풍양식"으로 이해하고 받아들이는 신앙관을 가진 사람들, 또 그 외에 많은 다른 유형에 속한 사람들 모두 자기가 속해 있는 유형이 가장 좋다고 주장하는 것은 절대로 말할 수 없다는 것이 니버의 주장이다. 그것은 기독교인들의 신앙관은 자기의 지식과 경험의 한계가 있고, 또 신앙은 자신이 알고 있는 지식의 범위 내에서 생각할 수밖에 없는 극히 상대적이기 때문이라는 것이다. 무엇보다 우리가 내가 속한 유형이 맞는다고 우겨대는 것은 절대자 하나님의 주권을 강탈하기 때문이라는 것이다. 그러므로 우리 기독교인들은 현재 내가 가지고 있는 지식과 경험 속에서 겸손히 하나님의 절대적 은총 속에서, 현재 안에서 자유로운 결단을 각자 개인적으로 결단을 내려서 행동을 해야 한다고 니버는 강조한다.

3장에서 그의 신학 전체를 언급하자면, 다음의 몇 가지를 발견하게 된다.

첫째, 영산의 신학은 성서 중심이다. 그는 비록 서양 신학자들의 영향을 다분히 받았지만, 오중복음과 삼중축복, 좋으신 하나님 신학 원리, 그리고 오순절의 7대 신앙을 바탕을 두고 세워졌으며, 이들 이론들은 어느 한 곳도 빠짐없이 철저하게 모든 성경을 예로 들어 설명하고 있음을 발견하게 된다. 그러므로 그의 신학은 보수주의 오순절 신학 교리에 바탕을 둔 성서 중심의 신학적 사상을 견지한 신학이라 할 수 있겠다.

둘째, 영산 신학은 철저히 성령중심이 된 성령운동이다. 그의 신학에 있어서 성령을 빼놓을 수 없다. 그는 지난 50여 년간 성령을 강조하지 않은 적이 거의 없을 정도이다. 그의 한국화된 성령운동은 매우 역동적이고 한국 민중들의 삶을 잘 반영해 주는 매우 바람직한 한국 문화화된 성령중심이다. 그의 신학은 성령론 없이 그의 신학을 논할 수 없을 정도로 성령을 많이 강조하고 있다. 특히 그의 성령에 관련된 책(1989, 1998c; Cho, 2001a)들이 그것을 잘 보여 주고 있다.

셋째, 한국 문화화된 적극적 열정 신학이다.

순복음 하면 열정을 떠올린다. 기도와 전도, 성령운동 등 모든 신앙생활에 열정이 넘친다. 이것은 영산이 서양의 신학과 부흥사들의 영향을 한국인의 열정 문화에 잘 맞게 요리하여 문화화된 적극적 열정 신학이라 할 수 있겠다. 그의 오중복음과 삼중축복 그리고 좋으신 하나님 신학 그리고 상황신학 어디를 보아도 그는 적극적 사고를 강조하지 않은 곳이 없을 정도이다. 특히 가난과 병으로 고통받고 있는 민중들에게 적극적이고 창조적, 긍정적 신학은 고통받고 있던 사람들에게 매우 적절했을 것이 틀림없다. 이것은 그의 책 "*Our God is Good*"(Cho, 1988)에서도 잘 나타나 있다. 영산이 이런 적극적 사고를 순복음 교인들에게 잘 호소할 수 있었던 것은, 아마도 한국 전후 가난한 민중들에게 가난과 병으로 고통받던 상황에서 적극적 사고는 한 많은 민중들에게는 커다란 꿈을 심어주는 데 가장 좋은 메시지 전달의 가장 적절한 도구로 손색이 없었기 때문일 수도 있다. 또 영산이 이런 적극적 사고를 한국에서 성공적으로 발전시킬 수 있었던 배경에는 아마도 한국인 특유의 열정 문화가 있었기 때문이 아닌가 싶다.

넷째, 그의 신학은 한국화된 축복 신학이다.

성경에 나타난 축복, 그때의 축복을 오늘을 사는 한국 상황에 맞게 문화화된 축복으로 재해석하는 데 성공적이었다고 볼 수 있다. 풍부한 한국 전통 종교에서 강조하는 축복관을 잘 활용하여 기독교화시키고 한국화시키는 것에 대해 긍정적 측면으로 봐야 할 것이다. 그의 삼박자 축복은 당시 전후로 고난받던 민중들은 물론 오늘날 고통받고 가난한 자들에게 중요한 강력한 비전을 심어주는 중요한 축복 신학이었다.

다섯째, 그의 신학은 희망의 신학이다.

그는 언제나 꿈과 희망을 심어주는 데 집중하고 있다. 특히 영산이 목회 시작할 시기는 한국 전쟁 후 5년이 되던 1958년 5월이었다. 수많은 사람들이 전쟁의 후유증으로 가난과 병, 그리고 정신적 고통

속에 살고 있던 사람들에게 영산은 오중복음과 삼박자 축복을 강조하며, 많은 사람들에게 희망의 설교를 했다. 그의 신학은 지난 50여 년 동안 희망의 설교를 늘 강조했음을 그의 여러 저술에서 발견할 수 있으며, 특히 최근 영산의 책, *희망목회 45년*(2004b)에서 쉽게 발견할 수 있다.

여섯째, 그의 신학은 한(恨)의 신학이다.

몰트만(Jürgen Moltmann)(2005, p.149)이 주장한 것처럼 "조 목사님은 그의 사역을 한국전쟁 이후 한국 백성의 한[恨] 속에서 시작했다"고 언급한 적이 있다. 이것은 영산이 한 맺힌 서민들을 중심으로 교회를 시작했고, 또 이들의 한 맺힌 가난한 사람들의 시작이 대형 교회로 발전하게 되었기 때문이다. 앞서 언급했듯이 영산이 처음 목회를 시작했을 때도 서울의 가난하고 한 많은 민중을 대상으로 시작했다는 사실이 그 증거라 할 수 있다.

일곱째, 영산의 신학은 신유 신학이다.

그의 교회성장의 원동력은 결국 신유에서 시작되었음을 알 수 있다. 영산(2004b, p.1)에 의하면,

　　각종 병자들이 성령님의 강한 능력으로 치료를 받고 악한 영들이 축출되는 역사가 나타나자 교회를 손가락질하고 냉소적이며 비판적이던 주민들이 하나 둘씩 변하기 시작했다. 하나님의 역사가 나타난다는 교회 소문을 듣고 먼 곳에서도 찾아왔다. 구역교회가 순식간에 성도들로 가득 찬 교회는 당시 그 지역 주민보다 더 많은 성도들이 모이기 시작했다.

또 그에 의하면, "무당과 점쟁이가 회개하고 모든 집기를 불태우고 예수님을 영접하였으며, 알코올 중독자, 폐결핵 환자 등 각종 병자들이 고침을 받았다"(2004b, p.32)고 증언한다. 아마도 영산의 치유신학 없이 그의 신학을 논할 수 없을 정도이다.

여덟째, 영산은 변형 문화 신학에 탁월했다. 이 상황신학은 위에서 설명한 7가지 모두 해당된다. 그가 일제 36년이라는 고통과 한국 전쟁으로 인해 가난한 상황에 처해 있던 민중들에게 성령운동을 통해 꿈과 희망을 심어주었고, 또 신유와 물질 축복, 육체적 축복 그리고 영혼 구원이라는 삼박자 축복을 통해 어려운 상황에 처해 있던 민중들에게 소망을 심어준 것으로 보아 그는 상황 대처에 능통했던 목회자라 할 수 있다. 그는 여러 서양의 영향을 한국의 상황과 절묘하게 조합하여 한국 문화와 전통의 상황 속에서 적합하게 재해석하여 그 시대의 상황을 한국 문화에 맞게 변형시켜서 전달할 수 있는 능력이 탁월했다고 볼 수 있다. 이런 탁월성은 결국 교회 급성장이라는 결과를 가져오게 되었다.

그럼에도 불구하고, 일부에서는 영산의 오중복음과 삼중축복 그리고 좋으신 하나님 신학에 대해 문제점을 다음과 같이 제기하기도 한다.

첫째, 이미 앞에서 여러 번 언급했듯이, 그의 삼박자 축복은 기복적이고 무속적인 신앙, 부자와 빈자와의 갈등을 초래할 우려가 있다는 점, 그리고 작은 교회와 큰 교회와의 갈등을 일으킬 소지가 있다는 점, 또 물량중의와 배금주의의 팽배 등을 들고 있다는 점을 들고 있다(Im, 2000, p.75). 다시 말하면, 삼박자 축복이 잘못하면 저주로 작용할 수 있다는 것이다. 즉 겉으로는 축복인 것 같지만 실제로는 그 반대인 저주로 작용할 소지가 있다는 것이다. 그 이유는 아무리 일을 하고 노력해도, 가난을 벗어날 수 없는 사람들에게는 삼박자 축복에 대한 교리를 접할 때 자칫하면 상처를 받을 수 있기 때문이다. 또 너무 교회 성장에 치중하다 보니 질적 성장보다 양적 성장에 치중할 우려가 있다는 사실을 제기하고 있다. 이런 면은 분명 보완하고 더 발전시켜 나가야 할 부분이긴 하다. 그러나 이런 보완적인 부분과 함께 영산 및 여의도 순복음교회가 이웃과 사회를 위해 숨겨

진 봉사도 함께 조명되는 공정함이 있어야 할 것이다. 예를 들면, 25년간 4199명의 "심장병어린이 무료시술 사업"이라든가 막대한 돈을 투자하고 있는 종교계 최대규모 사회복지시설인 "엘림복지타운"을 운영하고 있다든지, 의료봉사, 초교파적으로 한국 교회 영성에 활력을 주고 있는 "오산리 최자실 기념금식기도원", 대북민간지원 사업 중 최대규모로 "평양 조용기심장전문병원"건립 추진, 이웃을 위한 "상담소", "무의탁노인을 위한 가나안노인복지원", 14년간 4,500여 교회 지원을 한 "농어촌 미자립교회 지원", 1996년 충남 아산에 개원한 보육원 "가나안 우리집" 등 사회 곳곳에 헤아릴 수 없을 정도의 봉사와 이웃사랑 실천을 비롯한 물량주의에 대한 긍정적 평가도 함께 평가되어야 할 것이다.

둘째, 평범한 구절(요한 3서 2절)을 성서해석의 중심으로 올려놓을 때 해석의 오류를 불러올 수 있다는 문제점을 제기하는 사람도 있다.

영산을 비평하는 어떤 학자들은 영산이 주장하는 요한 3서 2절은 그저 평범한 구절을 마치 이 구절이 성서의 중심인 양 강조한다고 주장한다. 즉 비평가들은 영산이 이 구절을 너무 강조하여 마치 이 구절이 성서의 핵심 구절인 양 지나치게 강조한다고 비평한다.

영산(1988, pp.11-12)에 의하면, 하나님의 말씀은 요한 3서 2절에 쓰인 구원, 건강, 번영 등 삼박자축복의 실재를 포함한다. 이 성경구절은 영산의 설교의 기초가 되었고, 이 구절은 영산의 목회의 토대로 놓게 되었다고 영산 자신이 강조하는 것을 보게 된다. 그러나 비평가들은 이 구절은 그저 평범한 구절일 뿐인데 너무 지나치게 강조해서 성서의 핵심구절인 양 강조한다는 것이다. 다시 말하면, 비평가들은 이것은 해석학적 차원에서 전통적으로 성경 전체를 성경이 성경을 해석하게 해야 하는데, 이처럼 요한 3서 2장을 집중하여 삼박자축복을 해석의 중심에 두고 성경 전체를 해석해 나가려고 시도하거나, 또 삼박자 축복의 핵심인 재물과 건강, 축복, 성공에 끊임없이 집착하게 될 경우 이 구절이 성경의 핵심 구절처럼 해석할 우려가 있다는 것이다.

그러나 영산은 이 구절이 성서의 가장 중요한 구절이라고 주장하지 않으며, 다만 영산이 이 구절에 대해 좀 더 자신이 좋아하고 체험을 통해 터득된 구절로서 영산의 설교의 기초로 삼고 있다고 강조한다(1988, pp.11 - 12). 영산은 자신이 그저 좋아하는 구절로 생각하는 듯하다. 이것은 신앙인이라면 누구나 자신이 특히 좋아하는 성경 구절이 있듯이 영산도 이 요한 3서 2절의 말씀에 대한 체험과 경험 그리고 공감대를 많이 형성해서 좋아하는 구절을 중심으로 성경 전체로 확대해서 해석하려는 경향이 있지 않나 싶다. 그리고 이 성경 구절이 평범한 구절이라고 단정하는 비평가들에게도 문제가 없지는 않다. 그것은 성서를 해석하고 또 각자가 강조하는 구절은 기독교인 모두 상대적일 뿐이기 때문이다. 어떤 학자들이 매우 중요하다고 하는 성경구절도 많은 사람들에게 그저 평범한 구절로 이해될 때가 있고, 매우 평범한 구절이라고 하더라도 신앙인들이 상황과 환경 속에서 체험과 경험을 했던 사람들에게는 매우 소중하고 가장 중요한 성경구절로 인식될 수 있다. 그것은 많은 신앙인들이 성경을 대할 때 체험되고 경험하는 많은 성경 구절들이 절대적이라기보다는 각자의 환경과 체험을 통해 깨닫게 되는 상대적이기 때문이다. 어느 날 평범하다고 생각했던 성서 구절이 내가 처해 있는 상황과 환경에서 다시 읽게 되었을 때 큰 은혜를 받는 경우가 있는 것도 바로 신앙의 상대성에서 오는 것 때문일지도 모른다. 그러므로 이 구절이 평범한 구절이라고 단정할 수는 없을 것이다. 그리고 영산의 삼박자 축복의 핵심 구절인 요한 3서 2절은 영산뿐 아니라 그동안 많은 사람들이 이 구절에 관심을 갖고 있었다. 예를 들면, 2세기 중엽 서방기독교

라틴신학의 아버지로 불릴 만한 터툴리안(Tertullian)도 이 구절에 많은 애정을 갖고 있었고, 중세 초기의 신학자이며 교부철학자라고도 불리는 성 어거스틴(St. Augustine), 암브로시우스(Ambrosius Catharinus), 미국 부흥사 오럴 로버츠(Oral Roberts) 그리고 케네스 하긴(Kenneth Hagin), 1928년생인 미국 성서신학자 레이몬드 브라운(Raymond E. Brown), 그리고 프레드릭 프린스(Frederick Price) 등 많은 사람들이 이미 다양한 해석을 하고 있었던 구절이기도 하다.

셋째는 영산이 경험한 개인적 성령체험을 신학적으로 체계화하기 쉽지 않다는 문제점을 제기하기도 한다. 이재범(1993, p.19) 교수는 지적하기를 "성령과 오순절운동에 관한 많은 문헌이 있음에도 불구하고 오순절적 관점에서 오순절 경험을 신학적으로 체계화한 문헌이 거의 없기 때문이며[……]. 또 오순절운동에 신학적인 뒷받침이 없으므로 오순절 신자들은 그들의 입장을 분명히 말하지 못하고 있으며, 오순절 교회에 속한 신자들에게 그들의 믿음과 실제를 확신케 하는 효과적 가르침이 없으므로 인해 그들의 동질성(Identity)을 상실하게 되고 그 결과로 분열의 아픔을 가져오게 된 것이다"라고 지적하고 있다. 즉 이재범(1985) 교수는 지적하기를 "오순절교회가 신학의 개발을 격려하지 않는 데 문제점이 있다[……]. 그 결과로 "오순절 경험의 특징적인 것을 신학화(theologizing)하지 못했다는 데 문제가 있다"(p.21)라고 지적한다.

이런 1980년대 교단 내 신학자들의 자체 지적과 영산 및 여의도순복음교회에 더 크게 발전하는 계기가 되었으며, 또 영산 및 그 교회의 자체 노력으로 말미암아, 지난 20~30년 동안 영산과 순복음교회와 이와 관련된 연구소, 예를 들면, 신학연구소, 교회성장연구소, 신앙계(플러스인생으로 변경), 가족신문, 신학대학, 교회성장 세미나 등 다양한 채널을 통해 오순절 경험을 신학적 체계를 이루는 데 놀라운 성과를 얻었다. 지금은 다른 어느 교단 못지않게 신학적 견고함을 다지게 되었고, 이제는 세계 오순절운동의 선두 주자로 자리매김하게 되었음을 부인할 수 없을 것 같다.

제4장 실천 신학적 관점에서 본
영산의 성령운동 이해

4.1. 개요

3장에서는 영산의 성령 이해에 대한 신학적 접근은 무엇보다 성서에 기초를 두고 발전하였음을 알 수 있었다.

4장에서의 핵심 논쟁점은 영산의 실제적인 목회의 영향을 어디서 받았는지 실천신학적 관점에서 논하려 한다. 이런 논쟁을 중심으로 그의 목회와 실제에 있어서 교회의 급성장을 불러온 중요한 역할을 담당했던 4가지, 즉 1) 기도운동, 2) 설교, 3) 구역조직, 그리고 4) 예배에 초점을 맞추려 한다. 그 첫 번째 이유는 영산의 믿음과 실제에 있어서 성령운동을 이해하는 것은 다른 많은 아시아 국가의 성령운동을 이해하는 데 도움을 주기 때문이다. 하버드대 교수였던 하비 콕스(2001, p.219)는 "우리가 한국의 성령운동 현상을 이해할 수 있다면, 그것은 중국과 같은 다른 여러 아시아 국가와, 더 나아가 세계 전체의 성령운동이 정치 경제적 변화 속에서 보여주는 현상을 이해하는 데 중요한 열쇠를 제공할 것이다"라고 말한 바 있다. 그것은 세계에서 가장 큰 교인 수를 가진 네 개의 교회가 모두 한국에 있다는 것이다. 이것은 한국에서의 성령운동이 아시아는 물론 세계 오순절 운동의 양적 성장을 보여주는 좋은 예가 될 수 있으며, 또 이것은 바로 오순절 운동을 이해를 위한 열쇠 역할이 바로 한국 오순절 운동을 먼저 이해하는 것이라고도 볼 수 있다. 그 한국 오순절 운동 중에서도 여의도순복음교회는 단연 최고 선봉에서 활약하고 있다고 본다. 두 번째 이유는 위 네 가지는 특별히 여의도순복음교회성장에 중요한 역할을 하고 있기 때문이다. 실제적 개신교가 활발하게 활동한 시기를 기준으로 해서 한국 개신교회의 역사는 불과 130여 년밖에 되지 않는다. 그럼에도 불구하고 개신교 5백여 년 역사에 가장 큰 대형 교회 여러 개가 모두 한국에 있고, 그중에서도 여의도순복음교회는 단연 가장 큰 교회성장을 이루었다는 점에서 세계 교회성장의 한 모델로 충분하기 때문이다. 세 번째, 위 네 가지를 특별히 선택한 이유는 많은 학자들이 이런 영산의 신학과 믿음과 실제의 영향에 대한 논쟁이 아직도 진행되고 있기 때문이다. 즉 여의도순복음교회가 급성장하게 된 이유에 대해 많은 세계의 학자들이 샤머니즘적 영향 때문이라고 주장하는가 하면, 이와는 반대로 또 다른 학자들은 여의도순복음교회의 급성장의 원인은 서양사상의 영향 때문이라고 주장하는 이들도 있다. 이 책은 이들 학자들의 논쟁을 위 네 가지를 예로 들어 설명하면서 영산의 믿음과 실천 신학의 영향이 진정으로 어디서 영향을 가장 많이 받았으며, 그의 실천신학의 토대는 어디서 왔는지를 알아보고자 한다.

4.2. 영산의 기도

여기서는 영산의 기도운동은 어떤 것이 있으며, 그 운동의 영향은 어디에 근원을 두고 있는지를 논하고자 한다. 영산의 기도운동은 한국 전통 교회와 전통 목회자들의 영향도 많이 받았지만, 무엇보다 영산은 성서를 토대로 설명하고 있다. 먼저 영산이 한국 교회와 한국 목회자들의 영향에 대해 알아보자.

그는 1950년대 말 처음 목회를 시작할 때 "매일 10시간 가까이 목이 터져라 하나님께 기도를 했다"(2004b, p.25)고 고백한다. 또 영산은 "기도는 구역모임에서 필수적인 부분이다. 기도는 교회와 구역 부흥의 열쇠이다"(2004b, pp.173 - 174)라고 강조한다. 특히 영산은 어려운 일을 당했거나, 특별 집회나 부흥회가 있을 때는 더 많은 시간을 할애해서 기도하는 것을 발견하게 된다. 영산(Cho, 1984, pp.18 - 19)에 의하면, 그는 설교하기 위해 강단에 서기 전, 적어도 2시간은 기도로 보낸다고 주장한다. 특별 집회가 있거나 또 외국에 나가 설교할 때는 3~5시간씩 기도한다고 고백한다. 그런데 영산이 이런 기도의 영향은 후에 영산의 장모님이 되신 최자실 목사님의 영향도 컸음을 알 수 있다. 필립 더글러스(1991, p.20)는 영산이 자신의 삶에 있어서 기도를 매우 강조하였다고 평한다. 더글러스가 지켜본 영산은 매일 3시간씩 기도하고, 특별기도 목표가 있을 때는 5시간씩 매일 기도했다고 증언한다.

이것으로 보아 영산은 설교 전 항상 몇 시간씩 기도를 했고, 어려운 상황에 처할수록 더 많은 기도로 대처했음을 알 수 있었다. 이처럼 순복음교회의 빠른 성장의 이면에는 기도운동이 있었음을 알 수 있다. 즉 그의 기도 운동 없이 영산의 여의도순복음교회의 교회성장은 생각할 수 없을 것이다. 이런 영산의 기도운동은 알고 보면 많은 부분에서 한국 전통 기독교 문화의 영향을 많이 받았다고 할 수 있다. 여기서 한국 기독교 문화의 영향이라 하는 것은 개신교에서 기도운동이 활발하게 시작된 지난 100년 동안 한국 교회와 한국 목사와 기독교인들의 신앙생활 형태를 말한다. 한국 교회 및 목사들은 다양한 기도를 발전시켜 왔다. 예를 들면, 안수기도, 새벽기도, 특별기도, 철야기도, 건축기도, 작심기도, 산기도, 금식기도, 회개기도, 방언기도, 통성기도 등 매우 다양하다. 영산은 이런 전통 기도 운동의 영향을 많이 받았다는 것이다. 이런 그의 기도운동을 다 다루기에는 너무 광범위하다. 그래서 여기서는 새벽기도, 철야기도, 산기도, 금식

기도를 중심으로 언급하려 한다. 그 이유는 위 4가지 기도운동은 영산의 교회 급성장에 있어서 매우 중요한 역할을 하고 있을 뿐만 아니라 위 4가지 이외의 기도운동의 종류도 대부분 이 4가지 범주 속에서 이루어지고 있기 때문이다.

그러면 영산이 교회 성장에 중요한 역할을 담당했던 여러 기도 운동 중 새벽기도운동의 영향부터 알아보고자 한다.

4.2.1. 새벽기도

이 부분에서 논의될 핵심 주제는 영산 및 여의도순복음교회의 새벽기도운동의 영향은 샤머니즘과 서양 선교사들, 그리고 성서적 영향 중 어느 영향을 가장 많이 받았는지 알아보고자 한다.

영산은 그의 목회 초기에 늘 새벽 기도를 했다. 그에 의하면 (2004b, p.25), 그는 "새벽 4시 30분이면 일어나 아침 7시까지 부르짖었다"고 진술한다. 여의도 순복음교회의 성령운동은 날마다 새벽기도를 통해 이루어진다는 사실이다. 이것은 그 교회뿐만 아니라 한국 교회 특징 중의 하나이기도 하다. 즉 한국교회만의 독특한 점은 대부분 한국 교회가 새벽기도를 하고 있다는 사실이다. 이것은 세계 어느 나라에서도 찾아보기 힘든 것으로서 한국 기독교의 독특한 특징 중 하나라 할 수 있겠다. 어떤 교회는 특별 새벽 기도 기간 동안 주일 낮 예배보다 더 많이 나오는 진풍경도 일어난다. 특히 서울에 있는 명성교회(김삼환 목사)는 새벽 기도회에 4~5만 명씩 참석하기도 하는데 이런 광경은 전 세계 어느 나라에서도 찾아보기 힘든 광경이다. 이 새벽기도는 100년 전 1907년 길선주 목사에 의해서 시작되었다는 사실은 이미 널리 알려진 사실이다. 이것으로 보아 영산의 새벽기도 운동은 이미 약 100여 년 전 한국 목사나 한국 교회의 전통을 따르고 있음을 알 수 있다. 영산과 여의도순복음교회도 다른 한국 교회 목사나 교회들처럼 100년 전부터 행해지고 있던 새벽기도 운동을 따르고 있다. 다른 한국 교회와 차이가 있다면, 순복음교회는 다른 한국 교회들보다 좀 더 열정적 신앙생활을 보여 주고 있다는 점이다. 그 열정적 믿음의 증거가 순복음교회는 주 7일 1년 365일 동안 매일 2부로 새벽기도회를 하고 있다. 1부는 매일 아침 5시, 2부는 7시에 예배를 드리고 있다. 여기서 알 수 있는 것은 이 새벽기도는 서양 교회의 전통이 아닌 한국 전통 교회와 기독교인들의 전통을 이어받았다는 것이다.

영산은 이전 한국 교회와 이전 목회자들이 행해오던 새벽기도 전통의 영향을 많이 받았음에도 불구하고, 영산은 기도에 관한 설교를 할 때마다 언제나 성경을 근거로 설명하고, 성경을 토대로 해석해 나가고 있음을 발견하게 된다.

예를 들어, 성경에 여러 가지 새벽기도의 출처를 발견할 수 있다. "새벽 미명에 예수께서 기도 하시니라"(막1:35), 창28:18-22절에도 보면, 야곱이 브엘세바를 떠나 하란으로 가던 중 벧엘에서 하룻밤 머무를 때 꿈속에 하나님께서 나타나셨다. 그리고 야곱에게 약속의 말씀을 하셨다. 야곱은 이른 새벽 일어나 제단을 쌓고, 하나님께 기도드린 것을 알 수 있다. 또 출 24:4-5절을 보면, 약 300만의 이스라엘을 애굽에서 구출하여 가나안으로 인도하던 모세도 아침에 일찍 일어나 세단을 쌓고 하나님께 기도드렸다. 레위기 6:12-13절을 보아도 제사장들이 아침마다 제사를 드린 것을 발견하게 된다. 신약 시대에 와서는 예수님께서 이른 새벽, 조용하고 한적한 곳에 가셔서 기도하신 사건을 막 1:35절에서 볼 수 있다.

4.2.2. 산기도

영산의 기도 중 또 하나의 중요한 기도는 바로 "산기도"이다. 여기서 이 산기도의 주요 논의점은 그의 산기도의 영향은 한국 문화, 특히 한국 전통 종교문화의 영향을 많이 받았다는 데 초점이 있다.

여의도 순복음교회의 성령운동의 중요한 것 중의 하나는 산기도와 함께 행해지고 있다는 사실이다. 영산 또한 산기도를 많이 했다. 그에 의하면, "나는 늘 삼각산에 올라가 범 한 마리를 때려눕히고 성령충만을 받겠다며 학생들과 함께 산기도를 다니기도 했다."(2004b, p.27). 이것은 영산과 여의도순복음교회뿐만 아니라 한국 교회의 중요한 기독교 전통 중의 하나이며, 빼놓을 수 없는 기독교 문화로 지난 100년 동안 내려오고 있다.

한국 불교문화는 한국의 70%가 산으로 되어 있는 산(山)의 문화와 함께 해 왔다고 해도 과언은 아닐 것이다. 산이 매우 소중한 자연으로 인식되어 온 한국 샤먼문화, 불교문화였다. 즉 한국에 불교가 처음 소개된 것은 A.D 372년쯤이다. 그 후 백제가 A.D 384년쯤에 불교를 받아들였고, A.D. 528년에는 신라에까지 소개되기도 했다(E. B. Adams, 1988, p.183). 이 불교가 한국 샤머니즘과 토착화되고 혼합되면서 한국식 불교가 탄생하게 되었다. 불교가 들어오기 전 한국에는 샤머니즘이 수많은 신을 믿고 있었는데, 그중에 산신이나 칠성신 등이 있었다. 한국 불교는 이들 신들을 받아들였고, 흡수했다("Korean Buddhism", 2008). 오늘 날까지 많은 불교의 사찰은 대부분 이런 산 좋고 물 좋은 산속에 자리 잡고 있다. 이런 불교인들은 오래전부터 산속에 있는 절에 가서 부처님께 불공을 드리며 기도하곤 했다. 한국 불교문화는 이처럼 산과 함께 해 왔다고 볼 수 있다. 한국 전통 종교 문화는 많은 사람들이 산신을 믿고 있었고, 또 조용한 산에서 하나님을 만날 수 있다고 생각하기도 했으며, 기독교의 산기도 또한 이런 한국 전통 문화적 영향을 잠재적으로 받았다고 볼 수 있다.

그들은 산(山)은 하나님이 하늘에서 내려와 머무르는 장소로 생각했다. 그래서 사람들은 산에 가면 하나님을 만날 수 있는 곳으로 믿고 있었다. 뿐만 아니라 산은 하나님과 교통할 수 있는 장소로도 믿고 있었으며, 마지막으로 산은 사람들이 그들 자신들과 신적 공동체를 경험할 수 있는 장소로도 생각했다. 그러므로 이런 한국 교회의 산기도는 한국 문화적 전통에 깊게 뿌리를 두고 있다(Yohan Lee, quoted in Myung, 1990, p.156)고 볼 수 있다.

이것은 이 산기도가 한국 종교 문화와 매우 밀접한 관계가 있다는 것을 보여 주는 좋은 예라 할 수 있다. 다시 말하면, 한국 크리스천들에게 산기도는 서양 부흥사나 선교사, 그리고 서양 목사들의 영향 때문이 아니라는 뜻이다. 산기도는 한국 기독교가 이전 전통 종교의 영향을 잠재적으로 받은 한국식 산기도로 잘 발전시켰다고 볼 수 있다. 영산 및 순복음교회의 산기도는 이전 한국 교회와 목사들이 발전시킨 것 위에 한국식 산기도를 더욱 발전시키는 데 공헌했다 할 수 있다.

이처럼 산기도는 한국 문화적 상황에서 한국 기독교화된 매우 독특한 기도운동으로서, 이 산기도는 이전 한국 전통 종교 문화의 영향을 기독교화된 산기도 운동으로 자리 잡게 되었다. 또 이런 한국식 산기도가 한국 교회 성장의 매우 큰 영향을 끼쳤음을 부인할 수 없다. 이것은 한국 기독교인들이 잠재적으로 한국 전통 문화의 영향을 받은 증거일 수 있다. 그러나 이런 일부 잠재적 영향이 영산 및 여의도순복음교회의 산기도 유형이 샤머니즘의 영향이나 불교문화의 전부인 것처럼 확대 해석해서는 안 될 것이다. 한국 교회가 한국 고유의 문화를 잘 발달시켜서 한국화시킨 결과 이 산기도는 한국 교회는 물론 한국 기독교인들뿐만 아니라 교회 성장에도 많은 도움이 되었다고 볼 수 있다.

현재 한국 오순절 계통의 명성훈 목사는(1990, p.156) '한국 교회의 산기도운동은 매우 유일한 특징이 있으며, 그것은 종교와 문화적 견해로 보아 한국 사람들에게 산기도의 중요한 기능적 역할을 하고 있으며, 또 그 기도 운동은 특별히 교회성장에 있어서 선도적 역할을 하고 있는 한국 교회 목회자들에게 산기도는 특별히 도움이 되고 있다'고 강조한다.

대부분 한국의 크리스천들과 목회자들은 그들의 목회 도중 여러 가지 어려움에 처하면 산기도원에 찾아가서 금식기도 및 작정 기도를 하는 경향이 매우 흔하다. 그들은 3일, 1주일, 10일, 20일 혹은 그 이상을 하는 목회자들도 많다. 이것은 한국의 목회자들뿐 아니라 신학생 그리고 일반 평신도 사업하는 사람, 병자 등 다양한 부류의 사람들이 산기도를 찾고 있다. 이 산기도에 대해서는 이미 2장에서 역사신학적 관점에서 언급했듯이 숙식 시설이 되어 있을 뿐만 아니라, 오랫동안 조용히 기도할 수 있는 시설이 갖추어져 있다. 이런 산기도를 통해 많은 한국 크리스천들은 영성 회복을 강조하고 있다는 점에서 많은 도움을 주고 있다. 이런 많은 한국 기독교인들이 큰 거부감 없이 즐겨 찾는 이유는 과거 한국 기독교인들이나 목사들이 이미 한국 샤먼문화와 불교문화에서 친밀함의 문화적 영향도 있었을 것이고, 또 약 100여 년 전부터 한국 교회와 목회자들 그리고 일반 평신도들이 산기도를 많이 해오고 있었던 친밀함 때문일 수도 있다. 예를 들면, 크리스틴(Kirsteen)에 의하면, 감리교 목사였던 이용도 (1901~1933) 목사는 가끔씩 금강산에 가서 기도와 금식기도를 하곤 했는데, 여기서 이용도 목사는 10일씩 금식 기도하는 등, 그는 신앙심 깊은 목회자로 변해 가고 있었다(K. Kim, 2006, p.159)고 그녀는 진술한다. 또 김익진 교수에 의하면, 나운몽 목사도 1940년경 불교문화가 발달한 용문산에 가서 기도하기도 했으며, 1954년에는 약 30,000명의 군중이 용문산에 모이기도 했다(I. J. Kim, 2003, p.47)고 진술하고 있다.

이처럼 한국인들에게 산기도가 익숙하고 큰 거부감이 없는 것은 오랫동안 불교문화의 영향도 있다고 볼 수 있다. 전통적으로 한국의 사찰은 대부분 산 좋고 물 좋은 산 중턱 혹은 산속 깊은 곳에 자리 잡고 있는 경향이 많다(Anderson, 2004, p.104).

이처럼 한국 불교 사찰은 주로 산에 있으며, 이런 산속에 있는 사찰에 가서 기도하던 불교문화가 한국 개신교도들에게도 영향을 직접 혹은 간접적으로 영향을 끼쳤다고 볼 수 있다. 그렇다고 한국 기독교에서 행하고 있는 산기도가 불교식이라는 뜻은 아니다. 다만 한국 기독교인들에게 산기도는 다른 나라와 비교해 볼 때 독특한 특징이 있으며, 이런 산기도가 다른 나라보다 더 발달할 수 있었던 것은 전통 종교인 샤머니즘 문화와 불교문화의 영향도 잠재해 있다는 뜻이다. 이런 산기도는 한국 교회에 산기도 문화를 발전시키는 좋은 토양이 되었으며 한국 문화적 상황에서 긍정적인 차원에서 계속 발전시킬 필요가 있다. 또 70%가 산으로 되어 있는 한국의 문화유산을 잘 활용하는 것은 기독교인 영성 운동에 도움이 되리라 믿는다. 그것은 한국 기독교인들이 산기도를 통해 여러 문제를 해결하기 위한 유용한 기도 장소로 매우 적절하다고 보기 때문이다. 또 한의 문화 속에 살고 있던 한국인들에게 가슴속 깊이 응어리진 한을 산기도를 통해 크게 소리 내어 기도하는 것은 종교 심리학적으로도 좋을 듯싶다. 이렇게 아무도 말 못할 응어리진 가슴속 울분을 마음껏 소리 내어 기도할 수 있는 곳은 산기도보다 더 좋은 곳은 없을 것이기 때문이다.

4.2.3. 철야기도

이 부분에서 중요한 논의점은 영산의 철야기도는 산기도와 마찬가지로 서양 문화의 영향이 아닌 이전 한국 교회의 전통이나 목사들의 전통을 이어받았다는 데 초점이 있다.

영산에 의하면, "우리 교회는 매일 철야기도회가 있다. 하루도 기도의 불이 꺼지지 않게 하기 위해서다"(2004b, pp.173 - 174). 순복음교회는 크게 두 가지 철야 기도회가 있다. 첫째는 매일 철야 기도회이며, 둘째는 금요 철야 기도회이다.

이처럼 영산은 철야기도를 그의 목회에서 매우 강조해 오고 있다. 그의 철야 기도는 사실 신학생 시절부터 철야기도를 했음을 그의 책 (2004b, p.27)에서 발견할 수 있다.

> 1957년 10월, 중앙청 광장에서 미국의 세계적인 대부흥사인 허만(H. Herman) 목사를 주 강사로 24일간 부흥성회가 개최되었다. 그때 나는 통역을 맡았다[……]. 부흥회 밤마다 신학생들은 은혜받겠다며 중앙청 광장에 앉아 철야기도를 했다. 나도 예외는 아니었다. 밤중이 되어 기온이 내려가면 학생들은 여기저기서 가마니를 주워다가 덮어쓴 채 기도를 계속했고 몸이 부실한 나도 동료들과 함께 밤을 세워가며 기도를 계속했다. 주위의 신학생들이 몸도 약하고 매일 통역하려면 힘드니 철야기도는 중지하는 것이 좋다고 권했지만 나는 더 기도 속에 나를 던졌다

이것은 영산도 부흥회 기간 동안 철야기도를 해오던 한국 교회나 목사들처럼 철야기도에 참석하고 있음을 보여 주고 있는 대목이라 할 수 있다. 이런 금요 기도회는 100년 전에 한국 부흥의 물결이 일어났을 때로 거슬러 올라갈 수 있다.

필립 더글러스(1991, p.20)는 강조하기를, 일반적으로 여의도순복음교회와 한국 크리스천들의 기도의 삶은 아주 감명적이다. 수천 명

의 여의도순복음교인들은 매 금요일 철야기도를 하기 위해 오후 10시 30분에서 새벽 3시 30분까지 모인다. 이런 전통은 1907년의 대각성운동으로 거슬러 올라간다고 진술한다.

이런 철야기도는 영산 및 여의도순복음교회뿐만 아니라 교파를 초월한 거의 모든 한국 개신교가 이 전통을 이어받았다. 아마도 한국 기독교만큼 이런 철야기도회가 활발하게 행하는 나라도 없을 것이다. 2000년대 이후 철야기도회가 좀 소홀해지긴 했지만, 아직도 대다수 한국 교회가 철야 기도회를 하고 있다. 여의도순복음교회와 일반 한국 교회의 철야기도회의 차이점이 있다면, 일반 한국 교회는 주로 금요일에 철야 기도회 하는 반면, 여의도순복음교회는 금요일은 물론 1년 내내 철야 기도를 한다는 차이점이다. 보통 일주일에 한 번 금요일 기도회도 힘든데 어떻게 이런 철야 기도가 일 년 내내 가능한가? 영산의 철야기도 운동에 대해 많은 사람들이 궁금해 한다.

영산은 "어떻게 수천 명의 성도들이 매 금요일 밤 기도로 보낼 수 있는가?"라고 스스로 질문을 던진다. 이에 대해 영산은 "만일 사람들이 디스코장에서 밤새워 보낼 수 있다면, 왜 크리스천들이 철야기도와 주님께 예배드리는 데 보낼 수 없는가?"라고 반문한다. 영산은 우리의 우선순위가 무엇이며, 어디에 두고 있는지에 달려 있느냐가 중요하다고 부연 설명하고 있다. 이 둘 중의 하나가 부흥의 길로 가느냐 아니냐에 달려 있다는 것이다(Cho, 1984, p.111).

여기서 영산의 철야기도에 대한 그의 목회 철학과 철야기도의 강조점을 발견하게 된다. 이것은 영산이 세속적인 디스코장에서도 밤새워 하는 데 우리의 문제와 고민을 풀 수 있고, 하나님께 기도하는 데 왜 밤새워 기도할 수 없는가라고 강한 영적 지도력을 보여주고 있다. 물론 철야기도라 해서 밤새워 기도만 하는 것이 아니다. 순복음교회의 철야기도 설교에 있어서, 철야기도는 영산의 주일예배 설교 형식이 아니라 여러 명의 일반 순복음교회 평신도들 혹은 일반 다른 교회의 평신도들을 초청하여 여러 명의 간증식 설교 형식을 많이 채택하고 있다(Myung, 1990, p.224).

영산은 초창기 철야기도 때 성경강해, 여의도순복음교회의 어려운 점들, 교인들의 자신의 문제점들, 찬양, 설교 그리고 개인 간증 등을 골자로 철야기도의 중요성을 강조하곤 했다. 또 여러 협력 목사들이 교대로 설교를 하곤 했었다.

영산의 이런 철야 기도회 방법은 여의도순복음교회는 물론 한국 교회 대부분 비슷하게 행해지고 있다. 즉 영산의 철야기도 방법은 한국의 다른 개신교와는 아주 크게 다른 것이 아니다. 대부분 한국 교회도 각 교회 목사에 따라 약간의 차이가 있긴 하지만, 그 교회와 비슷한 시간에 시작해서 끝나며, 철야기도 순서 또한 여의도순복음교회와 비슷한 방법을 취하고 있다.

그러나 영산과 여의도순복음교회의 철야기도는 하루도 빠지지 않고 일 년 내내 이루어진다는 점이다. 즉 영산과 그 교회는 다른 한국 교회보다 철야기도를 더 강조하고 더 열정적으로 실천한다는 차이점이 있다고 볼 수 있다.

이런 철야 기도회는 산기도와 마찬가지로 서양 선교사나, 목사 그리고 한국 샤머니즘의 영향이라기보다는 한국 전통 교회나 목사들의 영향을 받았다고 볼 수 있다. 이런 오랜 철야 기도는 주로 보수적 교회일수록 더욱더 활발하게 행해지고 있으며, 이런 철야기도 역시 1907년의 대부흥회에 기원을 두고 있다(T. S. Lee, 2007, p.423).

다시 말하면, 영산과 여의도순복음교회의 철야 기도운동은 서양 개신교의 기도운동의 전통과는 매우 다른 것이다. 철야기도는 한국 인의 열정 문화, 열심 문화, 공동체 문화 속에서 발전된 한국화된 기도운동이라 할 수 있다. 이것은 결코 서양 신학사상이나, 서양 부흥사 혹은 목사들의 영향과는 거리가 먼 한국 문화화된 기도의 특징 중 하나라 할 수 있다. 이 철야 기도를 통해 한국 크리스천들은 그들의 문제와 고민 그리고 한을 풀 수가 있었고, 또 영적 성숙을 가져오는 데 큰 역할을 담당했던 것이다. 그러므로 영산의 교회 성장에 중요한 역할을 감당했던 그의 성령 운동 중 하나인 철야기도 운동은 전적으로 한국 문화의 영향을 절대적으로 받은 한국 전통 기독교문화에 뿌리를 두고 있다고 볼 수 있다. 이처럼 영산은 성서에 나와 있는 기도를 한국 상황에 맞게 변혁시킬 수 있는 지도력과 통찰력을 갖추었던 것은 매우 좋은 현상이며, 성서에 나타난 기도를 오늘을 사는 한국 크리스천들에게 적절하게 적용하는 것은 매우 바람직한 현상이라 할 수 있겠다.

4.2.4. 금식기도

여기서 핵심 논점은 영산 및 그 교회의 금식 기도의 영향은 어디인지에 대해 아는 것이다. 영산과 여의도순복음교회의 빠른 교회 성장 뒤에 빼놓을 수 없는 것 중의 하나가 바로 금식 기도이다. 이 금식 기도에 대해서는 이미 2장에서 역사 신학적 관점에서 언급한 바 있다. 여기서는 실천신학적 관점에서 간략하게 언급하고자 한다. 이 금식기도는 영산의 독특하고 중요한 성령운동의 하나이다. 영산은 금식기도에 대해 교인들에게 가르친다. 영산에 의하면(Cho, 2004b, p.174), "여의도순복음교회는 기도를 강조하지만 나는 특별히 금식기도의 중요성에 관해 가르친다"고 강조한다. 그래서인지 여의도 순복음교회 구역장들은 금식을 많이 하는 걸로 잘 알려져 있다. 그들은 때론 3일 혹은 일주일씩 기도하며, 아주 심각한 문제를 가졌을 때는 7일 혹은 15~20일씩 금식 기도하곤 한다. 영산에 의하면(2004b, pp.174-175),

교인 중 몇몇은 예수님이 광야에서 하신 것처럼 40일을 금식하기도 한다 [……]. 우리교회에서 확실한 응답을 가져온 기도의 90%는 금식을 동반한 기도였다. 우리 교회의 성도들 대부분은 정기적으로 기도원에 올라간다. 그들의 약 60%는 성령세례와 방언의 은사를 위해 기도하러 간다. 성도들은 금식과 기도의 결과로 많은 기적을 경험한다[……]. 금식 기도하기 위해 기도원에 가는 사람의 90%는 자신들의 기도에 확실한 응답을 받는다[……]. 목회자와 평신도 지도자들은 이러한 종류의 기도 생활과 친교를 발전시켜야만 한다. 그것은 구역부흥과 교회부흥을 위한 가장 중요한 영적 태도이다.

명성훈(1990, p.182) 목사도 역시 "여의도순복음교회의 모든 성도의 98%는 금식 기도의 경험을 가지고 있다. 그들의 금식기도는 여의도순복음교회 생활의 일상적인 특징이다"라고 진술한다.

이것으로 보아, 영산과 여의도 순복음교회의 금식기도운동 없이 영산의 성령운동을 생각할 수 없을 것 같다. 그만큼 여의도 순복음교회의 급성장에 금식기도는 매우 큰 역할을 했음을 알 수 있다(2.4.3 참조). 영산은 자신은 물론 교회에 여러 어려움이 있을 때 종종 금식 기도를 했음을 알 수 있다. 영산은 그의 목회 초기에 특히 금식 기도를 많이 했다. 그가 천막 교회를 할 때, 많은 폐병환자, 중풍병 환자가 낫는다는 이유로 이단이라는 소문이 퍼졌을 때, 그는 "금식하고 기도하며 결사적으로 하나님께 매달려 울면서 기도했다"(Cho, 2004b, p.42)고 진술한다. 또 영산이 입영통지서를 받고 후임 목회자를 위해 "매일 밤마다 철야하고 금식하고 기도했다"(Cho, 2004b)고 고백한다. 이처럼 영산은 어려운 일이 있거나 중요한 결정을 해야 할 때 그와 그 교회는 어김없이 금식 기도했던 것을 볼 수 있다.

즉 영산 및 한국 교회는 이 금식 기도를 통해 영적, 물질적, 육체적, 교회, 사업 등 다양한 문제 해결과 중대한 문제 해결을 해야 할 경우 금식 기도를 했으며, 이 금식 기도는 또한 많은 문제 해결의 도움을 준다고 믿고 있었으며, 자신의 영성 회복을 위해서도 금식

기도의 필요성을 강조해 왔다. 목회자들의 금식을 하는 주요 이유는 좀 더 깊은 영성을 깊게 하기 위함이고, 자신의 가족의 문제점을 풀기 위함도 있고, 병을 치료하기 위함도 있고, 사업문제를 해결하기 위함도 있고, 또 교회문제를 풀기 위함도 있다. 이런 금식기도의 이점에 관해서는, 응답자들은 좀 더 집중기도와 깊은 자기 성찰을 할 수 있는 확신의 경험을 할 수 있게 된다(T. S. Lee, 2007, p.426).

이와 같이 한국 교회에서는 빠른 문제해결과 영력을 높이기 위해 금식 기도를 하는 경향이 많다. 아마도 한국의 목회자 중 거의 대부분이 금식 기도의 경험을 가지고 있고, 많은 일반 한국 평신도들도 금식 기도의 경험을 가지고 있다. 물론 이런 금식 기도는 물론 성경에 수없이 많이 금식 기도 사례를 찾아볼 수 있다. 하지만 이런 금식 기도가 마치 모든 문제를 주는 것처럼 지나치게 매달리는 것은 삼가야 할 것이다. 자칫 잘못하면, 잦은 금식 기도를 통해 영적 자만심, 자족감, 그리고 다른 사람보다 우월감에 빠질 염려가 있을 수 있다는 사실이다. 이런 금식 기도가 때로는 병마와 문제 해결에 만병통치약으로 오해될 수 있다(T. S. Lee, 2007, p.426)는 것이다.

그럼에도 불구하고 아직까지 많은 한국 기독교인들은 금식 기도 운동을 활발히 하고 있으며 수많은 사람들이 이 금식 기도 운동에 동참하고 있다. 이런 영산의 금식 기도의 영향은 성경에 뿌리를 두고 있다. 특히 한국 교회가 성경에 나타난 여러 금식 기도를 강조하여 지금은 한국 기독교인들 사이에서 문제 해결의 실마리를 찾는 데 중요한 한국 기독교 금식문화로 자리잡게 되었다.

4.2.5. 설교

여기서 영산의 설교에 대한 논쟁의 핵심은 영산의 축복 설교와 신유에 관한 설교, 그리고 적극적 사고에 관한 설교의 영향을 어디서 받았는가에 초점을 맞추려 한다. 첫 번째 이유는 이것이 아직까지 몇몇 학자들에 의해 샤머니즘의 영향인지 서양 선교사들의 영향인지 아니면 한국 전통 기독교의 영향을 받았는지에 대한 논쟁이 계속되기 때문이다. 두 번째 이유는 그의 설교 분야가 너무 광범위해서 모두 언급할 수 없기에 영산의 설교에 나타난 몇 가지 예를 들어 설명하고자 한다. 세 번째는 이미 3장에서 조직 신학적 관점에서 언급했듯이 영산의 설교와 관련된 많은 신학 부분을 일부 다루었기 때문에 여기서는 영산의 축복, 신유, 그리고 적극적 사고에 관한 설교를 중심으로 그의 설교의 영향을 어디서 받았는지 논하려 한다.

영산의 실제 목회에 있어서 설교의 비중은 대단히 중요한 부분이다. 아마도 교회성장의 가장 큰 원인은 바로 설교자의 강력한 메시지일 것이다. 윌리엄 멘지즈(William W. Menzies)는 조용기 목사가 매우 강한 메시지를 전달하는 설교자라고 했다. 그는 세계에 가난과 무명에서 세계에 거대하게 영향을 미치는 위치로 떠올랐다. 그의 설교는 좀 더 밝은 미래를 위해 희망의 긍정적 메시지를 듣기를 원했던 많은 사람들에게 좋은 안내 역할을 했다. 또 영산의 설교는 그가 목회하고 있었던 한국 상황의 관점에서 가장 훌륭한 메시지였으며, 또한 그는 참으로 한국 역사에 있어서 중요한 시기에 영적, 사회적 변혁의 중요한 메시지를 주었다고 평한다(Menzies, 2004, pp.33 – 34).

이것은 영산의 설교는 한국 전후 상황에 지쳐 있던 한국 민중들에게 희망의 메시지였으며 많은 사람들이 좌절 속에서 일어날 수 있는 힘을 얻게 되었다. 특히 그의 신유설교와 축복 설교, 그리고 적극적 사고에 관한 설교는 빠른 교회성장에 매우 중요한 역할을 했다는 데 이의를 제기하는 사람은 아마도 없을 것이다. 이것은 많은 한국 기독교인들도 인정하는 사실이다. 영산은 2007년 한국 크리스천들로부터 설교를 가장 잘하는 인물로 뽑히기도 했다. 리서치 전문기관인 글로벌리서치 기관은 한국 기독교인 8명을 선정해서 한국 기독교인 857명을 대상으로 전화 설문 조사를 실시한 결과 영산이 17.9%로 "자랑스러운 종교인 1위를 차지했다"고 보고한다. 한국 크리스천들이 영산을 1위로 선정한 이유는 "설교를 잘한다"가 25.8%로 가장 많았고, "세계적인 목사(17.9%)"라고 생각하는 것이 두 번째 이유였고, "선교활동에 힘쓴다(9.3%)", "하나님 중심의 생활(4.6%)" 등의 이유를 들고 있다(J. B. Kim, 2007, M. N. Lee, 2007, p.3).

이것은 지금까지 그의 설교가 지난 50년 동안 급성장을 했던 이유를 직접적으로 보여주는 예라 할 수 있다. 이 설문 조사에서도 밝혀졌듯이, 영산의 성령운동에서 빼놓을 수 없는 것 중의 하나가 설교임이 입증되었다. 영산에 의하면, "리더인 목사에게 있어 가장 중요한 요소 가운데 하나가 설교이다. 설교와 교회성장, 구역부흥은 고리와 같이 연결되어 있다"(2004b, p.182)고 강조한다. 이처럼 설교는 교회성장에 있어서 절대적인 요소 중 하나라고 볼 수 있다.

그의 설교는 종류나 장소, 절기 그리고 상황에 맞게 다양하게 다르며, 강조점 또한 상황에 따라 다르다. 그러나 대부분 그의 설교의 구조와 뼈대는 그의 주요 신학에서도 언급했던 오중복음과 삼중축복 그리고 순복음의 7대 신앙에 초점을 맞추고 있음을 알 수 있다. 이 부분에서는 그의 주요한 실천 신학분야에 관련된 이들 설교를 다 다룰 수는 없고, 그의 설교 중 특히 축복과 신유에 관한 설교에 초점을 두려고 한다. 그 이유는 영산의 신유와 축복에 대한 논쟁은 지금도 학자들 간의 논쟁이 되고 있기 때문이다. 특히 이들 설교가 서양의 영향을 받았다는 주장과 한국의 전통종교 중의 하나인 샤머니즘의 영향을 받았다는 주장을 하는 사람들로 나누어지곤 한다.

마원석(2005) 교수에 의하면, 영산의 메시지는 영적으로뿐만 아니라 육체적, 정신적으로도 하나님의 축복의 메시지로서 특징지어진다. 영산의 축복의 강구함은 전통적으로 샤머니즘과 같이 복받기 위해 기도하는 기복 신앙처럼 하급 종교로 취급을 받곤 했다. 그래서 이런 기도를 샤머니즘적이라고 간주되곤 했다. 이것이 바로 지난 10년 동안 있었던 한국 샤머니즘 논쟁이기도 하다. 특히 하비 콕스(Harvey Cox)나 발터 홀렌베거(Walter Hollenweger) 같은 학자들이 이런 축복 기도를 샤머니즘적이라고 특징지은 이유이기도 했다(Ma, pp.71 - 72).

이런 영산과 여의도순복음교회의 축복 설교와 신유 설교가 샤머니즘 논쟁에 대해서 이미 3장에서 조직 신학적 관점에서도 언급한 바 있다. 그러나 여기서는 실천 신학적 관점에서 영산의 신유설교와 축복설교와 영산의 적극적 설교에 대해 간단하게 언급하고자 한다.

다니엘 애덤스(Daniel J. Adams)는 영산의 병 치유와 물질적 축복이 한국 샤머니즘의 영향(1991, p.41)이라고 강조한다(3장 참조).

유부웅(1986, pp.73 - 74) 교수 역시 영산의 여의도순복음교회가 전형적인 샤머니즘스타일의 교회 중의 하나이며, 그 구조와 세계관이 샤머니즘과 매우 유사하다고 주장한다. 유부웅 교수의 주장은 한국의 노동자 계급과 여성들은 샤먼으로 가고 있는데, 그 이유는 그들이 건강, 부, 풍부와 성공을 필요로 하기 때문이라는 것이다. 그런데 영산의 설교가 정확하게 그들의 필요를 채워주고 있다는 것이다. 유부웅 교수는 영산이 가장 좋아하는 설교 주제는 "당신이 믿으면 무엇이든지 가능하다"라는 설교 등이 바로 건강, 부, 물질과 성공이 연결된다고 비평한다. 또 영산의 요한 3서 2절과 성령세례, 방언, 예수 이름으로 병자를 쫓아내는 것 등이 바로 이런 것들과 같은 맥락에서 이해하고 있다. 뿐만 아니라, 유부웅 교수는 영산의 주일 예배에 있어서 영산의 역할이 샤먼 또는 무당들이 행하는 그것과 정확하게 같다고 비평한다. 차이가 있다면 무당(샤먼)은 영들의 이름으로 기적

행위를 하고 있는 반면, 영산은 예수 이름으로 악령을 몰아내고 아픈 사람을 치유한다고 주장한다.

그러나 영산은 이런 샤머니즘 영향에 대해 매우 강하게 부인하고 있으며, 기복 신앙과 샤먼 신앙에 대해 차이점과 비슷한 점을 분명하게 구분하고 있다. 영산은 기독교적 신유는 "무당의 신통술이나 강신술(降神術)이 아니다"(1998a, p.133)라고 일축한다. 샤머니즘에서는 구원이 없는 기복 신앙을 추구하는 반면, 기독교의 축복 신앙은 믿음으로 구원을 받는다고 믿는 점에서 기독교의 축복 신앙과 큰 차이가 있다고 주장한다(1998a, pp.195 – 196). 이 기복 신앙과 축복 신앙에 대해서 이미 3장(3.3)에서 충분히 설명했다.

서광선(1981, p.57) 교수 역시 영산의 축복과 신유 설교를 강하게 비판한다. 그러면서 서광선 교수는 영산의 삼박자 축복이란 "바로 현실 생활에 있어서의 육체적 건강과 물질적 성공"을 가르친다고 비판한다. 그래서 "그 축복을 위하여 종교를 믿고, 그리고 이 축복을 얻기 위하여 약한 자들은 울부짖으면서 기도한다"(p.57)고 비판한다. 즉 서광선 교수는 영산의 삼박자 가르침 속에 있는 신유와 축복 설교는 "예수 믿고 교회에 나가서 열심히 기도만 하면" 축복이 오고, "곧 죽어가는 사람도 예배시간에 눈물의 기도를 드리면 틀림없이 살아난다"(p.57)고 가르치는 영산의 설교를 비판하고 있다. 또 서광선은 눈물의 기도는 이런 효력을 발생한다고 믿기 때문에 순복음 교인들은 예배시간마다 참회의 눈물을 흘리는 것으로 오해하고 있다. 그래서 서광선은 "순복음교회 신도들의 기도가 샤머니즘에서의 기구(祈求)와 다른 것이 무엇인가. 그 형태뿐 아니라 그 내용도 동일한 것이 아닌가 하는 것이다"(p.58)라고 비난한다.

그러나 영산은 "이것은 [샤머니즘]은 기독교적인 입장에서 볼 때 엄연히 우상 사신 숭배를 조장하는 일이며, 범 기독교적으로 대응해야 할 문제입니다"(Cho, 2004b, p.194)라고 강하게 배격하고 있음을 알 수 있다. 또 영산(1998a, p.133)은 "귀신의 도움을 받아 병이 낫는 것이 주님의 치료, 곧 신유와 혼동되어서는 안 된다"고 주장한다. 기독교적 치유와 기복 신앙과의 유사점과 차이점(3.3 참조)을 분명하게 구분하고 있으며, 또 영산은 의도적 기복 신앙을 사용하지 않고 있는 것으로 보아 영산의 축복 설교와 신유 설교가 샤머니즘의 영향에 너무 치중하는 것은 영산의 오중복음과 삼중 축복을 제대로 이해하지 못한 데서 오는 오해일 수가 있다. 또 눈물을 흘리며 기도하는 것을 샤머니즘과 흡사하다고 주장하는 것 또한 올바른 해석이라 할 수 없다. 그것은 사람들이 심각한 어려움에 처해 있을 때 대부분 눈물을 흘리며 기도하는 것은 모든 종교의 특징 중 하나일 뿐이기 때문이다. 우리는 이스라엘 성지에 여러 종교가 함께 통곡의 벽을 향해 기도하는 사실을 알 수 있다. 거기서 기도하는 여러 다른 종교인들은 한국의 샤머니즘의 영향을 전혀 받지 않아도 통곡의 벽에 대고 때론 눈물을 흘리며 기도한다. 또 성서와 서양 사람들도 눈물을 흘리며 기도하는 모습도 찾아볼 수 있다. 이들 또한 한국의 샤머니즘의 영향을 전혀 받지 않은 자들이다. 그러므로 한국 오순절 교인들이 눈물의 기도를 종교 사학적인 관점에서 샤머니즘과 억지로 관련시키려는 시도로 비춰질 염려가 없지 않다. 무엇보다, 영산의 설교를 종교학적 접근에서 분석하기보다는 신학적 관점에서 분석할 때 그의 신학을 제대로 이해할 수 있다고 본다. 그것은 그의 실천 신학이 신학적 논리와 바탕을 두고 있기 때문이다.

영산의 가르침에 대해 또 다른 비평자들이 있다. 특히, 데이브 헌트와 맥마흔(Dave Hunt and T.A. McMahon)(1987, pp.111－112) 역시 영산의 중요한 가르침을 보여주고 있는 영산의 책 4차원 세계("*The Fourth Dimension*")(Cho, 1979a)에 대해 강하게 비판한다. 그럼 먼저 영산이 신앙생활에 있어서 4차원 세계란 무엇을 말하는지 간략하게 알아보고자 한다. 영산의 4차원 세계(1979a, 1983)는 영산의 가르침과 간증, 목회에 실제적인 많은 가르침을 보여 주고 있는 책으로서, 그의 4차원의 영적 세계라는 아이디어로 영적 세계를 설명하고 있다. 영산의 가르침에 의하면,

> 우주에는 세 가지 형태의 영이 존재합니다. 하나님의 성령, 악마의 영, 그리고 인간의 영입니다[⋯⋯]. 두 점 사이를 선으로 그은 것을 '1차원'이라고 합니다. 만일 여러분이 수백 수천의 선을 더 그으면 '2차원',.즉 평면이 됩니다. 그리고 그 평면을 하나씩 계속 쌓으면 '3차원'인 입체가 됩니다. 1차원인 선분은 2차원인 면에 포함되고 지배를 받습니다. 이러한 기하학의 비유를 이용하여 우리는 물질세계도 비유해 볼 수 있습니다. 우리가 사는 물질세계는 3차원에 속합니다. 그렇다면 3차원의 물질세계를 지배하는 것은 무엇입니까? 4차원에 속한 영의 세계입니다. 여러분은 성경을 펴고 창세기 1장 2절을 읽으면 답이 나옵니다(Cho, 1979a, p.38, 1996, p.56).
> 1차원과 2차원과 3차원의 비유를 사용해 보면 이 혼돈하고 공허한 세계[창 1장 2절을 뜻함]는 3차원에 속한다고 하겠습니다. 성령께서 3차원의 세계를 품으시고 운행하시는 것으로 표시되어 있는데, 성령께서는 하나님의 모든 능력을 실제로 행하시고 역사하시는 영원한 차원의 세계에 속한 분입니다(Cho, 1979a, p.38, 1996, pp.56 - 57).

그러나 영산을 비난하는 사람들은 영산의 4차원의 영적 세계에 대해 논리와 과학 그리고 성서적이지 않다고 다음과 같이 반박한다.

데이브 헌트와 맥마흔(1987, pp.111 - 112)은 영산의 "4차원 세계"는 영(spirit)이 3차원적 세계를 포함하고 조정하는 4차원 세계라고 말하는 것은 논리와 과학은 물론 성경에도 모순되어 있다고 강조한다. 이런 영을 4차원으로 간주하는 것은 하나님을 물질세계와 차원적이고 원인과 결과의 관계라는 신분으로 놓음으로써 하나님의 초월성을 부인할 뿐만 아니라, 그것은 하나님은 모든 것과 하나님 자신

의 모든 것을 창출해 냈다는 힌두교 개념의 하나님을 보여주고 있다고 비평한다. 그러나 데이브 헌트와 맥마흔은 성경에 어떻게 모순되는지에 대해 자세히 언급하지 않고 있다. 그리고 과학적 논리에 모순된다는 점에 대해서도 자세히 언급하지 않고 있다. 또 데이브 헌트와 맥마흔은 영산이 형이상학적 차원에서 4차원 세계를 설명하고 있음에도 불구하고, 이들 비평가들은 영산의 4차원 세계를 형이하학적 차원에서 반박하고 있다. 데이브 헌트와 맥마흔의 논리라면, 성서에 나타난 기적과 부활, 동정녀 탄생, 삼위일체교리 등 수많은 성서의 사건들을 형이하학적 관점에서 해석할 수 있는지에 대한 의문을 갖게 된다. 그것은 성경은 종교적 문서이지 과학적 문서가 아니기 때문이다. 그러므로 영산의 4차원 세계는 신학적 차원에서 이해하려 해야지, 이들 비평가들처럼 과학의 논리로 접근하려는 형이하학적 차원에서 해석하려는 시도는 영산의 4차원 세계를 제대로 이해하려는 태도가 아님을 알 수 있다.

또 어떤 사람은 영산의 4차원 생각의 뿌리는 불교와 미신적이라고 주장하는 사람도 있다. 예를 들면, 존 맥아더(John F. MacArthur)(1992, p.180)는 "영산의 4차원 세계 개념은 불교도와 신비한 가르침에 뿌리를 두고 있다"고 주장한다. 그러나 그는 영산의 4차원을 설명하는 핵심을 이해하기보다는 영산의 저술을 일부분만 확대해석 해석하는 등 문자적 해석에 더 치중하고 있는 듯하다.

즉 영산이 4차원의 영적 세계를 설명하게 된 동기를 다음과 같이 말하고 있다.

한번은, 정말 난처한 일이 생겼습니다. 우리 교회의 어떤 성도들은 하나님의 기적을 별로 중요시하지 않게 되었습니다. 그들은 제게 와서 말했습니다. "우리가 어떻게 하나님만이 절대 거룩하신 분이라고 믿을 수 있습니까? 어떻게 야훼 하나님을 유일한 창조자라고 할 수 있습니까? 동양의 종교에서도 선과 요가 등을 통하여 많은 기적이 일어나는 것을 보는데, 왜 하나님만 우주에서 유일하신 창조주라고 해야 합니까?(Cho, 1996, p.55)[……]. 그러므로 나는 영원하신 하나님의 유일하심과 영적 세계에 대해 여러분에게도 그 설명을 해드리고자 합니다(Cho, 1979a, p.37, 1996, pp.55-56).

이처럼, 영산이 이 4차원의 영적 세계를 비유로 사용한 것은 "성령께서는 하나님의 모든 능력을 실제로 행하시고 역사하시는 영원한 차원의 세계에 속한 분"(Cho, 1979a, p.39, 1996, p.57)임을 평신도들에게 알기 쉽게 설명해 주기 위함임을 알 수 있다. 그래서 영산은 1차원 세계의 것들이 2차원 세계를 이해할 수 없고, 2차원 세계의 것들이 3차원의 세계를 이해할 수 없다. 마찬가지로 3차원에 살고 있는 우리는 4차원의 영의 세계를 알 수 없다고 설명한다. 왜냐하면, 영산은 4차원이 바로 영의 세계와 같기 때문에 3차원에 살고 있는 인간이 4차원의 영의 세계를 이해하기 쉽지 않다고 설명하고 있는 것이다. 이것은 영산이 성령은 하나님의 모든 능력을 수행할 수 있는 초자연적인 존재임을 설명하기 위해 이와 같이 예를 들었음을 알 수 있다. 결코 신비주의나 마술적, 샤머니즘적, 힌두교 개념의 하나님 등과는 아무런 관련이 없는 것이다. 또한 억지로 영산의 4차원 아이디어를 지나치게 불교도나 신비로운 가르침의 영향인 것처럼 확대해석할 필요도 없을 것이다. 뿐만 아니라 영산의 4차원 세계의 진술을 지나치게 과학적 측면에서 비평하는 것도 올바른 평가는 아니라고 본다. 그것은 영산이 형이상학적 측면에서 설명한 것을 전혀 다른 차원인 형이하학적 측면에서 논리와 과학적 이론을 끌어들여 비평하는 것은 출발점 자체가 빗나간 평가라 볼 수 있다. 또 이런 형이하학적 관점에서 영산의 4차원 세계를 이해하는 것은 영산이 강조하고자 하는 4차원의 핵심을 크게 벗어날 염려가 있기 때문이기도 하다.

영산의 설교의 실제에 있어서 또 중요하게 강조하는 것은 "적극적 사고"에 대한 설교이다. 영산은 지난 50여 년의 그의 설교 중에 긍정적 사고에 관한 설교를 수없이 해 왔다. 이것은 한국 사회와 침체되어 있던 한국 기독교인들에게 희망의 메시지가 되었다. 필립 더글러스(Philip D. Douglass)(1991, p.16)는 영산이 긍정적 사고의 메시지를 통해 수십만의 한국인들을 도왔다는 데 아무도 의심하지 않고 있으며, 또 영산은 남한의 놀랄 만한 경제와 사회적 진전을 암시적으로 공헌했다고 진술하고 있다.

이런 영산의 적극적 사고에 관한 설교는 한국 사회와 기독교인들에게 많은 희망을 주었던 것이 사실이다. 이런 그의 적극적 설교의 사상적 배경과 동기가 무엇이며, 이런 적극적 사고에 대한 설교를 강조하게 된 영향은 과연 어디서 왔는지 알아보고자 한다. 이것을 논하는 중요성은 그의 적극적 설교를 통한 그의 성령운동은 한국뿐만 아니라 전 세계 오순절 운동에도 많은 영향을 끼쳤기 때문이다. 이런 영산의 적극적 사고에 대한 설교의 영향은 한국과 미국 목사들의 영향을 함께 받았다. 하지만 그가 이런 설교를 강조하게 된 가장 큰 이유는 한국 사회가 역사적으로 처해 있던 전후의 상황이 가장 큰 동기가 될 것이다. 먼저 영산의 적극적 사고에 관한 설교의 서양 목사들에게서 받았다는 느낌을 주는 대목을 알아보고자 한다.

영산은 스스로 로버트 슐러의 적극적 사고에 대한 감동을 소개하기도 한다. 영산(1981, p.160)에 의하면,

> 미국에서 로버트 슐러(Robert Schuller) 박사는 전국에 많은 시청자를 가지고 있다. 그 이유는 그가 항상 청중들에게 믿음과 소망과 그리고 사랑을 주는 "적극적인 사고"(Possibility Thinking)를 설교하기 때문이다. 내가 주일에 미국의 호텔 방에서 있을 때, 기독교 프로그램인 슐러 박사의 "능력의 시간"(Hour of Power)을 시청하기를 원한다. 그는 나의 심령에 믿음과 소망과 사랑을 채우기

위해 그에게 의존한다. 그의 설교들은 나에게 큰 감동을 준다.

이것으로 보아, 영산은 로버트 슐러 목사의 영향을 간접적으로 받았음을 보여주고 있다 하겠다.

그러나 몇몇 비평가들은 영산의 적극적 사고에 관한 설교를 신비주의와 정신과학까지 관련시키고 있다. 다시 말하면, 영산의 적극적 사고에 관한 설교가 로버트 슐러 목사의 영향을 받았고, 로버트 슐러 목사는 노먼 빈센트 필, 융 심리학, 크리스천 과학, 모르몬교(Mormonism) 등의 영향을 받았다고 주장한다. 데이브 헌트와 맥마흔(Dave Hunt and T.A. McMahon)(1987, p.23)은 어니스트 홈스(Ernest Holmes)는 최고의 신비 위에 정신의 과학으로 알려진 종교과학은 나폴레옹 힐(Napoleon Hill)로 드러났다고 주장한다. 그것은 노먼 빈센트 필의 긍정적 사고와 로버트 슐러 목사의 적극적 사고와 매우 밀접한 관련이 있다고 강조한다. 헌트와 맥마흔(1987, p.24)에 의하면, 로버트 슐러의 적극적 사고는 노먼 빈센트 필의 긍정적 사고가 다른 표지 이름하에 시도되는 것으로서 같은 소산이라 할 수 있다고 주장한다.

그러나 데이브 헌트와 맥마흔은 로버트 슐러의 적극적 사고와 노먼 빈센트 필의 긍정적 사고가 어떻게 다른지 자세히 언급하지 않고 있다. 그리고 영산이 적극적 사고에 대한 설교가 서양 부흥사들의 영향을 얼마나 많이 받았는지를 알기란 쉽지 않다. 더욱이 영산은 이런 융의 심리학에 근거를 둔 적극적 사고나, 무의식 사고에 근거를 둔 적극적 사고를 정면으로 거절하고 있다. 뿐만 아니라 영산은 현대 신학의 아버지로 불리는 슐라이에르마허의 인본주의신학을 분명하게 거절하고 있음을 알 수 있다(1983, pp.52-53, 79). 앨런 앤더슨(Allan H. Anderson)(2004, p.106) 역시 영산이 적극적 사고 학파로 널리 알려진 다른 현대 신학자들과 슐라이에르마허의 인간과 인본주의 신학의 선천적으로 가지고 있는 선으로 신앙을 인도하는 융의 심리학을 분명하게 거절한다고 진술하고 있다.

이처럼 영산은 세속적인 종교나 심리학, 명상, 요가 등을 기초로 한 적극적 사고를 배격하고, 성서적 근거를 통한 적극적 사고를 강조하고자 노력했다. 그리고 영산은 왜 긍정적인 사고를 해야 하는지에 대해서 영산의 책(Cho, 1979a, pp.67 - 69, 1996, pp.87 - 101)에서 두 가지로 분명하게 말하고 있다. 하나는 "성공적인 개인의 삶을 위하여"라고 설명하고 있고, 두 번째는 "하나님의 목적을 위하여"라고 강조한다. 이런 영산의 긍정적인 사고를 갖게 된 동기에 한국의 한 신경외과 의사의 대화에서 크게 깨닫게 된 동기가 되었음을 진술하고 있다. 영산은 진술하기를,

> 어느 날 아침, 나는 한국에서 권위 있는 어떤 신경외과 의사 한 사람과 식사를 하고 있었습니다. 그는 뇌수술에서 발견된 여러 가지 의학적 사실에 관해서 이야기해 주었습니다(1979a, p.67, 1996, p.87)[……]. 그는 언어 중추 신경이 신체에 대해 큰 힘을 가지고 있기 때문에 말을 통하여 자신이 원하는 방향으로 전 육체를 조절할 수 있다고 했습니다. "만일 어떤 사람이 '나는 점점 약해지고 있다.'고 계속 말하면 당장 모든 신경들이 그 메시지를 받아서 말할 것입니다. '자, 약해지도록 준비를 하자. 우리의 중앙 전달 센터에서 지시가 왔으니 우리는 약해져야 해.' 그래서 그들의 신체적 상태를 약해지게 조절한다는 겁니다"(1979a, p.68, 1996, p.88)[……]. 그 의사가 한 말은 내게 많은 의미를 주었고, 나의 생활에 많은 영향을 주었습니다. 나는 말씀을 입술로 시인하는 것이 성공적인 개인의 삶을 창조한다는 중요한 사실을 새삼 깨닫게 된 것입니다(Cho, 1979a, p.69, 1996, p.89).

이것은 영산이 적극적이고 창조적인 설교를 해야 하겠다고 마음먹게 된 하나의 동기를 잘 보여주는 대목이라 할 수 있다. 이런 가운

데 그는 야고보서 3장 2절에 집중하게 된다. "혀는 신체의 가장 작은 부분이지만, 온몸을 굴레 씌울 수 있다", "혀를 지배하는 사람이 온몸을 지배한다"(3절)는 말씀을 더욱 확신 있게 믿게 되었던 계기가 되었다(1979a, p.70, 1996, pp.88, 90). 이것을 바탕으로 하여 영산은 더욱 긍정적 사고, 창조적 사고, 생산적 사고에 관한 설교에 더욱 치중하게 되었음을 알 수 있다.

영산은 이런 긍정적이고 적극적인 설교를 하게 된 배경은 한국의 한 치과 의사와의 만남 외에도 한국 문화 속에 자리 잡은 구두문화적 습관에서도 찾고 있음을 발견하게 된다. 그것은 영산은 한국이 지난 5천여 년의 역사 속에 전쟁을 많이 치른 것은 부정적인 말을 계속 사용했기 때문이라고 진단한다. 예를 들면, "너무 더워 죽겠다. 배불러 죽겠다. 좋아서 죽겠다. 무서워 죽겠다"(Cho, 1979a, pp.70-71, 1996, p.91). 비록 일부이긴 하지만, 문화적 부정적인 영향을 받은 한국 국민들에게 "이제라도 우리는 부정적인 말을 버리고 항상 긍정적인 말을 하는 습관을 들여야 한다"라고 강조하게 되었던 것이다. 다시 말하면, 영산의 '긍정적 사고'의 영향은 한국인 신경외과의사와 야고보서 3:1-5절 말씀을 통해 확신을 갖게 되었다고 볼 수 있다. 이런 긍정적 사고는 일제 식민지와 한국 전쟁을 통해 고통받던 민중들에게 매우 유효했으며, 바람직했고, 또 강력한 힘을 발휘할 수 있었던 것이다. 이런 영산의 적극적 사고는 서양 부흥사들을 통해 더욱 확신을 갖게 되었다. 이것은 서양 목사들의 설교, 예를 들면, 로버트 슐러, 오럴 로버츠 등, 서양 부흥사나 목사들의 영향도 일부 받았음을 알 수 있다. 박명수(2003a, p.108) 교수는 "영산의 메시지는 철저한 복음주의 신학 바탕 위에 두고 있으며, 특별히 그의 삼박자 축복의 가르침은 로버트 슐러로부터 착상이다"라고 진술한다.

이처럼 영산의 설교가 서양 부흥사들의 영향을 받은 것에 대해 부인할 수 없다. 하지만 그가 서양 목사들의 설교를 텔레비전이나 책을 통해 영향을 받았다면 영산의 70년 이상 한국 문화의 영향은 얼마나 더 많이 받았을까 하는 생각을 해 볼 만하다. 아마 한국 문화적 영향과 서양인의 영향은 비교가 되지 않을 것이다. 이것은 영산의 머리와 마음을 모두 비운 상태에서 그들의 설교를 받아들인 것이 아니라, 영산의 온전한 한국 문화의 옷을 입은 상태에서 서양 목사들의 설교를 받아들였다고 볼 수 있다. 그 이유는 영산이 한평생 영향을 받은 한국 문화와 그의 사회적 존재는 영원히 뗄 수 없는 관계이기 때문이다. 리처드 니버(H. Richard Niebuhr)(1951, p.33)에 의하면, "문화와 사회적 실존은 함께 존재하며, 뗄 수 없는 관계에 있다"고 강조한다. 그런 면에서 영산의 설교는 한국적 상황에서 발생된 여러 한국 문화와 뗄 수 없는 관계이며, 영산의 설교는 늘 한국 문화에 깊은 뿌리를 둔 한국 문화적 영향 또한 많이 받았다 할 수 있다. 영산은 과연 한국 문화라는 옷을 입고 서양 사상을 받아들였는지? 아니면, 한국인의 문화가 마음속에 있는 상태에서 서양사상이라는 옷을 입고 있는지를 정확하게 구분하는 것은 쉽지 않은 일일 것이다. 그럼에도 불구하고, 영산의 설교 중 어느 한편을 살펴보더라도 그는 모든 설교의 기본 바탕 위에는 성서적 기초를 두고 있음을 누구나 발견할 수 있다.

4.2.6. 예배

여기서는 영산의 여의도순복음교회의 예배의식 속에서 발견되는 영산의 예배 진행과 그 교회예배의 특징은 무엇이며, 영산과 여의도순복음교회와 다른 한국 교회와 차이점은 무엇인지, 또 이런 영산의 예배 형식 및 분위기가 어디서 영향을 받았는지에 대해 논하고자 한다.

첫 번째, 여의도순복음교회와 다른 한국교회 및 세계 교회와 가장 독특한 점이 있다면, 주 7일 일 년 내내 예배가 있다는 점이다. 보통 평범한 한국 교회는 일요일 아침, 수요저녁예배, 구역예배, 금요일 철야예배, 그리고 새벽 예배가 대부분이다. 그러나 여의도순복음교회는 다양한 예배를 통해 교인들이 언제든지 예배를 드릴 수 있는 분위기가 형성되어 있다는 점이다. 이처럼 그 교회의 다양한 예배는 대형 교회가 되면서 자연스럽게 생겨난 그 교회만의 독특한 예배시간이라 할 수 있다. 아마도 대형교회가 되면서 이런 다양한 예배가 생겨났는지도 모른다. 하지만 대형 교회가 되어도 성도들에게 다양한 시간대에 예배를 준비했기 때문에 더욱더 성장하고 있을 수도 있다. 이런 다양한 예배 시간은 한국 전통 종교에서 생겨난 것도 아니고, 서양의 영향을 받은 것도 아닌 여의도순복음교회 자체 내에서 자연스럽게 생겨난 독특한 예배의 특징이라 할 수 있다.

두 번째는 영산과 여의도순복음교회는 예배의 분위기에 있어서 다른 한국 교회와 차이점을 보여주고 있다. 여기서, 그 교회의 주일 예배분위기에 대해서만 초점을 맞추려 한다. 그 이유는 모든 예배의 독특한 점을 다 다룰 수 없기 때문이며, 또 주일예배분위기가 그 교회 예배 분위기를 파악하는 데 가장 적합하다고 사료되기 때문이다. 이런 예배 순서 및 형식은 대부분 한국 개신 교회는 교파를 초월하여 비슷한 양상을 보이고 있다. 이런 예배 순서 및 형식에 대해 서울대 종교학 교수였던 정진홍(1981, pp.110 - 111) 교수는 다음과 같이 보고한 바 있다.

> 근본적으로 순복음 중앙교회[여의도순복음교회]의 제의가 다른 교회의 예배와 확연히 구분되는 특징적인 것은 쉽게 찾아볼 수가 없었다[……]. 주일 예배를 비롯해서 각 교구의 소단위 예배(구역예배)에 이르기까지 그리고 각 조직의

모임에서 이루어지는 예배 등에 참석하였으나 그것은 지극히 일정적인 교회예배와 거의 차이가 없다고 판단할 수밖에 없었다.

이처럼 여의도순복음교회의 예배는 순서 및 형식에 있어서는 다른 한국 개신교와 큰 차이가 없다는 분석이다. 하지만 수많은 사람들을 불러 모으는 독특한 특징이 몇 가지 있음을 발견하게 된다. 정진홍 (1981, p.113) 교수는 세 가지 점에서 여의도 순복음교회가 다른 한국 교회와 다른 점이 있다고 주장한다.

> 첫째는 예배 전체가 처음부터 끝까지 축제적인 분위기에서 이루어지고 있다는 사실이고, 둘째는 치유의 프로그램이 예배 순서와는 상관없이 예배 순서의 대미를 장식하고 있었다는 점이고, 셋째로는 그 교회의 건축양식, 제단의 꾸밈, 음악, 설교자의 제스처 등에서 풍기는 어떤 압도감 같은 것이 그것이다.

첫째, 여기서 축제분위기란 것은 예배순서는 형식을 잘 갖추고 있지만, 실제 예배는 이 틀에 얽매이지 않고 자유스럽게 진행된다는 뜻이다. 예를 들면, 설교자가 설교 중에 계획되지 않은 찬송가나 복음성가를 선창하면서도 청중과 함께 부른다거나 하는 것을 말한다 (1981, p.113). 두 번째 차이점은 공동체적 분위기이다. 즉 "인간으로서의 자아를 서로 공감적으로 공유하는 집단을 구성한다는 데서 공동체적이다"(1981, p.115)라는 것이다. 이 말은 작은 교회에서는 교인 각자의 사회적 신분이 쉽게 부각되는 반면, 여의도순복음교회는 교인 각자의 사회적 신분이 쉽게 부각되지 않으며, 가진 사람과 가지지 않은 사람 간의 구분도 적어서 공동체적 분위기가 그대로 자연스레 전개되고 있다는 것이다. 세 번째는 열성적 분위기라는 것이다 (Jeong, 1981, pp.116-117). 영산과 여의도순복음교회의 독특한 예배 현상은 영산이 설교하기 전이나 설교 도중에 교인들이 매우 열정적으로 화답을 잘한다는 것이다. 예를 들면, 영산이 설교하기 전 '주님을 찬양합니다' 하면 교인들은 '아멘'으로 크게 화답을 하고, 설교 도중에도 자주 '할렐루야' 하고, 외치면, 다수의 교인들은 '아멘'으로 화답을 한다. 이런 화답식 설교는 한국 교회의 부흥회에서 쉽게 찾아볼 수 있는 현상이다. 대부분 한국 교회는 일 년에 한두 번 부흥회를 하는 경향이 많았다. 이것은 100년 전(1907년) 성령운동이 일어났을 때부터 내려오던 한국 부흥회의 특징 중 하나이다. 즉 부흥사들이 설교 도중에 할렐루야 하면 교인들이 아멘 하고 화답하는 현상은 오래전부터 한국 교회 부흥회에서 쉽게 찾아볼 수 있는 현상이다. 다시 말하면, 영산이 예배 도중에 설교자와 청중들 간에 화답을 이루는 것은 지난 100년 전 전통목사들이나 부흥사들의 영향이라 할 수 있겠다.

이런 영산의 열성적 예배 분위기는 서양 교회와는 차이점일 수 있지만, 다른 한국 개신교회와는 아주 큰 차이점이라고 할 수는 없다. 실제 부흥하는 다른 한국 장로교회나 성결교회 그리고 감리교회 등 성도들이 아멘으로 화답하는 것을 쉽게 찾아볼 수 있기 때문이다. 이것은 교파를 초월해서 목사의 성격이나 신앙관 그리고 신학의 영향에 따라 상대적일 수 있는 부분이긴 하지만, 이런 열성적 분위기는 다른 많은 한국 교회에서도 쉽게 찾아볼 수 있으며, 특히 한국 오순절 계통에서는 좀 더 쉽게 찾아볼 수 있다. 이런 영산의 예배분위기는 한국 전통 기독교의 영향과 분위기 속에서 만들어진 독특한 현상이며, 그 출처는 100년 전부터 한국 교회나 한국 목사들이 이미 사용해 오고 있었음을 알 수 있다.

필립 더글러스(Philip D. Douglas)(1991, p.20)는, 영산이 "주님을 찬양합니다"라고 크게 외치면 회중도 "주님을 찬양합니다" 하고 합류하기를 세 번 반복하는 습관이라든지, 함께 약 5분 정도 통성 기도하는 습관과 예배 형태의 전통은 대부흥회나 기도 모임 때 있었던 1907년으로 거슬러 올라간다고 진술한다.

여기서 알 수 있는 것은 설교자가 설교 전이나 설교 후에 "주님을 찬양합니다", "오! 주님", "할렐루야" 등 큰소리로 말하는 것은 한국 부흥사들이 즐겨 사용하는 스타일이다. 그리고 한국 장로교 계통보다 오순절 계통의 목회자들이 더 즐겨 사용하는 경향이 있기도 하지만, 특별히 구별하기는 어렵다. 일반 한국 장로교 목사도 오순절 계통의 목사보다 이렇게 하는 경우도 많기 때문이다. 그것은 어디까지나 목회자들의 성격과 신앙관에 따라 다르게 나타나고 있다고 볼 수 있다.

그런데 이런 축제적 분위기, 공동체적 분위기, 열성적 분위기에서 대미를 장식하고 있는 것은 신유예배와 축복에 관한 예배 분위기이다. 이런 신유와 축복에 관한 영산의 예배 방법이 샤머니즘의 영향이라고 비평하는 학자들이 있다. 후치가미 교코(Fuchigami Kyōko)(1992)에 의하면, 여의도순복음교회의 신유 예배를 보면 "큰소리로 기도하는 것", "오! 주여!", "할렐루야!", "아버지 하나님!" 등을 끊임없이 반복해서 하는 행위가 샤머니즘적 종교 행위의 형태와 같다고 비평한다 (p.41). 하비 콕스(2001, pp.222, 223 and 224) 역시 후치가미 교코 (1992, pp.34 - 59)의 저널을 인용하며 같은 의견을 제시하며 영산을 비평하고 있다. 즉 콕스도 여의도순복음교회에서 무속적 황홀감에 도취된 모습과 귀신을 쫓아내는 모습 등을 쉽게 찾아볼 수 있다고 강조한다(Cox, 2001, p.225).

그러나 이런 환상 체험은 성경에도 수없이 많이 발견된다. 특히 신약성경 고린도후서 12장 1 - 4절을 보면, 사도 바울도 환상과 계시에 대한 묘사를 보여주고 있다. 그러나 콕스는 말하길, "사실 최근 성서학자는 사도 바울이 보수적인 해석자들이 수용했던 것보다 천상

여행에 대해 더 신비적으로 묘사했던 유대 헤칼롯 문학에 깊이 빠져 있었다고 말한다(2001, p.226).

하지만, 이런 사도바울이 유대 문학 헤칼롯(hekhalot)의 영향을 받았는지? 받았다면 얼마나 받았는지? 그리고 이런 헤칼롯 문학의 영향이 사도 바울의 목회에 얼마나 큰 영향을 주었는지 구별해 내기란 쉽지 않은 것이다. 이런 영향은 바울의 목회에 있어서 아주 극히 일부분 나타나는 현상을 사도바울의 목회와 그의 서신 그리고 그의 신학 모두를 헤칼롯의 문학의 영향인 것처럼 지나치게 과대평가하는 것도 주의해야 할 것이다. 그것은 전체가 일부화될 수 있고, 일부가 전체화될 수 있는 오류를 범하기 때문이다. 또 당시 바울이 이런 헤칼롯 문화의 영향 때문에 당시 사람들이 바울을 따랐던 것은 아닐 것이다. 마찬가지로 영산 및 그 교회 교인들이 체험하는 여러 가지가 얼마나 샤머니즘의 영향을 받았는지에 대해서 알기란 쉽지 않다. 영산이 설령 잠재적으로 문화 속에 스며 있는 샤머니즘 영향을 받았다 할지라도 이런 샤머니즘적인 요소들이 영산의 목회에 핵심이 되는 것은 아니었다. 즉 문화 속에 간접적으로 극히 일부분에 나타나는 샤머니즘영향을 마치 그 교회의 빠른 성장의 원인이 이런 샤머니즘의 영향인 것처럼 전체화하려는 시도는 영산의 진정한 성령운동을 왜곡하는 것이 될 것이다.

뿐만 아니라, 예배 후 영산의 신유와 병자를 위한 안수 기도, 환상과 치유를 수반하는 것 등은 서양 오순절 교회, 흑인예배에서도 쉽게 찾아볼 수 있는 현상이다. 즉 서양 오순절 교회에서도 특히 예배 후 아픈 사람이 있으면 강대상 앞으로 나오게 해서 어깨나 머리에 손을 얹고 기도하는 모습은 영산의 안수 기도와 크게 차이가 없다. 또 서양 오순절 예배에서도 그들은 전기 오르간, 아코디언, 피아노 등 다양한 악기를 사용하는 것 또한 서양 오순절 교회와 큰 차이가

없다. 또 예배 중 박수, 기도, "주여!", "주님", "할렐루야", "방언기
도" 등도 서양 오순절 계통의 교회와 아프리카 교회에서도 쉽게 찾
아볼 수 있는 현상이다. 콕스에 의하면, "아프리카 독립교회 예배에
서도 사람들은 춤을 추고, 박수를 치며, 간증을 하는 경향이 많으며,
그들의 예배도 역시 꿈같은 환상과 치유와 몽환의 경지에로의 황홀
경을 포함한다고 진술한다(2001, p.247).

　이런 예배의식을 행하는 서양 오순절 교회를 한국 샤머니즘의 영
향을 전혀 받지 않아도 한국 영산 및 한국 오순절 교회와 비슷한 현
상을 보이고 있다. 그러므로 영산 및 한국 오순절교회 목사들이 설
교 중 행하는 예배분위기가 샤머니즘적이라고 확대 해석할 필요는
없을 것이다. 물론 샤머니즘의 영향을 아주 부인할 수는 없다. 그것
은 샤머니즘은 한국 문화 속에 직접 혹은 간접적으로 침투되어 있는
문화의 한 부분을 차지하고 있기 때문이다. 이것은 극히 자연스런
문화의 극히 일부로 보아야지 이것을 너무 확대해서 마치 여의도순
복음교회 예배 행위 하나하나를 샤머니즘과 억지로 연결시켜 그 교
회 예배가 모두 샤머니즘적 영향인 것처럼 오해해서는 안 된다는 것
이다. 콕스의 이런 비평의 시발점은 영산의 신학과 믿음과 실제를
바로 신학적 관점에서 보는 것이 아니라 종교사학적인 관점에서 해
석하려는 시도 때문이다. 이것은 여의도순복음교회의 예배는 물론
한국교회의 예배에 대한 비판과 평가는 무엇보다 신학적 관점, 특히
그중에서도 실천 신학적 관점이나, 예배학적 또는 설교학적 관점에
서 토론되어야지 종교 사학적인 관점에서 비평하는 것은 영산의 성
령 이해를 평가하는 데 있어서 바른 잣대가 될 수 없을 것이다.

　그래서 유명한 세계적 신학자 중의 한 사람인 몰트만은 영산의 저
술을 읽고 평하기를 나는 하비 콕스처럼 "기독교적 샤머니즘에 대해
말하지 않을 것이다[……]. 이 교회는 성경적인 복음 아래 서 있고,

스스로를 그것에 의해 평가받고자 하는 기독교적 교회이다"라고 강조한 바 있다(Moltmann, 2005, p.148).

그러므로 여의도순복음교회와 영산의 목회에 대한 예배의식을 너무 샤머니즘의 문화에 집중하는 것은 영산의 예배를 통한 성령운동을 이해하려는 바른 접근법이 될 수 없을 것이다.

제5장 결 론

이 책은 여의도순복음교회의 담임목사인 영산의 성령운동 이해에 대해서 보여 주었으며, 이런 영산의 성령운동의 영향이 어디에 뿌리를 두고 있는지를 역사 신학적 관점(2장), 조직 신학적 관점(3장) 그리고 실천 신학적 관점(4장)을 통해서 알아보았다. 그 결과로 얻은 결론은 영산의 성령운동 이해는 한국 전통 교회의 관습에서 유래한 것도 발견되었고, 한국 샤먼 문화의 유래에서도 비슷한 점이 일부 발견되었고, 서양 선교사나 부흥사에서도 발견되었고, 또 서양 신학적 교리와 비슷한 점도 많이 발견되었다. 그러나 이런 영향은 영산뿐 아니라 모든 한국 교회와 기독교인들이 공통으로 받는 영향이라 할 수 있다. 오히려 영산에게 있어서, 영산의 성령운동은 무엇보다도 매우 견고하게 성서에 기초를 두고 발전해 왔음을 그의 다양한 저술을 통해 명백하게 확인할 수 있었다.

이 책은 서론에서 제시한 영산의 성령운동의 이해를 네 가지 질문(1.3.5 참조)에 대한 역사 신학적 관점(2장), 조직 신학적 관점(3장), 그리고 실천 신학적 관점(4장)에서 좀 더 구체적으로 결론을 내리려 한다.

5.1. 역사 신학적 관점

2장에서, 이 책은 영산의 지난 50년의 목회 생활 중 여의도순복음교회의 담임목사로서 그가 어떻게 성령운동을 발전시켰는지에 대한 질문에 대한 답변을 역사 신학적 관점에서 서술했다. 여기서 발견한 사실은 영산의 성령운동은 크게 3단계를 거쳐 역사적으로 발전했음을 발견했다. 즉 제1단계 개척기(1958~1961년), 2단계 발전기(1962~1973년 8월까지), 그리고 제3단계(1973~현재까지) 성장기를 거쳐 발전했음을 알아보았다. 이렇게 3단계로 나눈 이유는 교회를 3번 옮긴 시기임을 확인할 수 있었고, 또 교회를 옮길 때마다 교회를 새로 건축했던 것도 알 수 있었다. 또 새 성전에서 새로 시작할 때마다 교회는 기하급수적으로 발전했다는 사실도 확인할 수 있었다. 그의 성령운동은 폭발적으로 발전했음을 영산의 많은 저술과, 가족 신문, 인터넷, 텔레비전, 월간지(신앙계~2008년 이후 제목이 "플러스인생"으로 바뀜), 국민일보, FGTV, 그리고 다른 학자들이나 저널 등을 통해 영산의 성령운동의 발전사를 확인할 수 있었다.

이 역사 신학적 관점에서 논의의 핵심은 지금까지 학자들은 영산의 성령운동이 서양 선교사나 부흥사들의 영향을 받았는지 아니면 그의 성령운동이 한국 샤먼문화의 영향을 받았는지를 역사적 자료를 통해 보여 주었다. 여기서 얻은 결론은 영산은 한국 전통 기독교 전통의 영향, 문화적 영향, 서양 선교사들의 영향을 모두 다 받았지만, 무엇보다 영산의 성령운동의 원천은 명백하게 성서에 뿌리를 두고 있다는 사실을 알 수 있었다. 그 역사적 분명한 증거가 영산의 많은 영문서적과 국문서적으로 쓰인 저서를 통해 확인할 수 있었다. 영산은 지난 50여 년의 성역 중 수많은 선교사, 외국인, 부흥사들을 만났기에 서양의 영향을 받지 않았다고 부인할 수는 없다. 그것은 영산 자신도 로버트 슐러나, 오럴 로버츠 같은 부흥사들의 영향을 받았다고 스스로 강조하고 있기 때문이기도 하다. 하지만, 영산은 이들 서양 부흥사들의 몇몇 책이나 설교를 통해 영향을 받았다는 데 강조점을 둔다면, 영산의 한평생 한국 문화 속에 받은 영향은 비교할 수 없을 것이다. 영산의 역사적 관점에서 볼 때, 그는 무엇보다도 한국 문화의 영향을 가장 많이 받았음을 그의 수많은 저술이 증명하고 있다. 그는 문화의 가장 큰 영향이라 할 수 있는 한국어를 사용한다는 점, 한국 역사와 정치, 경제, 철학, 그리고 과학의 영역 속에서 살아왔다는 점만 예를 들어도 한국 문화의 영향이 절대 다수를 차지한다고 볼 수 있겠다. 그러나 이런 절대적인 한국 문화의 영향은 영산뿐만 아니라 모든 한국 기독교인들의 공통적인 영향이다. 역사적 관점에서 영산의 저술을 통해 확인한 결과 영산은 모든 신학적 설명을 성경구절을 예로 들어 설명했으며, 그의 모든 신학이론을 성서에 기초를 두려고 노력했음을 역사적 자료를 통해 확인할 수 있었다.

5.2. 조직 신학적 관점

3장에서는 영산의 성령운동을 이해하기 위해 두 가지 질문에 대한 답변을 조직 신학적 관점에서 논했다. 그 하나는 영산의 핵심 신학이 무엇인지에 대한 질문에 대한 답변을 했고, 다른 하나는 이런 영산의 핵심 신학이 어디에 뿌리를 두고 있는지에 대한 질문에 대한 답변을 시도했다.

전자의 질문에 대한 답변은 바로 오중복음, 삼박자축복, 그리고 순복음의 7대 신앙임을 이미 제시했다. 여기서 첫 번째 오중복음이란 것은 중생, 성령충만, 축복, 신유, 재림으로서 영산의 신학에 있어서 핵심 이론임을 보여 주었다. 두 번째, 삼중축복은 1) 영적 축복, 2) 환경적 축복, 3) 육체적 축복임을 알 수 있었다. 영산은 삼중복음은 오중복음의 교리를 실천하는 실제와 적용으로 사용했음을 알 수 있었다(Y. Cho, 1998a, pp.34, 250). 즉 오중복음은 이론적인 부분인 데 반해, 삼중축복은 그 오중복음의 실천적 복음의 적용 부분이었다는 것을 이미 설명했다. 영산은 삼중축복의 성경적 근거를 요한 삼서 2절을 중심으로 하여 신약 성경 전체에 걸쳐 나타난 내용들을 근거로 확대해 갔다. 세 번째, "순복음의 7대 신앙적 기초"(Y. Cho, 1998a, Cho, 2007c)는 순복음 신학과 신앙에 매우 중요한 주춧돌이 되고 있었다. 순복음의 7대 신앙적 기초는 1) 갈보리 십자가 신앙, 2) 오순절 성령충만 신앙, 3) 땅 끝까지 전하는 신앙, 4) 좋으신 하나님 신앙, 5) 병을 짊어지신 예수님 신앙, 6) 다시 오실 예수님 신앙, 7) 나누어 주는 신앙을 통해 성령운동을 전개해 나갔다. 이것들 역시 영산이 얼마나 많은 성경 구절을 통해 설명하고 있는지 그의 책(Y. Cho, 1998a)을 통해서 충분히 설명하고 있음을 확인할 수 있었다.

이처럼 영산의 오중복음, 삼중축복 그리고 순복음의 7대 신앙적 기초들은 성서적 뿌리를 두고 있었으며, 영산의 주요 신학의 핵심을 이루고 있었다. 그런데 여기서 공통적으로 나타나는 것은 바로 "신유"와 "축복"이었다. 그래서 이 책은 영산의 신유와 축복에 대해 좀 더 집중적으로 논했다. 그 이유는 이 두 가지가 여의도순복음교회의 급성장에 핵심적 역할을 했던 것도 있을 뿐만 아니라, 많은 학자들이 이 둘을 샤머니즘적 신유와 축복이라고 주장하기 때문임을 이미 지적하였다. 이들 학자들의 핵심 논쟁의 질문을 다시 한 번 요약해 보면 바로 "영산의 신학의 출처가 어디인가?"라는 질문으로 압축할 수 있었다. 여기에 대한 결론은 영산의 성령 이해는 조직신학적 관점에서 볼 때, 성경에 뿌리를 두고 있음을 분명하게 알 수 있었다(Y.

Cho, 1998a, pp.34, 250). 물론 여기에 대해 두 부류의 학자들이 지금까지 논쟁해 오고 있었다.

주로 보수주의 학자들(Cho, 1979a, J. B. Lee, 1985, Ma, 2003, M. S. Park, 2003a)은 영산의 신유와 축복 신학이 서양의 영향을 받았다고 주장하는 경향이 강했다. 예를 들면, 영산(1998a, p.44)에 의하면, 자신의 오중 복음이 성결교단의 4중 복음(중생, 신유, 성결, 재림)과 매우 비슷하다고 했고, 또 몇몇 다른 신학자들(Menzies, 2004, p.29, Synan, 1997) 역시 영산의 오중복음 이론은 미국 하나님의 성회 4가지 주요한 교리들(1. 구원, 2. 성령세례, 3. 신유, 그리고 4. 재림)과도 매우 흡사함을 주장했다는 사실이다.

이와는 정반대로, 몇몇 학자들(D. J. Adams, 1991, Cox, 1996, 2001, Hollenweger, 1997, Jeong, 1981, Kyōko, 1992, Reynalds, 2000, Son, 1983, Suh, 1981, B. W. Yoo, 1986)은, 영산의 신유와 축복 신학은 샤머니즘의 영향이라고 주장하는 경향이 강했다. 이들의 주장의 근거는 영산이 한국 전통 종교에서 사용하는 하나님에 대한 용어나, 복 그리고 기도와 신유의 현상이 샤머니즘과 비슷하다는 이유를 들고 있었다.

여기에 대해 영산은 샤머니즘 문화를 철저히 이단시했고, 그는 기독교 신앙과 샤먼 신앙 혹은 기복 신앙의 유사점과 차이점을 자세히 설명하고 있음을 그의 책(1998a, pp.133, 195-196)을 통해 강하게 부인하고 있음을 알 수 있었다. 영산의 성령 신학에 대한 개념 이해부터 전반적으로 거의 모두 성경을 토대로 설명하고 있음을 확인했다.

그 대표적인 것이 영산의 성령의 명칭과 심벌 이해에 대해서 금방 알 수 있었다. 영산은 성령의 명칭과 심벌에 대해 다음과 같은 용어를 사용하고 있음을 통해 더욱 명백히 성서적이라는 것이 밝혀졌다.

즉 영산은 성령의 명칭을 여러 가지로 부르고 있는데 이런 명칭들은 한국 샤머니즘이나 한국 전통 종교에서 거의 찾아볼 수 없는 용어들로서 거의 모두 크리스천 용어를 사용하고 있다는 점이다. 예를 들면, 영산은 성령의 명칭을 "성령"(살후 2:13), "하나님의 성령"(엡 4:30), "그리스도의 영"(롬 8:9), "보혜사"(요 14:16), "진리의 영"(요 14:17), "생명의 영"(롬 8:2), "양자의 영"(롬 8:15) 등의 용어를 사용하고 있다(1989, pp.45-48, Y. Cho, 1998c, pp.27-31). 이런 용어들은 한국 샤머니즘이나 한국 문화 속에 오랫동안 내려오던 용어들이 아닌 기독교적인 용어들이다. 즉 이런 모든 용어들은 성경적 용어들이라는 점이며, 영산은 이런 용어의 출처를 분명하게 기록하고 있다는 점을 통해서 볼 때 그의 성령에 대한 이해는 명백하게 성서에 근거를 두고 있음이 확실하다는 사실이다.

뿐만 아니라, 영산은 성령의 상징에 대해서도, 그는 성령은 물(요 4:13, 14, 디 3:5), 불(마 3:11), 바람(요 3:8), 기름(요일 2:7), 비(호 6:3), 비둘기(요 1:32), 인(엡 1:13), 보증(고후 1:21-22)이란 용어를 즐겨 사용하고 있다. 이런 용어들은 한국 문화 속에 쉽게 찾아볼 수 있는 용어들이다. 그러나 영산은 이런 용어들 모두 성경 문화 속에 쓰인 용어로 이해하고 있으며, 이런 용어들의 출처를 하나도 예외 없이 성경 구절을 명확하게 제시하며 설명을 깃들이고 있음을 알 수 있었다(Y. Cho, 1998c, pp.32-40).

다시 말하면, 넌 크리스천들은 이런 영산의 심벌과 상징에 대해 이해하지 못한다. 그 이유는 이런 모든 심벌과 상징이 하나도 예외 없이 성서에서 왔기 때문이다. 그는 한국어 성경을 사용하고 있지만, 모든 설명은 한국 전통 용어를 사용해서 설명한 것이 아니라 성서적 용어를 기초로 하여 이해하고 있었다. 오중축복과 삼중축복 그리고 순복음 7대 신앙에 대해서도 역시 거의 모든 부분에 걸쳐 성서적 근거를 제시했고, 성서적 개념을 취해서 해석하고 있음을 그의 여러 책 (Cho, 1979a, 1984, 1988, 1989, 1998a, 1998c, 2007a, 2007b, 2007c)을 통해 확인할 수 있었다. 물론 그의 신유와 축복 그리고 하나님 용어라든가 하는 것을 통해 샤먼 문화와 비슷하다는 학자들도 있었다. 그러나 이런 것은 샤먼 문화뿐 아니라 다른 한국 전통 종교인 불교나 도교 등 한국 전반에 걸쳐 나타나는 것이지 꼭 샤먼 문화에만 나타나는 것은 아니며, 한국어 성경 번역가들이 그저 이런 전통 용어들을 빌려 왔을 뿐이다. 영산 역시 이런 "하나님"이나 "복" 등 기독교가 한국에 들어오기 전에 이미 많이 사용되고 있던 용어들을 사용하기는 하지만, 영산은 이런 전통 용어조차도 번역된 한국어 성경에 근거를 하고 있으며, 또한 분명한 성경 구절을 명확하게 제시하고 있다는 점에서 영산의 성령론에 대한 조직 신학적 견해는 분명하게 성서적 근거를 토대로 세워졌다고 결론지을 수 있겠다.

5.3. 실천 신학적 관점

4장에서 핵심적인 질문은 영산의 믿음과 실제는 어디에서 왔는지에 대한 답변으로서 영산의 실천 신학적 관점에서 논하였다. 영산의 성령 이해를 실천 신학적 관점에서 볼 때, 역시 조직 신학적 관점에서와 마찬가지로 그의 성령 이해는 철저하게 성서적임이 발견되었다. 물론 그의 믿음과 실제는 한국 전통 종교와 비슷한 점도 발견되었고, 또 서양의 부흥사들이나 선교사들의 영향도 받았음을 부인할 수는 없다. 그러나 전체적으로 볼 때, 무엇보다 그의 믿음과 실제는 전적으로 성서에 뿌리를 두고 있었다는 사실을 알 수 있었다.

이 책은 영산의 믿음과 실제를 크게 4가지 예를 들어 설명했다.

그 네 가지 예는 1) 기도 운동, 2) 설교, 3) 구역 조직, 그리고 4) 예배를 중심으로 언급했다. 4장에서 논제의 핵심은 영산의 이런 믿음과 실제의 출처가 샤머니즘적인지 아니면 서양의 영향인지, 아니면 성서적인지를 밝히려 노력했다.

첫 번째, 영산의 기도운동의 출처이다. 영산의 기도운동은 매우 다양하게 많지만 특히 그의 목회에 있어서 핵심적인 역할을 했던 새벽 기도운동, 산기도 운동, 철야 기도운동, 그리고 금식 기도운동에 대해 집중해서 영산의 책(Cho, 1984, 1998a, 1998b)을 중심으로 증거를 찾으려 노력했다. 4장에서 이런 영산의 기도운동들에 대한 핵심 논쟁점은 몇몇 학자들은 영산의 이런 기도운동이 한국 문화와 밀접한 관계를 가지고 있는 한국 전통 교회의 믿음과 실제를 따르고 있다고 강조했다. 예를 들면, 여기서 영산과 여의도순복음교회의 새벽 기도는 100년 전 길선주 목사에 의해 시작으로 한국 전역으로 퍼졌고, 이것은 지난 100년 동안 한국 개신교의 전통으로 자리 잡고 있음을 논했다. 영산은 이런 한국 교회의 전통으로 내려오던 새벽 기도를 철저히 따르고 있었다. 그러나 영산과 여의도순복음교회와 다른 한국 교회와 약간의 차이점이 있다면, 다른 한국 교회는 주로 주 5일 정도 새벽 기도를 하는 반면, 여의도순복음교회는 1년 365일 매일 2부로 새벽 기도를 한다는 사실이었다.

여기서 영산의 산기도 역시 한국 개신교 전통을 이어받은 것임을 진술했다. 이 산기도는 오랫동안 불교문화와 샤먼 문화뿐만 아니라 오래전부터 한국 교회도 이 산기도를 행해 오고 있었음을 알 수 있었다. 그러나 영산 및 그 교회는 이 산기도를 잘 발전시켜 그들의 독특한 성령운동의 하나로 발전시켰음을 알 수 있었다.

영산의 철야기도 역시 100여 년 전 1907년부터 있었던 한국 기독교 전통이 뿌리였음을 학자들의 주장(T. S. Lee, 2007, pp.422, 427,

Y. H. Lee, 1993, p.157)을 통해 보여주었다. 그러나 전체적으로 볼 때 철야기도는 영산의 다양한 기도 중의 하나이며, 이런 영산의 기도는 성서에 나타난 기도를 따르고 있음을 그의 책 "Prayer that brings revival"(1998b) and "Prayer: Key to revival"(1984)을 통해 분명하게 증명할 수 있었다. 영산의 여의도순복음교회와 다른 한국 전통교회와 큰 차이점이 있다면 대부분 한국 교회는 주로 일주일에 한 번(주로 금요일) 정도 철야기도회를 갖지만, 여의도순복음교회는 주 7일 일 년 365일 매일 철야 기도회를 갖는다는 차이점도 있었다.

영산의 기도운동 중 금식 기도 역시 성경 구절을 조목조목 예를 들어 설명하고 있음을 증명(Cho, 1984, Y. Cho, 1998b, Cho, 2004b)했고, 영산의 성령운동의 중요한 특징 중 하나였음을 조사했다. 영산은 많은 기도 중 "특히 금식 기도의 중요성에 대해 가르쳤음"(Cho, 2004b, p.174)을 확인했다. 여의도순복음교회의 90% 이상이 금식 기도 경험이 있다는 놀라운 사실을 발견했다. Cho(2004b, pp.174‒175). 또 그 교회의 98%가 금식 기도 경험이 있다는 사실도 입증했다.

이처럼 영산의 기도운동은 새벽기도, 산기도, 철야기도, 그리고 금식기도 등을 통해 교회 성장에 발전시켰으며, 이런 기도의 영향은 대부분 100년 전 한국 대부흥회 때부터 있었던 것으로서 영산은 이런 한국 교회와 이전 목사들의 전통으로 내려오던 기도 운동의 영향을 많이 받은 게 사실이다. 이것은 극히 좋은 현상이며, 계속해서 발전시켜 나가야 할 한국 기독교인의 독특한 기독교 문화로 자리매김했음을 알 수 있었다. 영산은 이런 한국인들의 열정적인 기독교 문화를 받아들였음에도 불구하고, 영상은 기도운동을 성서적으로 증거하고 증명하며, 성서적 근거를 명확하게 제시해 주고 있음을 그의 책(Cho, 1984, Y. Cho, 1998a, 1998b, Cho, 2004a, 2005)을 통해 확인할 수 있었다.

두 번째는 영산의 설교에 대한 것이었다. 영산의 설교는 물론 오 중복음과 삼중축복 그리고 순복음 7대 신앙에 기초를 두고 있음을 이미 밝힌 바 있다. 그중에서도 특히 여기서는 영산의 신유와 축복 에 대해 좀 더 집중했다. 이것은 3장에서 조직 신학적 관점에서도 언급했듯이 영산의 실천신학적 관점에서 볼 때도 신유와 축복에 대 한 설교는 지금까지 세계의 여러 학자들에 대해 논쟁의 대상이 되고 있음을 이미 말했다. 그 논쟁의 핵심은 신유와 축복이 샤먼문화의 영향인지 서양 부흥사들의 영향인지에 대한 것이었다. 영산은 성서 적 개념을 훨씬 강조하고 있음을 발견할 수 있었다. 그것은 영산은 기독교적 신유와 축복 신앙과 무당의 신통 술이나 강신술을 철저히 구분하고 있음을 그의 책(1998a, pp.133, 195–196)에서 강조하고 있 었다. 그런 면에서 영산은 한국 샤먼문화를 철저히 배격하고 있음을 알 수 있었고, 또 그는 철저히 성서적 설교자가 되기를 갈망하고 있 음을 알 수 있었다.

그의 설교 중 또 하나는 적극적 사고에 관한 설교였다. 그의 적극 적 설교에 관한 것은 몇몇 학자들(Dave Hunt and T.A. McMa-hon)(1987, pp.23–24)에 의하면 서양 부흥사나 융의 심리학, 노먼 빈센트 필, 크리스천 과학, 모르몬교 등과 비슷하다고 주장하곤 했 다. 하지만, 영산은 세속적인 종교나 심리학, 요가 등을 기초로 한 적극적 사고를 철저히 배격하고 있음을 확인할 수 있었다(1983, p.52). 그리고 영산은 이런 적극적인 사고를 하게 된 배경에 대해 한 국의 한 외과의사와의 대화에서 찾았고, 이것이 계기가 되어 성경 야고보서 3장을 통해 적극적 사고에 대한 설교를 하기로 더욱더 확 신했음을 그의 책(Cho, 1979a, pp.67–69, 1996, pp.87–89)을 통해 확인할 수 있었다. 또한 그가 이런 적극적 설교를 강조하게 된 배경 은 한국 전쟁 후 실망과 낙망으로 가득차 있던 사람들에게 희망과 소망을 불어넣어 주고자 했다는 것을 영산의 책과 다른 학자들의 저널(Y. Cho, 1998a, pp.47-48, Cho, 2002, Kärkkäinen, 2006, p.253, S. H. Lee, 2007)을 통해 발견할 수 있었다.

세 번째는 영산의 구역조직을 통한 성령운동 이해를 발전시켜 갔음을 알 수 있었다. 이 구역조직은 영산의 성령운동 중 가장 독특한 특징 중의 하나임을 몇몇 저서(Cho, 1981, 1984, 1986, Y. Cho, 1998a, 1998b, Cho & Hurston, 1983)를 통해 확인했다. 또 이 구역조직은 영산이 목회하던 중 교회는 점점 교회가 성장함으로 인해 점점 교인들이 많아짐으로 인해 교인 인적 관리를 체계적으로 할 수 없게 되었다. 그래서 영산은 출애굽기를 읽으면서 많은 사람들을 체계적으로 지도할 수 있는 아이디어를 얻게 된다. 즉 출애굽기를 읽던 중 이스라엘 백성들이 애굽의 종으로부터 탈출하여 광야 생활을 할 때 모세는 이 많은 사람들을 체계적으로 관리하기 위해 열 명 중 한 명을 지도자를 세웠고, 오십 명에 한 명을 지도자를 세웠고, 또 백 명의 한 명의 지도자를 세웠다는 사실을 출애굽기를 읽고, 영산도 여의도순복음교회도 성경의 원리처럼 구역조직을 해야 하겠다는 생각을 하게 된 것이 계기가 되었음을 알 수 있었다(2.4.2 참조). 그리고 영산은 오늘날 전 세계의 셀 그룹이라고 하는 것도 바로 영산의 구역조직에 뿌리가 있다고 그는 그의 저서(Y. Cho, 1998a, p.147)에서 밝히고 있다. 즉 이런 구역조직의 영향은 바로 그가 구약성경인 출애굽기를 읽다가 이런 아이디어를 찾아냈음을 확인할 수 있었다. 이런 그의 8만이 넘는 구역 조직을 통해 그는 80만이 넘는 교인들을 관리하는 데 큰 어려움 없는 이유는 바로 그의 뛰어난 조직 능력을 보여준 구역조직 때문임을 알 수 있었다. 이것은 서양 선교사의 영향도 아닐 뿐만 아니라 더더욱 샤먼 문화의 영향도 아닌 영산의 매우 독특한 창조적 생각이었음을 이미 설명했다. 영산은 철저하게 성서를 통해 깨닫고, 그의 모든 성령운동의 뿌리는 바로 성서에 기초하고 있음을 그의 저서, "*Successful home cell groups*"(1981) and "*Ministry through home cell units*"(Cho & Hurston, 1983), 그리고 그의 다른 많은 저서(Cho, 1979a, 1983, 1986, 1996, 2004b)를 통해 확인할 수 있었다.

마지막으로 영산의 예배 형태와 분위기가 어디서 왔는지에 대해 논했다. 그것은 영산의 예배에 대한 핵심 논쟁점 역시 그의 예배 분위기가 한국 무속적인지에 대해 논쟁이 계속되어 왔기 때문이다. 여기서 얻은 결론은 영산의 예배형태는 샤머니즘적이라기보다는 성서적 원리에 입각한 예배를 드리려 치중했다는 것을 알았다. 영산과 여의도순복음교회와 다른 한국 교회의 예배에 대한 큰 차이점은 영산과 그 교회는 일주일 내내 1년 365일 거의 매일 다양한 예배를 드린다는 점이다. 또 다른 한국 교회와 차이점은 영산은 그 교회 예배 분위기를 축제분위기, 공동체적 분위기, 열성적 분위기로 이끌어 간다고 설명했다. 이런 예배 중 '환상 체험', '할렐루야', '아멘', '주여', '하나님 아버지' 등의 화답하는 것, '방언', '안수기도', '통성기도' 등은 한국 샤머니즘과 유사하다고 주장하는 학자들도 있음을 논했다. 그러나 이런 현상은 서양 오순절 교회에도 쉽게 찾아볼 수 있으며, 또 성경에서도 바울의 환상 체험(고후 12장)을 발견할 수 있음을 알 수 있었다. 물론 서양 교회 특히 서양 오순절 계통의 교회에서도 '할렐루야' '아멘' '주여' 그리고 예배 중 방언 기도하는 현상을 쉽게 찾아볼 수 있다는 것을 함께 강조했다. 즉 영산의 예배의 영향도 성서의 원리에 입각해서 세웠음을 알 수 있었다.

그러므로 영산의 성령운동 이해는 역사 신학적, 조직 신학적, 실천 신학적, 어느 관점으로 보나 영산은 철저하게 성경의 용어를 취했고, 성경을 예로 들어 설명했고, 성경을 최고의 권위로 인정하는 "문화의 그리스도"(Christ of Culture)를 주장하는 입장임이 밝혀졌다. 영산의 실천 신학적 관점에서 본 그의 성령운동 역시 조직신학적 관점에서와 마찬가지로 영산의 성령 이해는 철저하게 모든 신학과 신앙 모두가 분명하게 성서로부터 출발했다는 것을 그의 많은 저서를 통해서(Cho, 1979a, 1981, 1983, 1984, 1986, 1988, 1989, 1990, 1996, 1998a, 1998b, 1998c, 2001a, 2001b, 2004a, 2004b, 2005, 2007a, 2007b, 2007c, Cho & Hurston, 1983) 명백하게 증명할 수 있었다.

참고문헌

참고문헌은 영문 그대로 실었음을 양해 바란다. 그것은 두 가지 이유 때문이었다. 하나는 독자들이 영문을 직접 보는 데 도움을 주기 위함이었고, 다른 하나는 필자의 영문 엔드노트 시디(EndNote CD)가 영문 위주로 구성되어 있어 부득이하게 영문 그대로 싣는 것이 훨씬 효과적이라고 생각되었기 때문이다. 일부 한국어 책도 영문으로 음역과 번역을 통해 영문으로 바꾸어 놓았으며, 엔드노트 유형은 APA 5th(American Psychological Association, 5th ed.) 방식을 사용했다.

Adams, D. J.(1991). Reflections on an Indigenous Movement: The Yoido Full Gospel Church. [Japan Christian Quarterly]. *The Japan Christian Quarterly, 57/1*(Winter), 36 – 45.

Adams, E. B.(1988). *Korea Guide: A Glimpse of Korea's Cultural Legacy* (7th ed.). Seoul: Seoul International Publishing House.

Ahn, B. M.(1990). Sum. *Sallim* Retrieved 7 April, 2008, from http://ktsi.or.kr/bbs/view.php?id=t_ahn_3&page=1&sn1=&divpage=1&sn=off&ss=on&sc=on&select_arrange=headnum&desc=asc&no=23

Ahn, B. M.(1998). Sum[rûah or pneuma]. *Sallim,117*(October), 65 – 76.

Ahn, B. M.(1999). Minjungshinhak – ui hoego – wa jeonmang[Retrospect and prospect of Minjung Theology]. *Sallim, 7*(126), 66 – 83.

Ahn, B. M.(2000, 5 October, 2007). Minjungundong – wa minjungshinhak[Minjung movement and minjung theology]. Retrieved 4 April, 2008, from http://ktsi.or.kr/bbs/view.php?id=t_ahn_3&page=1&sn1=&divpage=1&sn=off&ss=on&sc=on&select_arrange=headnum&desc=asc&no=35

Anderson, A. H.(2003). The contribution of David Yonggi Cho to a contextual theology in Korea. [Journal Article]. *Journal of Pentecostal Theology, 12*(1), 85−105.

Anderson, A. H.(2004). The contextual Pentecostal theology of David Yonggi Cho. *Asian Journal of Pentecostal Studies(AJPS), 7*(1), 101−123.

Bae, H. S.(2005). Full Gospel Theology and a Korean Pentecostal Identity. In A. Anderson & E. Tang(Eds.), *Asian and Pentecostal: the charismatic face of Christianity in Asia*(pp.527−550). Oxford, UK; Costa Mesa, CA: Baguio City, Philippines: Regnum Books International; APTS Press.

Cho, E.(1998). The Great Revival of 1907 in Korea: Its Cause and Effect. *Missiology: An International Review 26*(July), 290.

Cho, Y.(1979a). *The fourth dimension*(Vol.1). Plainfield, New Jersey: Logos International.

Cho, Y.(1979b). *The Fourth Dimension*(Vol.1). South Plainfield, N.J.: Bridge Publishing.

Cho, Y.(1981). *Successful home cell groups.* Plainfield, N.J: Logos International.

Cho, Y.(1983). *The fourth dimension*(Vol.2). South Plainfield, N.J.: Bridge Publishing.

Cho, Y.(1984). *Prayer: Key to revival.* Waco, Texas: Word Books.

Cho, Y.(1986). The secret behind the world's biggest church. *Azusa Street and beyond*, 98−104.

Cho, Y.(1988). *Our God is good.* Marshall: Pickering.

Cho, Y.(1989). *The Holy Spirit, my senior partner: Understanding the*

Holy Spirit and his gifts. Milton Keynes: Word.

Cho, Y.(1990). Salvation, health & prosperity. Seoul: Malsseumsa.

Cho, Y.(1996). *Sachawonui yeongjjeogsegye[the Fourth spiritual dimension].* Seoul: Seoul Malsseumsa[Seoul Logos Co.].

Cho, Y.(1998a). *Ojungbogeumkwa samjungchukbbog[The fivefold gospel and the threefoldblessing].* Seoul: Seoul Malsseumsa[Seoul Logos Co.].

Cho, Y.(1998b). *Prayer that brings revival* Lake Mary, FL Charisma House.

Cho, Y.(1998c). *Sungnyeongnon[Pneumatology].* Seoul: Seoul Malsseumsa[Seoul Logos Co.].

Cho, Y.(2001a). *The nature of God.* Florida: Charisma House.

Cho, Y.(2001b). *Shinyuron[Divine healing].* Seoul: Seoul Logos Co.

Cho, Y.(2002). *March forward to hope: A sermon series*(Vol.2). Seoul: Logos Co.,.

Cho, Y.(2004a). *The God who gives life*(Vol.1). Seoul: Seoul Logos Co.

Cho, Y.(2004b). *Huimangmoghoe Sasiboyeon: Guyeog Sogeurub Buheungiyagi [Hope Ministry in Forty −Five Years: The Revival Story of Home Cell Groups].* Seoul: Institute for Church Growth.

Cho, Y.(2005). *Jesus who heals us*(Vol.2). Seoul: Seoul Logos Co.

Cho, Y.(2007a). Fivefold Gospel. FGTV. Retrieved 12/February, 2008, from http://english.fgtv.com/gospel/fivefold.htm

Cho, Y.(2007b). Threefold Blessing. FGTV. Retrieved 12/February, 2008, from http://english.fgtv.com/gospel/threefold.htm

Cho, Y.(2007c). Understanding the "Full Gospel" Theology. FGTV. Retrieved 12/February, 2008, from http://english.fgtv.com/gospel/FG.htm

Cho, Y., & Hurston, J. W.(1983). Ministry through home cell units. In M. L. Nelson & B. R. Ro(Eds.), *Korean Church Growth Explosion*(pp.270 −285). Seoul: Word of Life Press & Asia Theological Association.

Chung, H. K.(1991). Welcome the Spirit; hear her cries: the Holy Spirit, creation, and the culture of life. *Christianity and Crisis, 51.n10 - 11*(15 July), 220 - 223.

Chung, S. K.(1996). *Korean Church and Reformed Faith: Focusing on the Historical Study of Preaching in the Korean Church.* Seattle, WA: Time Printing.

Covell, A. C.(1986). *Folk art and magic: Shamanism in Korea.* Elizabeth, N.J.: Hollym Corp.

Cox, H.(2001). *Fire from heaven: the rise of pentecostal spirituality and the reshaping of religion in the twenty -first century*(1st Da Capo Press ed.). Cambridge, Mass.: Da Capo Press.

Douglass, P. D.(1991). Yonggi Cho and the Korean Pentecostal Movement: Some Theological Reflections. [Journal Article]. *Presbyterion, 17/1*(Spring), 16 - 34.

Grayson, J. H.(1985). *Early Buddhism and Christianity in Korea: A study in the emplantation of religion.* Leiden: E.J. Brill.

Han, W. S.(1981). Kyohoe ui yangjjeok geubsseongjang - e daehan sahoehakjjeok gochal: Sunbogeum jungang kyohoereol jungsimeuro[A Sociological Study of quantitative rapid growth of Korean church: Focus on the Full Gospel Central Church]. In *Hanguk kyohoe seongnyong undong ui hyeonsang kwa kujo(Sunbogeum jungang kyohoereol jungsimeuro)[A study on the Pentecostal movement in Korea with special reference to the Full Gospel Central Church]*(pp.165 - 231). Seoul: Korea Christian Academy.

Harrell, D. E.(1985). *Oral Roberts: an American life.* Bloomington: Indiana University Press.

Hollenweger, W. J.(1972). *The Pentecostals: the charismatic movement in the churches.* Minneapolis: Augsburg Pub. House.

Hollenweger, W. J.(1997). *Pentecostalism: Origins and developments worldwide.* Peabody: Hendrickson.

Hong, Y. G.(2000). The Backgrounds and Characteristics of the Charismatic Mega-Churches in Korea. [Periodical]. *Asian Journal of Pentecostal Studies, 3*(1), 99-118.

Hunt, D., & McMahon, T. A.(1987). *The seduction of Christianity: Spiritual discernment in the last days.* Eugene: Harvest House publishers.

Hwang, L.(1999). Character of Shamanism in Korea. In S.-y. Chun(Ed.), *Culture of Korean Shamanism*(pp.45-89). [Kyunggi-do, Korea]: Kimpo College Press.

Im, H. T.(2000). *Cho Yonggi mokssa-ui seolkyo-e daehan bipanjeok gochal[A critical study on Reverend Yonggi Cho's sermon].* Unpublished Master thesis, Jeonju University, Jeonju.

Jeong, J. H.(1981). Geubsseongjang daehyeongkyohoe-ui hyeonsang-kwa kujo (Sunogeum jungangkyohoe-ui ihaereul wihan jongkyohakjjeok siron) [Phenomena and structures of rapidly growing mega church with special reference to religious comments on understanding the Yoido Full Gospel Church]. In *Hanguk kyohoe seongnyeong undong-ui hyeonsang-kwa kujo(Sunbogeum jungang kyohoereol jungsimeuro)[A study on the Pentecostal movement in Korea with special reference to the Yoido Full Gospel Church]*(pp.101-163). Seoul: Korea Christian Academy.

Kärkkäinen, V.-M.(2006). "March Forward to Hope": Yonggi Cho's Pentecostal Theology of Hope. *Pneuma: The Journal of the Society for Pentecostal Studies, 28*(2, Fall), 253-263.

Kim, D.(1999). The Healing of Han in Korean Pentecostalism. [Journal Article]. *Journal of Pentecostal Theology*(15), 123-139.

Kim, D. W.(1988). *A history of religions in Korea.* Seoul, Korea: Daeji-Moonhwa-sa.

Kim, G. I.(1981). Kidokggyo ui chibeonghyeonsang-e gwanhan jeongsinuihakjjeok josayeongu [A psychiatric study on the phenomena of faith healing in Christianity]. In *Hanguk kyohoe seongnyong undong ui hyeonsang kwa kujo(Sunbogeum jungang kyohoereol jungsimeuro)[A study on the Pentecostal movement in Korea with special reference to the Full Gospel Central Church]*(pp.233 – 296). Seoul: Korea Christian Academy.

Kim, I. J.(2003). *History and Theology of Korean Pentecostalism: Sunbogeum(puregospel) Pentecostalism (An attempt to research the history of the largest congregation in church history and the theology of its pastor Yonggi Cho).* Zoetermeer, The Netherlands: Uitgeverij Boekencentrum.

Kim, J. B.(2007). Jarangseuleon jongkyoin ilwil 'Cho Yonggi' mokssa [Rev Dr Yonggi Cho was ranked in the first rank of bostful Pastors in Korean churches]. *Kukminilbo[The Kukminilbo Daily News]*. Retrieved 12 October, 2007, from
http://www.kukinews.com/mission/article/view.asp?page = 1&gCode =kmis&arcid =0920414897&code =23111111

Kim, K.(2006). Holy Spirit Movements in Korea – Paternal or Maternal? Reflections on the Analysis of Ryu Tong – Shik(Yu Tong – Shik). [Research article]. *Exchange, 35:2*, 147 – 168.

Kim, K. J.(1999). A book review – Harvey Cox's Fire From Heaven. Retrieved 3 March, 2008, from
http://soombat.org/wwwb/CrazyWWWBoard.cgi?db =article&mode = read&num =2&page =0&ftype =6&fval =&backdepth =2

Kim, Y. H.(2004). Christianity and Korean Culture: The Reasons for the Success of Christianity in Korea. *Exchange, 33*(2 June), 132 – 152.

Korean Buddhism.(2008). Retrieved 10 Jannuary, 2008, from
http://en.wikipedia.org/wiki/Korean_buddhism

Küster, V.(2006). Contextual Transformations – Minjung Theology Yesterday and Today. *Madang: International Journal of Contextual The-*

ology in East Asia, 5(June), 23 – 43.

Kwon, J. K.(2004). A preliminary sketch for a new Minjung theology. *Madang: Journal of Contextual Theology in East Asia, 1*(1/Jan), 49 – 68.

Kwon, J. K.(2006). The Holy Spirit and Minjung from the Perspective of Process Thought. *Madang: International Journal of Contextual Theology in East Asia, 6*(December), 21 – 37.

Kyōko, F.(1992). Faith Healing in Korean Christianity: The Christian Church in Korea and Shamanism. *Nanzan Bulletin, 16*, 33 – 59.

Landrus, H. L.(2002). Hearing 3 John 2 in the voices of history. *Journal of Pentecostal Theology(JPT), 11*(1), 70 – 88.

Lee, J. B.(1993). *A History of Pentecostal Movement*. Seoul: Voice Publishing Company.

Lee, M. N.(2007, 7 January, 2007). Jarangseuleon jongkyoin ilwil 'Cho Yonggi' mokssa [Rev Dr Yonggi Cho was ranked in the first rank of bostful Pastors in Korean churches]. *Sunbogeum Gajok Sinmun[The Full Gospel Family Newspaper]*, p.3. Retrieved 12 October, 2007, from http://www.fgnews.co.kr/U_pdf/2007010703.pdf

Lee, S. H.(2007). Cho Yonggi mogssa CTS KieogKKyo TV – wa teukppyeol interview [Yonggi Cho's Special Interview to CTS Christian TV]. *Sunbogeum Gajokshinmun[The Full Gospel Family]*, p.1. Retrieved 18 October, 2007, from http://www.fgnews.co.kr/htm1/2007/0629/07062915235118130000.htm

Lee, S. T.(1996). *Religion and social formation in Korea: minjung and millenarianism*. Berlin; New York: Mouton de Gruyter.

Lee, T. S.(2007). Indigenized Devotional Practices in Korean Evange-licalism. In R. E. Buswell(Ed.), *Religions of Korea in practice*(pp.421 – 433). Princeton, N.J.: Princeton University Press.

Lee, Y. H.(1993). The Holy Spirit Movement in Korea. [Periodical]. *A Collection of Learned Papers[Non – Mun – Jip], 4*, 151 – 173.

Lee, Y. H.(1996). The Holy Spirit Movement in Korean in the Nineteen −Sixties and Seventies. *Gyosunonchong[A collection of Treatises], 9*, 104 − 121.

Lee, Y. H.(2004). The life and ministry of David Yonggi Cho and the Yoido Full Gospel Church. [Periodical]. *Asian Journal of Pentecostal Studies, 7:1*, 3 − 20.

Lee, Y. O.(1983). The role of women in Korean church growth. In B. R. Ro & M. L. Nelson(Eds.), *Korean Church Growth Explosion*(pp.231 − 244). Seoul: Word of Life Press & Asia Theological Association.

Ma, W. S.(2003). The Effect of Rev. Cho's Sermon Style for Church Growth on the Development of Theology. In S. H. Myung & Y. G. Hong(Eds.), *Charis and Charisma: David Yonggi Cho and the Growth of Yoido Full Gospel Church*(pp.159 − 171). Oxford, UK: Regnum Books International.

Ma, W. S.(2005). Asian(classical) Pentecostal theology in context. In *Asian and Pentecostal: the charismatic face of Christianity in Asia*(pp.59 − 91). Oxford, UK; Costa Mesa, CA: Baguio City, Philippines: Regnum Books International; APTS Press.

MacArthur, J. F.(1992). *Charismatic Chaos*. Grand Rapids, Michigan: Zondervan Publishing House.

Menzies, W. W.(2004). David Yonggi Cho's Theology of The Fullness of The Spirit: A Pentecostal Perspective. *Asian Journal of Pentecostal Studies, 7*(1), 21 − 34.

Moltmann, J.(2005). The blessing of hope: The theology of hope and the Full Gospel of life. *Journal of Pentecostal Theology, 12*(2), 147 − 161.

Moon, H. −s.(1993). *A Korean minjung theology: an Old Testament perspective*. Ann Arbor, Mich.: UMI Books on Demand.

Myung, S. H.(1990). *Spiritual dimension of church growth as applied in*

Yoido Full Gospel Church. Unpublished Thesis(Ph D), Fuller Theological Seminary, 1990, Fuller Theological Seminary, School of World Mission, United States, California.

Myung, S. H., & Hong, Y. G.(Eds.).(2003). *Charis and charisma: David Yonggi Cho and the growth of Yoido Full Gospel Church.* Oxford, UK: Regnum Books International.

N.a.(2004). History of the Hansei University. Retrieved 8 August, 2007, from http://www.hansei.ac.kr/hanseiinfo/info_03_2.asp

Niebuhr, H. R.(1951). *Christ and culture.* New York: Harper.

Osanri Prayer House: About Prayer House. (n.d.). Retrieved 26 March, 2008, from http://yfgc.fgtv.com/common_is/openwindow.asp?IFrameSrc = http://prayer.fgtv.com

Park, C. C.(1983). The dynamics of Young Nak Presbyterian Church growth In B. R. Ro & M. L. Nelson(Eds.), *Korean Church Growth Explosion*(pp.201－210). Seoul: Word of Life Press & Asia Theological Association.

Park, M. S.(2003a). David Yonggi Cho and international Pentecostal/Charismatic movements. [Journal Article]. *Journal of Pentecostal Theology, 12*(1), 107－128.

Park, M. S.(2003b). A Study of Rev. Cho and the Growth of Yoido Full Gospel Church. In S. H. Myung & Y. G. Hong(Eds.), *Charis and Charisma: David Yonggi Cho and the Growth of Yoido Full Gospel Church*(pp.173－195). Oxford, UK: Regnum Books International.

Profile: Rev. David Yonggi Cho.(2007). Retrieved 12 March, 2008, from http://english.fgtv.com/drcho/Profile.htm

Reynalds, J.(2000). Shamanistic Influences In Korean Pentecostal Christianity: An Analysis *Journal,* (Spring), 1－11. Retrieved from http://www.rickross.com/reference/yoidoyonggi/yoido2.html.doi:

Ro, B. R.(1983). Non‒Spiritual Factors in Church Growth. In M. L. Nelson & B. R. Ro(Eds.), *Korean Church Growth Explosion*(pp.160‒170). Seoul: Word of Life Pr.

Ryu, T. S.(1981). Hanguk kyohoe wa seongnyeong undong [Korean Church and the Holy Spirit Movement]. In *Hanguk kyohoe seongnyong undong ui hyeonsang kwa kujo(Sunbogeum jungang kyohoereol jungsimeuro)[A study on the Pentecostal movement in Korea with special reference to the Full Gospel Central Church]*(pp.9‒21). Seoul: Korea Christian Academy.

Shin, E.‒H.(2005). Holy Spirit and Korean *Ch'i* inter‒religious dialogue in a postmodern philosophical context. *Madang: International Journal of Contextual Theology in East Asia, 3*(June), 97‒118.

Son, B. H.(1983). Some Dangers of Rapid Growth. In B.‒R. Ro & M. L. Nelson(Eds.), *Korean Church Growth Explosion*(pp.333‒347). Seoul: Word of Life Press & Asia Theological Association.

Suh, K. S.(1981). Hanguk kyohoe seongnyong undong kwa buheung undong ui shinhakjjeog ihae [Theological understanding of the Holy Spirit and revival movement in Korean church]. In *Hanguk kyohoe seongnyong undong ui hyeonsang kwa kujo(Sunbogeum jungang kyohoereol jungsimeuro)[A study on the Pentecostal movement in Korea with special reference to the Full Gospel Central Church]*(pp.23‒99). Seoul: Korea Christian Academy.

Suh, K. S.(1983). A biographical sketch of an Asian theological consultation. In *Minjung theology: people as the subjects of history*(The Commission on Theological Concerns of the Christian Conference of Asia(CTC‒CCA)ed., pp.15‒37). London: Zed Press; Maryknoll Orbis Books; Singapore: Christian Conference of Asia.

Suh, N. D.(1983). Towards a theology of Han. In *Minjung theology:*

people as the subjects of history(The Commission on Theological Concerns of the Christian Conference of Asia(CTC – CCA)ed., pp.55 – 69). London: Zed Press; Maryknoll Orbis Books; Singapore: Christian Conference of Asia.

Synan, H. V.(1997). The Yoido Full Gospel Church. *Journal, 2*(July). Retrieved from http://www.pctii.org/cyberj/cyberj2/synan.html

Yoo, B. – W.(1987). *Korean Pentecostalism: Its History and Theology.* Frankfurt am Main: Peter Lang.

Yoo, B. W.(1986). Response to Korean shamanism by the Pentecostal church. [Journal Article]. *International Review of Mission, 75*(January), 70 – 74.

색 인

[인명 색인]

[주제별 색인]

저자

김동규 ▌약 력

퀸슬랜드 대학원, 철학 석사
(The University of Queensland, Master of Philosophy: Studies in Religion Stream)
퀸슬랜드 대학원, 종교학 석사
(The University of Queensland, MA: Studies in Religion Stream)
호주신학대학원, 준석사
(Australian Collage of Theology: Graduate Diploma in Christian Studies)
대한예수교장로회(합동정통) 소속 목사
구일교회(현 우리교회) 담임 목회: 4년(1996년 6월까지)

▌주요논저

『저서』
1. Kim, D. K.(2009). *Korean Pentecostal Church's Understanding of the Holy Spirit: Focus on Rev Dr Yonggi Cho's Holy Spirit Movement.* Paju-si : Korean Studies Information Co., Ltd.
2. 김동규(2009), 영산의 성령운동 이해, 파주: 한국학술정보㈜.

「연구논문」
1. Kim, D. K.(2009). *Yonggi Cho's Understanding of the Holy Spirit.* Unpublished Master of Philosophy, The University of Queensland, St. Lucia, Brisbane, Australia.
2. 김동규(2006). 창조이야기를 어떻게 읽을 것인가?; 한국창조과학회를 중심으로, 간행위원회 편저, *여호와의 길을 걸어: 청감, 엄현섭 교수 퇴임 및 회갑 기념 논문집*(pp.111-127). 서울: 컨콜디아사.
3. Kim, D. K.(2003). *The Korea Association of Creation and Korean Churches.* Unpublished MA, Individual Honours Study, The University of Queensland, St. Lucia, Brisbane, Australia.

영산의 성령운동 이해

초판인쇄 | 2009년 3월 1일
초판발행 | 2009년 3월 1일

지은이 | 김동규
펴낸이 | 채종준
펴낸곳 | 한국학술정보㈜
주 소 | 경기도 파주시 교하읍 문발리 513-5 파주출판문화정보산업단지
전 화 | 031) 908-3181(대표)
팩 스 | 031) 908-3189
홈페이지 | http://www.kstudy.com
E-mail | 출판사업부 publish@kstudy.com

등 록 | 제일산-115호(2000. 6. 19)
가 격 | 15,000원

ISBN 978-89-534-1334-4 93200 (Paper Book)
　　　978-89-534-1335-1 98200 (e-Book)

Youngsan－ui Seongnyeong Undong Ihae
[Youngsan's Understanding of the Holy Spirit Movement]

The first printing | 2009. 3. 1
The first edition | 2009. 3. 1

Author | Dong Kyu Kim
Publisher | Jong Jun Chae
Address | Korean Studies Information Co., Ltd
             Paju Bookcity, Munbal-ri, Gyoha-eup,
             Paju-si, Gyeonggi-do, Korea 413-756
TEL | 031) 908-3181
FAX | 031) 908-3189
Homepage| http://www.kstudy.com
E-mail | Publishign Department publish@kstudy.com

Registration |
Price | 25,000원

ISBN 978-89-534-1334-4 93200 (Paper Book)
     978-89-534-1335-1 98200 (e-Book)